Robert黄

Jose j

世界杯笔记

于鑫淼　王正坤　黄轶文 ▶ 著

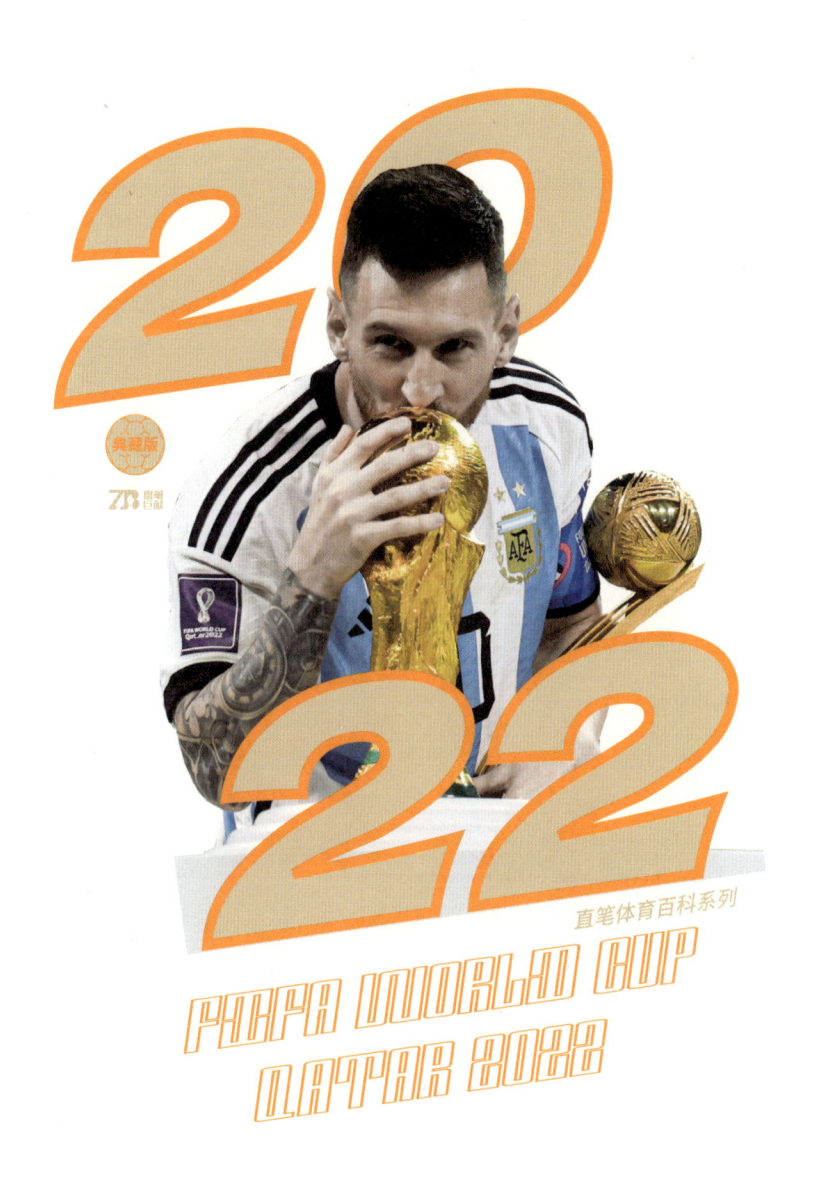

2022

直笔体育百科系列

FIFA WORLD CUP
QATAR 2022

北京时代华文书局

图书在版编目（CIP）数据

世界杯笔记：2022 / 于鑫淼，王正坤，黄轶文著. — 北京：北京时代华文书局，2023.1
ISBN 978-7-5699-4762-5

Ⅰ. ①世… Ⅱ. ①于… ②王… ③黄… Ⅲ. ①足球运动－世界杯－介绍－2022 Ⅳ. ①G843.732

中国版本图书馆CIP数据核字（2022）第224196号

拼音书名 | SHIJIEBEI BIJI：2022

出 版 人 | 陈　涛
选题策划 | 董振伟　直笔体育
责任编辑 | 马彰羚
责任校对 | 张彦翔
装帧设计 | 严　一　王艾迪
责任印制 | 訾　敬

出版发行 | 北京时代华文书局 http://www.bjsdsj.com.cn
　　　　　北京市东城区安定门外大街138号皇城国际大厦A座8层
　　　　　邮编：100011　电话：010-64263661　64261528

印　　刷 | 小森印刷（北京）有限公司 010-80215073
　　　　　（如发现印装质量问题，请与印刷厂联系调换）

开　　本 | 787 mm×1092 mm　1/16　印　张 | 14　字　数 | 412千字
版　　次 | 2023年2月第1版　　　　印　次 | 2023年2月第1次印刷
成品尺寸 | 185 mm×260 mm
定　　价 | 88.00元

本书图片由视觉中国提供。
版权所有，侵权必究

黄博士课堂

正坤龙门阵

鑫淼绿茵场

阴谋论输给绝对实力

绝对优势面前的细节成败

花八门的归化球员

让"打脸"来得更猛烈些　　　容易被忽视的数据

　　新英式打法

　　　惨案诞生史

生活中的不确定性

助弱者？

　　冷门的世界

　　　　再出发的故事

主帅的两面性

从"多哈悲剧"到"多哈奇迹"

　关键字："乱"

　　反转再反转

致敬老骥伏枥

元足球的两面性

　黑马在路上

美国足球兴衰史

20年的轮回

魔咒失灵

期望与失望

天堂与地狱

丑陋的默契

"变与不变"

致敬"链式防守"

相煎何太

致敬孤胆英雄

小范围作战

一个王国为何有四支球队

意外的收

搏命的悲怆

细说波兰队的黄金一代

- 非典型"死亡之组"
- 一段英雄式的独白
- 没有主动权的胜利等于失败
- 高位防守的致命性
- "欧洲红魔"新老对比
- C罗与黑暗时代
- 生与死的循环
- 迟到的掌声
- 固执的死亡
- 瞬息万变的调整
- 浅析16强
- 无限可能的"三狮军团"
- 神奇千场
- 越老越妖
- 兵不厌诈
- 黑马不是一天炼成的
- 战术大师 抗癌老帅
- 半决赛名局
- 脚踏实地
- 一步之遥与"一步之遥"
- 技术性击倒
- 礼貌防守的致命
- 随风奔跑
- 用极限叩开完美世界
- 放弃球权 赢得比赛
- 人人都爱桑巴
- 知己知彼 英雄出世
- 非洲的荣光
- 12码点的天堂与地狱
- "高卢雄鸡"的起起伏伏
- 成名之时
- "欧亨利式"的足
- 传控的死胡同
- 神奇的控球率
- VAR与裁判判罚
- 帽子戏法
- 初看最佳11人
- 最后一战
- 保守足球
- 禁区前屏障
- 非洲足球发展史
- "足球小国"也有辉煌时刻
- 都是胜利者
- 不靠谱预测
- 26人大名单的进步性
- 狭路再相逢
- 成也传控 败也传控
- 我的世界杯岁月
- 骄傲的巴西队 痛哭的内马尔
- 紫禁之巅的收获
- 骨子里的悲情
- 巅峰博弈
- 球场上的战争
- 最伟大的决赛

序1
由冠军热门聊起

文/于鑫淼

当您看到这部分文字的时候，2022年世界杯已经落下帷幕，此时此刻的您对本届世界杯的走势可以说是了如指掌，而此时此刻的我却仍然在期待下一届精彩世界杯的到来，对未知的一切充满好奇。

世界杯期间，我将和王正坤、黄博士以接近日记的方式，为大家带来一本新书《世界杯笔记：2022》。其中我主要负责的栏目是"鑫淼绿茵场"，我将用我的文字记录下我的见闻和观点，以个人的视角帮助大家记录一整届世界杯的进程，让这届杯赛能够在多年之后，依然能够明明白白地呈现在亲历者及后来者的面前。

今天是11月20日，距离2022年世界杯开赛，只剩下最后24小时。在这个时候，我们该去讨论怎样的世界杯话题呢？聊一聊夺冠热门，或许是一个不错的选择。那么怎样去预估夺冠热门呢？

在《世界杯风云》一书的撰写中，关于很多届世界杯的时代背景，我和黄博士都需要去尽量找寻世界杯赛前的一手资料，避免出现事后诸葛亮的心态。比如2002年世界杯的巴西队，被后世大部分球迷公认为近些年世界杯当中最无悬念的冠军，甚至是最强的冠军，但实际情况是：这支巴西队预选赛阶段发挥失常、球队遭受伤病打击，从各方的指数展示中都不是一支夺冠热门球队。

现在我们就探讨下2022年世界杯的热门夺冠球队。

首先就是巴西队，其在锋线上招入9大攻击手，在内马尔的领衔之下，结合5次换人时代的后手灵活性，巴西队理论上可以在进攻端找到无数种攻破对手防守的办法。中后场人员虽然相对于锋线的厚度没有那么强，但也是云集了一众优秀的防守型中场，再加上一整套优秀的中后卫班子，巴西队可谓最被看好的夺冠球队。不过世界杯上即使最热门的球队在比赛中能够夺冠也是一件小概率的事件。此时此刻充满求知欲的我真的想问问已经知道所有答案的你：巴西队最终夺冠了吗？

而在巴西队之后，法国队、阿根廷队、英格兰队是另外被看好的热门球队，这三支球队各有各的长处。法国队这几年惊人的人才储备能力是其优势所在，人们常开玩笑说即使法国队伤一套阵容照样是夺冠热门，那么本次伤了卡里姆·本泽马、恩戈洛·坎特、保罗·博格巴几大核心球员的法国队能不能真的像人们说的那样依然能取得好成绩呢？阿根廷队在世界杯之前已经35场比赛保持不败，稳定的战术和强大的梅西都是其优势，但是球队的缺点却是阵容缺乏厚度，不能出现任何意外。英格兰队近年迎来了人才的井喷，尤其是技术型球员的出现，让"三狮军团"解除了往年的顽疾。

当然还有不少球队同样值得我们的期待，比如我个人非常期待荷兰队、德国队、西班牙队的发挥，这三支球队有一个共同的特点，那就是球队主帅均拿过欧冠冠军，在名帅率领下，三支球队令人高看一眼。葡萄牙队与乌拉圭队分在了一个小组，两支球队都有能力在本届世界杯中成为4强的竞争者。而丹麦、塞尔维亚、瑞士等球队的发挥，也让我们在世界杯正式开幕之前心中对其充满问号。

我将带着极大的好奇心去领略本届世界杯的魅力，并以笔记的方式去呈现世界杯的进程。在这里，希望朋友们能够喜欢这一本新颖的《世界杯笔记：2022》。

序2
让我们一同走进瞬息万变的世界杯赛场

文/王正坤

相信拿到这本书的很多朋友之前都读过鑫淼和我一同撰写的《你好，世界杯》，在那本书当中，我们详细介绍了本届世界杯32强的用人情况和技战术打法，可能大家也在球队公布大名单的时候拿起过这一本书，来验证鑫淼和我说的究竟对不对。

足球比赛是瞬息万变的，没有哪一支球队可以靠着一条固定的战术、一套固有的阵容去赢得所有比赛，因此虽然我把32强此前的世界杯预选赛全都看了一遍，但到了世界杯开赛前，依旧会有一些球队的选人用人出乎我的意料。而这些有意思的、值得去探讨的变化，也正是"正坤龙门阵"这个栏目存在的意义。

伤病是足球比赛永远无法逃脱的话题。11月20日这一天，2022年金球奖得主卡里姆·本泽马因为伤病无缘参加本届世界杯，这已经是上届冠军法国队因为伤病损失的第六名大将，保罗·博格巴、恩戈洛·坎特、普雷内尔·金彭贝、迈克·迈尼昂以及克里斯托弗·恩昆库，这些球员的缺阵本来就已经让主帅迪迪埃·德尚焦头烂额，本泽马的伤缺更是宛如晴天霹雳。对于法国队来讲，卫冕之路一片迷茫。

但也正是在这种危急时刻，才会迸发出一些全新的火花，站出来一些我们此前不曾想到的球员。在世界杯前的新闻发布会上，德尚明确表示法国队要在本届世界杯打回四后卫阵形，这是法国队2018年世界杯夺得冠军时所用的阵形。但现在的法国队似乎已经对这套阵形不再熟悉——近一年的时间，德尚都在着力演练三中卫的阵形，而世界杯前的突然变阵可能带来的风险，或许不比那几名球员缺阵带来的影响小。

但从另一个角度来讲，或许这也会成为德尚的神来之笔，因为在众多球员因伤缺阵的情况之下，此前的三中卫阵形或许已经不再适合现在的这支法国队，变阵加上奇兵，反而有可能成为本届世界杯法国队卫冕之路上的关键词。

这些要素正是这个栏目着力关注的，32强球队各有各的问题，也各有各的解决方式，见招拆招正是足球引人入胜的地方。有上届冠军法国队这样必须推倒重来的球队，也就会有上届亚军克罗地亚队这样以不变应万变的球队。去年欧洲杯之后，克罗地亚队的人员构成极为固定，战术打法也磨合得非常成熟，虽然球员个人能力和经验相比于2018年那支克罗地亚队有差距，但在这样十足的默契度之下，"格子军团"有望在今年的卡塔尔给我们带来别样的惊喜。

足球比赛是无法预判的，这也是足球比赛的魅力。每一个比赛日都会有全新的值得去记录的内容，就让"正坤龙门阵"好好记录卡塔尔世界杯的这一个月吧。

序3
关于黄博士课堂——由本泽马谈起
文/黄轶文

各位读者，我将用"黄博士课堂"这个栏目去记录2022年卡塔尔世界杯，作为《世界杯笔记：2022》这本书的一部分。每一天我都会以当日的比赛和热门话题为切入点，结合历史的语境做出评析。

每届世界杯的横切面是复杂且迷人的，但当我们穿越时空试图去抽丝剥茧的时候，会发现很多纵向的内在联系。在完成《世界杯风云》一书之后，近一个世纪的世界杯历史在我的脑海中形成清晰的网络。同时，作为一个始终向前看的人，我愿将过去与现在紧密结合起来，尝试发现一些共性与区别，并将其呈现给各位读者朋友。

可是，就在我提笔思索之时，世界杯前方噩耗传来——上届冠军法国队主力前锋卡里姆·本泽马因为肌肉伤病确定无缘本届杯赛，成为继1978年的阿兰·西蒙森之后又一个未能踏上世界杯赛场的新科金球奖得主。而在此之前，由于保罗·博格巴和恩戈洛·坎特接连因伤退赛，法国队的前景本就蒙上了一层阴影，如今更是雪上加霜，令球迷们心碎万分。原本手握重兵的法国队主帅迪迪埃·德尚也将在排兵布阵方面遇到空前的挑战。

法国队遭遇这样的伤病潮，让我想起了1986年世界杯的联邦德国队，那届杯赛它也饱受核心缺阵的影响，最终却收获了亚军的好成绩。联邦德国队当时的应对方案值得目前的法国队借鉴一番，在这种艰难的处境取得如此成绩，也算是世界杯历史上的奇观了。

在20世纪80年代中前期，联邦德国队的满员配置相当豪华，锋线上有利刃出鞘的皮埃尔·利特巴尔斯基，以及技术细腻的全能射手卡尔-海茵茨·鲁梅尼格。中场还有天才少年贝恩德·舒斯特尔坐镇，他早在20岁的时候，就率队拿到了1980年欧洲杯的冠军，并顺利跻身金球奖三甲之列。

但在1986年世界杯之前，情况却发生了令人绝望的变化。舒斯特尔自从出国踢球之后，与国家队的关系就显得很紧张，加上诸多场外因素的影响，他并未随队征战1982年世界杯和1984年欧洲杯，尽管当时联邦德国主帅弗朗茨·贝肯鲍尔热切期待他能够回归，但最终事与愿违。没有了舒斯特尔，球队的创造力就无从谈起，整个中场的节奏梳理也会受到严重影响，彼时的洛塔尔·马特乌斯虽机动性较强，但缺乏组织能力，费利克斯·马加特等人到了国家队碌碌无为，联邦德国队的中场出现了严重短板。

更令人难以接受的是，鲁梅尼格和利特巴尔斯基在赛前都受到不同程度的伤病困扰，尽管最终入选了大名单，但实际状态和出勤率都要打上问号。主帅贝肯鲍尔能倚仗的攻击手，只剩下鲁迪·沃勒尔与克劳斯·阿洛夫斯这样并非顶级的球员。

最终贝肯鲍尔给出的解法，是某些场次在后场大量堆积防守球员，前场仅派出3—4名进攻手，甚至出现过极端的"703"阵形。利特巴尔斯基大多数时候作为替补出场，鲁梅尼格虽有几次首发，但整体状态与正常水平有不小的差距。在这种情况下，球队每前进一步都显得非常艰难。

小组赛联邦德国队仅仅取得1胜1平1负的成绩，淘汰赛面对实力并不出色的摩洛哥队与墨西哥队，它还要依靠超远世界波绝杀以及点球大战来

"续命"。联邦德国队能够闯进半决赛已经是奇迹，在那个特定的年代，只能解读为日耳曼人的铁血精神着实出众，能够在极端情况下强行推动历史的车轮滚滚向前。

更为神奇的是，半决赛遇到巅峰末期的法国队，实力明显落于下风的联邦德国队居然凭借安德烈亚斯·布雷默幸运的任意球早早取得领先，还在门神托尼·舒马赫的庇佑之下将胜果保持到了终场。这样的比赛很难从技战术角度分析一二，只能归结为命中注定的结局，是众生的力量难以更改的。

在万众瞩目的世界杯决赛上，贝肯鲍尔依旧坚持所谓的"703"阵形，除了阿洛夫斯与鲁梅尼格这对双前锋，以及前场组织者马加特，其他7名球员的主要职责都是防守。甚至连此前要承担一定推进和得分任务的马特乌斯都被安排去专职盯防马拉多纳。联邦德国队的目标很明确，那就是死守到底并随时准备反击。

其实联邦德国队的策略差点儿得逞，尽管一度0:2落后，却凭借高举高打的方式追平了比分。要不是马拉多纳在数人的包围中送出了绝杀助攻，历史的走势也许会是另一番模样。抛开所谓的功利论来看，这届比赛联邦德国队在极端严苛的用人环境下，创造出了令人惊叹的成绩，足以载入史册。

对于法国队来说，征程才刚刚开始，前路漫漫且荆棘丛生，但如果始终怀揣梦想，也许岁月的轨迹会向着远方一往无前。

我和鑫淼、正坤的这本《世界杯笔记：2022》，希望给大家呈现的就是这样的效果，它在记录2022年世界杯的同时，也是对过往世界杯和足球历史的畅谈，希望大家喜欢。

目录

001 汇聚卡塔尔

011 征程之路

179 记录2022

185 瞬间永恒

汇聚卡塔尔

纵览32强

球队名称	参赛次数	主教练
巴西队	22	蒂特
比利时队	14	罗伯托·马丁内斯
阿根廷队	18	利昂内尔·斯卡洛尼
法国队	16	迪迪埃·德尚
英格兰队	16	加雷斯·索斯盖特
西班牙队	16	路易斯·恩里克
荷兰队	11	路易斯·范加尔
葡萄牙队	8	费尔南多·桑托斯
丹麦队	5	卡斯珀·尤尔曼德
德国队	20	汉斯·弗利克
克罗地亚队	6	兹拉特科·达利奇
墨西哥队	17	赫拉多·马蒂诺
乌拉圭队	14	迭戈·阿隆索
瑞士队	12	穆拉特·雅金
美国队	11	格雷格·贝尔哈特
塞内加尔队	3	阿利乌·西塞
威尔士队	2	罗伯特·佩奇
伊朗队	6	卡洛斯·奎罗斯
塞尔维亚队	3	德拉甘·斯托伊科维奇
摩洛哥队	6	瓦利德·雷格拉吉
日本队	7	森保一
波兰队	9	切斯劳·米赫涅维奇
韩国队	11	保罗·本托
突尼斯队	6	贾勒·卡德里
哥斯达黎加队	6	路易斯·苏亚雷斯
澳大利亚队	6	格雷厄姆·阿诺德
加拿大队	2	约翰·赫德曼
喀麦隆队	8	里格贝特·宋
厄瓜多尔队	4	古斯塔沃·阿尔法罗
卡塔尔队	1	菲利克斯·桑切斯
沙特阿拉伯队	6	埃尔维·勒纳尔
加纳队	4	奥托·阿多

世界杯奖金方案
冠军：4200万美元　　殿军：2500万美元　　第17-32名：每队900万美元
亚军：3000万美元　　第5-8名：每队1700万美元　32强备战奖励：每队150万美元
季军：2700万美元　　第9-16名：每队1300万美元　球员奖励：每天1万美元，最多可获得37万美元

队长	总身价	世界排名	平均年龄
内马尔	11.5亿欧元	1	27.8
埃登·阿扎尔	5.57亿欧元	2	27.8
利昂内尔·梅西	7.10亿欧元	3	27.9
雨果·洛里	10.6亿欧元	4	26.6
哈里·凯恩	12.8亿欧元	5	26.4
塞尔吉奥·布斯克茨	8.72亿欧元	7	25.6
维吉尔·范迪克	6.05亿欧元	8	26.6
克里斯蒂亚诺·罗纳尔多	8.71亿欧元	9	26.8
西蒙·克亚尔	3.30亿欧元	10	27.2
曼努埃尔·诺伊尔	8.95亿欧元	11	26.7
卢卡·莫德里奇	4.00亿欧元	12	27.3
安德烈斯·瓜尔达多	1.77亿欧元	13	28.5
迭戈·戈丁	4.49亿欧元	14	27.8
格拉尼特·扎卡	2.81亿欧元	15	27
克里斯蒂安·普利希奇	2.82亿欧元	16	25.2
卡利杜·库利巴利	2.30亿欧元	18	26.2
加雷斯·贝尔	1.60亿欧元	19	26.3
哈吉·萨菲	5953万欧元	20	28.9
杜桑·塔迪奇	3.00亿欧元	21	26.8
罗曼·赛斯	2.91亿欧元	22	26.3
吉田麻也	1.66亿欧元	24	27.8
罗伯特·莱万多夫斯基	2.57亿欧元	26	27
孙兴慜	1.65亿欧元	28	27.7
优素福·姆萨克尼	5975万欧元	30	27.8
布赖恩·鲁伊斯	1860万欧元	31	27.2
马修·瑞恩	3920万欧元	38	27.5
阿蒂巴·哈钦森	1.87亿欧元	41	26.9
文森特·阿布巴卡尔	1.41亿欧元	43	26.3
恩纳·瓦伦西亚	1.51亿欧元	44	25.6
哈桑·海多斯	1490万欧元	50	26.9
萨勒曼·法拉杰	2520万欧元	51	27.2
安德烈·阿尤	2.21亿欧元	61	24.7

世界排名：截至2022年10月6日

球队身价：参考多家权威网站数据得出

点将32强

A组

卡塔尔队

主教练：菲利克斯·桑切斯

门将：萨阿德·希卜、玛莎勒·巴沙姆、优素福·阿里

后卫：佩德罗·科雷亚、穆萨布·霍德尔、塔里克·萨勒曼、巴萨姆·拉维、布瓦勒姆·胡希、阿卜杜勒卡里姆·哈桑、霍马姆·艾哈迈德

中场：贾西姆·阿卜杜勒萨拉姆、阿里·阿萨达拉、阿西姆·马迪博、穆罕默德·沃德、萨利姆·哈伊里、穆斯塔法-玛莎勒、卡里姆·布迪亚夫、阿卜杜勒阿齐兹·哈特姆

前锋：伊斯梅尔·穆罕默德、纳伊夫·哈德拉米、艾哈迈德·阿拉丁、哈桑·海多斯、阿克拉姆·阿菲夫、莫埃兹·阿里、穆罕默德·蒙塔里、哈立德·马齐德

厄瓜多尔队

主教练：古斯塔沃·阿尔法罗

门将：亚历山大·多明戈斯埃尔南、加林德斯、莫伊塞斯·拉米雷斯

后卫：罗伯特·阿尔沃莱达、哈维尔·阿雷亚加、佩尔维斯·埃斯图皮尼安、彼罗·因卡皮耶、威廉·帕乔、迭戈·帕拉西奥斯、杰克逊·波罗佐、安吉洛·普雷西亚多、菲利克斯·托雷斯

中场：莫伊塞斯·凯塞多、何塞·西富恩斯特、阿兰·弗兰科、卡洛斯·格鲁埃佐、罗马里奥·伊巴拉、安赫尔·梅纳、杰格森·门德斯、冈萨洛·普拉塔、艾尔顿·普雷西亚多、杰里米·萨缅托

前锋：迈克尔·埃斯特拉达、德约卡夫·雷斯科、凯文·罗德里格斯、恩纳·瓦伦西亚

塞内加尔队

主教练：阿利乌·西塞

门将：塞尼·迪昂、爱德华·门迪、阿尔弗雷德·戈米

后卫：弗默兹·门迪、卡利杜·库利巴利、帕佩·西塞、谢库·库亚特、穆萨·恩迪亚耶、巴洛·图雷、伊斯梅尔·雅各布森、优素福·萨利利、阿卜杜·迪亚洛、穆斯塔法·纳姆

中场：伊德里萨·盖伊、南帕里斯·门迪、帕佩·西塞、克雷平·迪亚塔、帕佩·萨尔、鲁姆·恩迪亚耶、帕佩·盖耶

前锋：尼古拉斯·杰克逊、布莱·迪亚、伊利曼·恩迪亚耶、伊斯梅拉·萨尔、法马拉·迪德希欧、班巴·迪昂

荷兰队

主教练：路易斯·范加尔

门将：尤斯廷·拜洛、安德里斯·诺珀特、雷姆科·帕斯费尔

后卫：维吉尔·范迪克、纳坦·阿克、戴利·布林德、尤里恩·廷贝尔、登泽尔·邓弗里斯、斯特凡·德弗赖、马泰斯·德里赫特、蒂雷尔·马拉西亚、杰雷米·弗林蓬

中场：弗伦基·德容、史蒂文·博古伊斯、戴维·克拉森、特恩·科普迈纳斯、科迪·加克波、马丁·德容恩、肯尼思·泰勒、哈维·西蒙斯

前锋：孟菲斯·德佩、斯蒂文·贝尔温、文森特·扬森、卢克·德容、诺阿·朗、沃特·韦霍斯特

B组

英格兰队

主教练：加雷斯·索斯盖特

门将：乔丹·皮克福德、尼克·波普、阿龙·拉姆斯代尔

后卫：特伦特·阿诺德、康纳·科迪、埃里克·戴尔、哈里·马奎尔、卢克·肖、约翰·斯通斯、基兰·特里皮尔、凯尔·沃克、本·怀特

中场：祖德·贝林厄姆、康纳·加拉格尔、乔丹·亨德森、梅森·芒特、卡尔文·菲利普斯、德克兰·赖斯

前锋：菲尔·福登、杰克·格里利什、哈里·凯恩、詹姆斯·麦迪逊、马库斯·拉什福德、布卡约·萨卡、拉希姆·斯特林、卡勒姆·威尔逊

伊朗队

主教练：卡洛斯·奎罗斯

门将：阿里雷扎·贝兰万德、侯赛因·侯赛尼、帕亚姆·尼亚曼德、阿米尔·阿贝德扎德

后卫：拉明·雷扎伊安、阿伯法周·贾利里、侯赛因·卡纳尼扎德甘、索贾伊·哈里扎德、莫特扎·普拉利甘吉、马吉德·侯塞尼、萨德吉·莫哈拉米、米拉德·穆罕默迪、哈吉·萨菲

中场：赛义德·阿法格、艾哈迈德·诺罗拉希、阿里·卡里米、鲁兹贝·切什米、瓦希德·阿米里、梅赫迪·托拉比、阿里礼萨·贾汉巴赫什、阿里·戈利扎代、萨曼·古多斯

前锋：萨达尔·阿兹蒙、卡里姆·法尔德、迈赫迪·塔雷米

美国队

主教练：格雷格·贝尔哈特

门将：马特·特纳、西恩·约翰逊、埃森·霍瓦斯

后卫：卡特·维克斯、塞尔吉尼奥·德斯特、阿隆·朗、沙克·摩尔、蒂姆·里姆、安东尼·罗宾逊、乔·斯卡利、德安德烈·耶德林、沃克·齐默曼

中场：布伦登·阿伦森、凯利恩·阿科斯塔、泰勒·亚当斯、卢卡·德拉托雷、韦斯顿·麦肯尼、努里·穆萨、克里斯蒂安·罗尔丹

前锋：热苏斯·费雷拉、乔丹·莫里斯、吉奥瓦尼·雷纳、克里斯蒂安·普利希奇、乔希·萨金特、蒂莫西·维阿、哈伊·赖特

威尔士队

主教练：罗伯特·佩奇

门将：韦恩·亨尼西、丹尼·沃德、亚当·戴维斯

后卫：本·戴维斯、本·卡班戈、汤姆·洛克耶、乔·罗登、克里斯·梅法姆、伊桑·阿姆帕杜、克里斯·冈特、内科·威廉姆斯、康纳·罗伯茨

中场：索尔巴·托马斯、乔·阿伦、马修·史密斯、迪伦·莱维特、哈里·威尔逊、乔·莫雷尔、乔尼·威廉姆斯、阿隆·拉姆塞、鲁宾·科维尔

前锋：加雷斯·贝尔、基弗·穆尔、马克·哈里斯、布雷南·约翰逊、丹尼尔·詹姆斯

C组

阿根廷队

主教练：利昂内尔·斯卡洛尼

门将：埃米利亚诺·马丁内斯、赫罗尼莫·鲁利、弗兰科·阿尔玛尼

后卫：纳韦尔·莫利纳、贡萨洛·蒙铁尔、克里斯蒂安·罗梅罗、赫尔曼·佩泽拉、尼古拉斯·奥塔门迪、利桑德罗·马丁内斯、马科斯·阿库尼亚、尼古拉斯·塔利亚菲科、胡安·福伊特

中场：罗德里戈·德保罗、莱安德罗·帕雷德斯、亚历克西斯·麦卡利斯特、吉多·罗德里格斯、阿列杭德罗·戈麦斯、恩佐·费尔南德斯、埃塞基耶尔·帕拉西奥斯、蒂亚戈·阿尔马达

前锋：利昂内尔·梅西、劳塔罗·马丁内斯、安赫尔·迪马利亚、胡利安·阿尔瓦雷斯、保罗·迪巴拉、安赫尔·科雷亚

沙特阿拉伯队

主教练：埃尔维·勒纳尔

门将：穆罕默德·阿洛瓦伊斯、纳瓦夫·阿奇迪、穆罕默德·阿尔亚米

后卫：亚西尔·沙赫拉尼、阿里·布莱希、阿卜杜勒拉·阿姆里、阿卜杜拉·马杜、哈桑·坦巴克蒂、苏丹·哈纳姆、穆罕默德·布雷克、沙特·阿卜杜勒哈米德

中场：萨勒曼·法拉杰、利雅德·沙拉希利、阿里·哈桑、穆罕默德·卡努、阿卜杜勒拉·马尔基、萨米·纳吉、阿卜杜拉·奥泰夫、纳赛尔·多萨里、阿尔·阿布德、萨利姆·多萨里、哈坦·巴赫布里

前锋：纳瓦夫·阿贝德、海赛姆·阿西里、萨利赫·谢赫里、菲拉斯·布赖坎

墨西哥队

主教练：赫拉多·马蒂诺

门将：鲁道夫·科塔、吉列尔莫·奥乔亚、阿尔弗雷多·塔拉韦拉

后卫：凯文·阿尔瓦雷斯、内斯托尔·阿劳霍、赫拉尔·阿特亚加、赫苏斯·加利亚多、埃克托·莫雷诺、塞萨尔·蒙特斯、豪尔赫·桑切斯、约翰·巴斯克斯

中场：埃德松·阿尔瓦雷斯、罗伯托·阿尔瓦拉多、乌里埃尔·安图尼亚、路易斯·查韦斯、安德烈斯·瓜尔达多、埃里克·古铁雷斯、埃克托·雷拉、奥贝林·皮内达、卡洛斯·罗德里格斯、路易斯·罗莫

前锋：富尼斯·莫里、劳尔·希门尼斯、伊尔文·洛萨诺、亨利·马丁、厄内斯托·贝加

波兰队

主教练：切斯劳·米赫涅维奇

门将：卡米尔·格拉巴拉、武卡什·斯科鲁普斯基、沃伊切赫·什琴斯尼

后卫：扬·贝德纳雷克、巴尔托斯·贝雷申斯基、马蒂·卡什、卡米尔·格利克、罗伯特·古尼、阿图尔·延杰伊奇克、雅库布·基维奥尔、马特乌兹·维特斯卡、尼古拉·扎莱夫斯基

中场：克里斯蒂安·别利齐、普尔泽米斯拉夫·弗兰科夫斯基、卡米尔·格罗西茨基、雅各布·卡明斯基、格热戈日·克雷霍维亚克、迈克尔·斯科拉斯、塞巴斯蒂安·希曼斯基、达米安·希曼斯基、彼得·泽林斯基、西蒙·茹尔科夫斯基

前锋：罗伯特·莱万多夫斯基、阿尔卡迪乌什·米利克、克日什托夫、皮翁泰克、卡罗尔·斯维德尔斯基

D组

法国队

主教练：迪迪埃·德尚

门将：雨果·洛里、史蒂夫·曼丹达、阿方斯·阿雷奥拉

后卫：邦雅曼·帕瓦尔、朱尔·孔德、拉斐尔·瓦拉内、阿克塞尔·迪萨西、威廉·萨利巴、卢卡·埃尔南德斯、特奥·埃尔南德斯、易卜拉希马·科纳泰、达约·于帕梅卡诺

中场：阿德里安·拉比奥特、奥雷利安·琼阿梅尼、尤索夫·弗法纳、马泰奥·贡多齐、若尔丹·韦勒图、爱德华多·卡马文加

前锋：金斯利·科曼、基利安·姆巴佩、奥利维耶·吉鲁、安托万·格列兹曼、奥斯曼·登贝莱、朗达尔·穆阿尼、马库斯·图拉姆、卡里姆·本泽马

澳大利亚队

主教练：格雷厄姆·阿诺德

门将：马修·瑞恩、丹尼·武科维奇、安德鲁·雷德梅因

后卫：纳撒尼尔·阿特金森、阿齐兹·贝希、乔尔·金、凯·罗尔斯、米洛斯·德格内克、哈里·苏塔、托马斯·邓、贝利·赖特、泽尔科·卡拉奇

中场：基林·巴克斯、杰克逊·欧文、卡梅隆·德夫林、赖利·麦格里、艾丁·赫鲁斯蒂奇、阿隆·穆伊

前锋：马丁·博伊尔、贾森·库明斯、米奇·杜克、克拉格·古德温、加朗·库尔、马修·莱基、阿维·马比尔、杰米·麦克拉伦

丹麦队

主教练：卡斯珀·尤尔曼德

门将：卡斯帕·舒梅切尔、奥利弗·克里斯滕森、弗雷德里克·荣诺夫

后卫：西蒙·克亚尔、拉斯穆斯·克里斯滕森、约阿基姆·梅勒、安德烈亚斯·克里斯滕森、斯特里格·拉尔森、维克托·尼尔森、约西姆·安德森、亚历山大·巴赫

中场：马蒂亚斯·延森、皮埃尔·赫伊别尔、托马斯·德莱尼、克里斯蒂安·埃里克森、丹尼尔·瓦斯、杰斯佩·林德斯特罗姆、斯科夫·奥尔森、克里斯蒂安·诺尔高

前锋：卡斯帕·多尔贝里、安德里斯·科内柳斯、乔纳斯·温德、米克尔·达姆斯高、马丁·布雷思韦特、罗伯特·斯科夫、优素福·波尔森

突尼斯队

主教练：贾勒·卡德里

门将：艾曼·达门、穆埃兹·哈桑、阿伊门·马斯鲁西、本·赛义德

后卫：穆罕默德·德雷格、瓦伊迪·凯奇里达、比勒·伊法、蒙塔萨尔·塔尔、迪兰·布隆、雅辛·梅里亚赫、内德·甘迪、阿里·马卢尔、阿里·阿布迪

中场：伊利斯·斯希里、艾萨·莱杜尼、费尔贾尼·萨西、盖琳·查拉利、本·罗姆达内、汉尼拔·梅布里

前锋：塞弗丁·贾兹里、奈姆·斯莱蒂、亚辛·梅里亚、阿尼斯·斯里曼、伊萨姆·杰巴利、瓦赫比·哈兹里、优素福·姆萨克尼

E组

德国队

主教练：汉斯·弗利克

门将：曼努埃尔·诺伊尔、安德烈·特尔施特根、凯文·特拉普

后卫：阿梅尔·科特普、马蒂亚斯·金特尔、克里斯蒂安·金特、蒂洛·克雷尔、卢卡斯·克洛斯特曼、戴维·劳姆、安东尼奥·吕迪格、尼科·施洛特贝克、尼克拉斯·聚勒

中场：约书亚·基米希、约纳斯·霍夫曼、莱昂·戈雷茨卡、伊尔卡伊·京多安、贾马尔·穆西亚拉

前锋：托马斯·穆勒、尤利安·布兰特、勒鲁瓦·萨内、塞尔日·格纳布里、凯·哈弗

茨、卡里姆·阿德耶米、尼克拉斯·菲尔克鲁格、优素法·穆科科

西班牙队

主教练：路易斯·恩里克

门将：乌奈·西蒙、罗伯特·桑切斯、大卫·拉亚

后卫：丹尼尔·卡瓦哈尔、塞萨尔·阿斯皮利奎塔、埃里克·加西亚、乌戈·吉利亚蒙、艾默里克·拉波特、帕乌·托雷斯、霍尔迪·阿尔瓦、何塞·加亚

中场：塞尔吉奥·布斯克茨、罗德里、佩德里、加维、科克、马科斯·略伦特、卡洛斯·索莱尔

前锋：阿尔瓦罗·莫拉塔、费兰·托雷斯、达尼·奥尔莫、尼科·威廉姆斯、帕夫洛·萨拉维亚、马尔科·阿森西奥、耶雷米·皮诺、安苏·法蒂

哥斯达黎加队

主教练：路易斯·苏亚雷斯

门将：凯洛尔·纳瓦斯、埃斯特万·阿尔瓦拉多、帕特里克·塞凯拉

后卫：弗朗西斯科·卡尔沃、胡安·巴尔加斯、肯达尔·沃斯顿、奥斯卡·杜阿尔特、丹尼尔·查孔、凯瑟·富勒、卡洛斯·马丁内斯、布赖恩·奥维多、罗纳德·马塔里塔

中场：叶尔钦·特赫达、塞尔索·博尔赫斯、尤斯汀·萨拉斯、罗恩·威尔逊、格尔森·托雷斯、道格拉斯·洛佩斯、杰维松·本内特、阿尔瓦罗·萨莫拉、安东尼·埃尔南德斯、布兰登·阿吉莱拉、布赖恩·鲁伊斯

前锋：乔·坎贝尔、安东尼·孔特雷拉斯、约翰·贝内加斯

日本队

主教练：森保一

门将：川岛永嗣、权田修一、丹尼尔·施密特

后卫：长友佑都、吉田麻也、酒井宏树、谷口彰悟、板仓滉、中山雄太、富安健洋、伊藤洋辉

中场：柴崎岳、远藤航、守田英正、田中碧

前锋：伊东纯也、山根视来、浅野拓磨、三笘薰、前田大然、堂安律、上田绮世、久保建英、相马勇纪、镰田大地、南野拓实

F组

比利时队

主教练：罗伯托·马丁内斯

门将：蒂博·库尔图瓦、西蒙·米尼奥莱、科恩·卡斯蒂尔斯

后卫：托比·阿尔德韦雷尔德、泽诺·德巴斯特、沃特·法埃斯、亚瑟·西特扬、费尔通亨、托马斯·穆尼耶、蒂莫西·卡斯塔涅

中场：凯文·德布劳内、尤里·蒂勒曼斯、阿马杜·奥纳纳、埃克塞尔·维特塞尔、汉斯·瓦纳肯、莱安德·登东克尔

前锋：罗伊斯·奥蓬达、米西·巴舒亚伊、罗梅卢·卢卡库、埃登·阿扎尔、莱安德罗·特罗萨德、德里斯·默滕斯、热雷米·多库、托尔冈·阿扎尔、扬尼克·卡拉斯科、夏尔·德凯特拉雷

加拿大队

主教练：约翰·赫德曼

门将：詹姆斯·潘提米斯、米兰·博扬、达尼·圣克莱尔

后卫：塞缪尔·阿德库贝、乔·沃特曼、阿利斯泰尔·约翰斯顿、里奇·拉耶、卡马尔·米勒、斯蒂文·维托利亚、德雷克·科内柳斯

中场：利亚姆·弗雷泽、伊斯梅尔·科内、安东尼·卡耶、戴维·沃瑟斯庞、乔纳森·奥索里奥、阿蒂巴·哈钦森、斯蒂芬·欧斯塔基奥、塞缪尔·皮埃特

前锋：利亚姆·米勒、卢卡斯·卡瓦利尼、艾克·乌格博泰扬、布坎南、乔纳森·戴维、凯尔·拉林、阿方索·戴维斯、朱尼尔·霍伊莱特

摩洛哥队

主教练：瓦利德·雷格拉吉

门将：亚辛·布努、卡约维·穆尔、阿哈迈德·塔纳乌蒂

后卫：阿什拉夫·哈基米、努赛尔·马兹拉维、罗曼·赛斯、纳耶夫·阿格尔德、阿什拉夫·达里、贾瓦德·亚米克、阿提亚特·阿拉、巴德尔·贝农

中场：索菲扬·阿姆拉巴特、塞利姆·阿马拉、阿卜杜勒哈米德·萨比里、阿兹丁·欧纳希、比拉尔·汉努斯、亚海·贾布拉内

前锋：哈基姆·齐耶赫、优素福·恩内斯里、索菲亚内·布法尔、扎卡里亚·阿布赫拉尔、阿布德·埃扎尔祖利、伊利亚斯·谢尔、阿卜

007

德拉扎克·哈姆达拉、阿纳斯·扎鲁里、瓦利德·谢迪拉

克罗地亚队

主教练：兹拉特科·达利奇

门将：多米尼克·利瓦科维奇、伊沃·格尔比奇、伊维卡·伊武西奇

后卫：约瑟普·斯塔尼希奇、博尔纳·巴里西奇、马丁·埃尔利奇、德扬·洛夫伦、博尔纳·索萨、约什科·格瓦迪奥尔、多马戈伊·维达、约西普·尤拉诺维奇、约瑟普·舒塔洛

中场：洛夫罗·马耶尔、马特奥·科瓦西奇、卢卡·莫德里奇、马塞洛·布罗佐维奇、尼古拉·弗拉西奇、马里奥·帕萨利奇、卢卡·苏西奇、克里斯蒂安·亚基奇

前锋：伊万·佩里西奇、安德雷·克拉马里奇、马尔科·利瓦亚、布鲁诺·佩特科维奇、安特·布季米尔、米斯拉夫·奥尔西奇

G组

巴西队

主教练：蒂特

门将：阿利森·贝克尔、维福顿·席尔瓦、埃德森·坎波斯

后卫：达尼洛、达尼·阿尔维斯、阿莱士·特莱斯、阿莱士·桑德罗、蒂亚戈·席尔瓦、马尔基尼奥斯、埃德尔·米利唐、格莱松·布雷默

中场：卡塞米罗、卢卡斯·帕奎塔、弗雷德、法比尼奥、布鲁诺·吉马良斯、埃韦顿·里贝罗

前锋：内马尔、里沙利松、拉菲尼亚、加布里埃尔·热苏斯、安东尼、维尼修斯、儒尼奥尔、罗德里戈、佩德罗、加布里埃尔·马丁内利

塞尔维亚队

主教练：德拉甘·斯托伊科维奇

门将：马尔科·德米特洛维奇、普雷德拉格·拉伊科维奇、万贾·米林科维奇

后卫：斯特凡·米特洛维奇、尼古拉·米伦科维奇、斯特拉希尼亚·帕夫洛维奇、米洛斯·维利科维奇、菲利普·姆拉德诺维奇、斯特拉西尼亚·埃拉科维奇、斯尔詹·巴比奇

中场：内马尼亚·古德利、谢尔盖·米林科维奇、萨萨·卢基奇、马尔科·格鲁伊奇、菲利普·科斯蒂奇、乌罗什·拉契奇、内马尼亚·马克西莫维奇、伊万·伊利奇、安德里亚·日夫科维奇、达尔科·拉佐维奇

前锋：杜桑·塔迪奇、亚历山大·米特洛维奇、杜尚·弗拉霍维奇、菲利普·尤里西奇、卢卡·约维奇、内马尼亚·拉多尼奇

瑞士队

主教练：穆拉特·雅金

门将：扬·索默、菲利普·库恩、约纳斯·奥姆林、格雷戈尔·科贝尔

后卫：曼努埃尔·阿坎吉、西尔万·维德默、里卡多·罗德里格斯、法比安·舍尔、埃雷·科默特、尼科·埃尔维迪

中场：格拉尼特·扎卡、德尼·扎卡里亚、法比安·里德、贾布里勒·索乌、克里斯蒂安·法斯纳赫特、米歇尔·埃贝彻尔、埃迪米尔森·费尔南德斯、法比安·弗雷、雷默·弗罗伊勒、阿顿·贾沙里

前锋：布雷尔·恩博洛、谢尔丹·沙奇里、鲁本·巴尔加斯、雷纳托·斯特芬、哈里斯·塞费罗维奇、诺亚·奥卡福

喀麦隆队

主教练：里格贝特·宋

门将：安德烈·奥纳纳、埃帕西·姆博卡、西蒙·恩加潘杜恩布

后卫：查尔斯·卡斯特列托、恩佐·埃布塞、柯林斯·法伊、奥利弗·姆拜佐、努胡·图洛、尼古拉斯·恩库鲁、克里斯托弗·伍

中场：奥利维耶·恩查姆、盖尔·奥杜阿、马丁·洪拉、皮埃尔·昆德、欧瓦·圭特、赞博·安古伊萨、杰罗姆·恩戈姆

前锋：尼古拉·斯恩加马勒乌、乔治·恩库杜、文森特·阿布巴卡尔、卡尔·埃卡姆比、皮埃尔·恩萨姆、布莱恩·姆贝乌莫、舒波·莫廷、克里斯蒂安·巴索戈、马鲁·索埃布

H组

葡萄牙队

主教练：费尔南多·桑托斯

门将：鲁伊·帕特里西奥、迪奥戈·科斯塔、若泽·萨

后卫：佩佩、鲁本·迪亚斯、若昂·坎塞洛、迪奥戈·达洛特、拉斐尔·格雷罗、达尼洛·佩雷拉、努诺·门德斯、安东尼奥·席尔瓦

中场：贝尔纳多·席尔瓦、布鲁诺·费尔南德斯、鲁本·内维斯、若昂·马里奥、维蒂尼亚·费雷拉、马修斯·努内斯、威廉·卡瓦略、若昂·帕利尼亚、奥塔维奥、蒙特罗

前锋：克里斯蒂亚诺·罗纳尔多、埃里森·菲利克斯、拉斐尔·莱奥、安德烈·席尔瓦、贡萨洛·拉莫斯、里卡多·奥尔塔

加纳队

主教练：奥托·阿多

门将：阿布杜尔·努卢德恩、劳伦斯·阿蒂齐吉、易卜拉欣·丹拉德

后卫：丹尼斯·奥多伊、塔里克·兰普泰、阿里杜·塞杜、丹尼尔·阿马泰、约瑟夫·艾多、亚历山大·德吉库、穆罕默德·萨利苏、拉赫曼·巴巴、吉迪恩·门萨

中场：安德烈·阿尤、托马斯·帕尔泰、艾利沙·奥乌苏、萨里斯·萨梅德、穆罕默德·库杜斯、丹尼尔·科菲耶雷

前锋：丹尼尔·阿弗利耶、卡玛尔·索瓦、阿卜杜勒·伊萨哈库、奥斯曼·布卡里、伊纳基·威廉姆斯、安托万·塞梅诺、乔丹·阿尤、卡迈勒丁·苏莱曼纳

乌拉圭队

主教练：迭戈·阿隆索

门将：费尔南多·穆斯莱拉、塞尔吉奥·罗切特、塞巴斯蒂安·索萨

后卫：若泽·吉梅内斯、塞巴斯蒂安·柯蒂斯、迭戈·戈丁、马丁·卡塞雷斯、罗纳德·阿劳霍、吉列尔莫·瓦雷拉、何塞·罗德里格斯、马蒂亚斯·奥利韦拉、马蒂亚斯·比尼亚

中场：卢卡斯·托雷拉、曼努埃尔·乌加特、马蒂亚斯·贝西诺、罗德里戈·本坦库尔、费德里科·巴尔韦德、乔治亚·阿拉斯凯塔、尼古拉斯·德拉克鲁兹

前锋：法昆多·佩利斯特里、奥古斯汀·卡诺比奥、法昆多·托雷斯、马克西米利亚诺·戈麦斯、路易斯·苏亚雷斯、埃丁森·卡瓦尼、达尔温·努涅斯

韩国队

主教练：保罗·本托

门将：金承奎、赵贤祐、宋范根

后卫：金玟哉、金英权、金太焕、金珍洙、金纹奂、尹钟奎、洪喆、权敬原、曹侑珉

中场：李在成、黄仁范、白昇浩、郑又荣、孙准浩、李刚仁、松旻揆、权昶勋

前锋：孙兴慜、黄义助、曹圭成、黄喜灿、郑优营、罗相镐

32强国家队出场最多阵容

门将：洛里（法国队，139场）

后卫：瓜尔达多（墨西哥队，177场）、费尔通亨（比利时队，141场）、戈丁（乌拉圭队，159场）、长友佑都（日本队，137场）

中场：博尔赫斯（哥斯达黎加队，154场）、布斯克茨（西班牙队，139场）、莫德里奇（克罗地亚队，154场）

前锋：C罗（葡萄牙队，191场）、海多斯（卡塔尔队，169场）、梅西（阿根廷队，164场）

32强最年长阵容

门将：塔拉韦拉（墨西哥队，40岁）

后卫：蒂亚戈·席尔瓦（巴西队，38岁）、佩佩（葡萄牙队，39岁）、阿尔维斯（巴西队，39岁）、长友佑都（日本队，36岁）

中场：莫德里奇（克罗地亚队，37岁）、瓜尔达多（墨西哥队，36岁）、哈钦森（加拿大队，39岁）

前锋：C罗（葡萄牙队，37岁）、吉鲁（法国队，36岁）、布赖恩·鲁伊斯（哥斯达黎加队，38岁）

32强亚足联球员身价最高阵容

门将：瑞恩（澳大利亚，500万欧元）

后卫：富安健洋（日本队，2500万欧元）、金玟哉（韩国队，3500万欧元）、板仓滉（日本队，750万欧元）、米拉德·穆罕默迪（伊朗队，200万欧元）

中场：远藤航（日本队，650万欧元）、镰田大地（日本队，3000万欧元）、守田英正（日本队，700万欧元）

前锋：堂安律（日本队，1200万欧元）、塔雷米（伊朗队，2000万欧元）、孙兴慜（韩国队，7000万欧元）

32强欧足联球员身价最高阵容

门将：库尔图瓦（比利时队，6000万欧元）

后卫：阿诺德（英格兰队，7000万欧元）、德里赫特（荷兰队，7000万欧元）、迪亚斯（葡萄牙队，7500万欧元）、坎塞洛（葡萄牙队，7000万欧元）

中场：贝林厄姆（英格兰队，1亿欧元），加维（西班牙队，9000万欧元）、佩德里（西班牙队，1亿欧元）

前锋：穆西亚拉（德国队，1亿欧元）、姆巴佩（法国队，1.6亿欧元）、福登（英格兰队，1.1亿欧元）

32强南美足联球员身价最高阵容

门将：阿利松（巴西队，5000万欧元）

后卫：福伊特（阿根廷队，2500万欧元）、米利唐（巴西队，6000万欧元）、马尔基尼奥斯（巴西队，7000万欧元）、奥利韦拉（乌拉圭队，1500万欧元）

中场：法比尼奥（巴西队，5500万欧元）、巴尔韦德（乌拉圭队，1亿欧元）、吉马良斯（巴西队，6000万欧元）

前锋：罗德里戈（巴西队，8000万欧元）、劳塔罗·马丁内斯（阿根廷队，7500万欧元）、维尼修斯（巴西队，1.2亿欧元）

32强中北美及加勒比海足联身价最高阵容

门将：纳瓦斯（哥斯达黎加队，500万欧元）

后卫：德斯特（美国队，1600万欧元）、蒙特斯（墨西哥队，700万欧元）、卡特·维克斯（美国队，950万欧元）、阿方索·戴维斯（加拿大队，7000万欧元）

中场：麦肯尼（美国队，2100万欧元）、雷纳（美国队，3500万欧元）、埃德松·阿尔瓦雷斯（墨西哥队，3500万欧元）；

前锋：洛萨诺（墨西哥队，2800万欧元）、戴维（加拿大队，4500万欧元）、普利希奇（美国队，3800万欧元）

32强非洲足联球员身价最高阵容

门将：门迪（塞内加尔队，2500万欧元）

后卫：阿什拉夫（摩洛哥队，6500万欧元）、萨利苏（加纳队，1800万欧元）、库利巴利（塞内加尔队，3500万欧元）、马兹拉维（摩洛哥队，2500万欧元）

中场：安古伊萨（喀麦隆队，3800万欧元）、齐耶赫（摩洛哥队，1700万欧元）、托马斯·帕尔泰（加纳队，3800万欧元）

前锋：姆贝乌莫（喀麦隆队，2800万欧元）、威廉姆斯（加纳队，2500万欧元）、马内（塞内加尔队，6000万欧元）

本届世界杯趣味数据

☆共有137名球员不会代表自己的出生国参赛；只有4队是完全由本国出生的球员参赛，分别是阿根廷队、韩国队、沙特阿拉伯队和巴西队。

☆球员场上位置构成：门将99人；后卫271人；中场272人；前锋189人。

☆年龄最大的球员是墨西哥队门将塔拉韦拉：40岁（出生于1982年9月18日）；最年轻的球员则是德国队前锋穆科科：18岁（出生于2004年11月20日）。

☆最高球员是荷兰门将安德里斯·诺珀特：203cm；最矮球员是摩洛哥队前锋伊利亚斯·谢尔：164cm；球员平均身高最高的球队是塞尔维亚队：187.2cm。

☆球员联赛分布排行（前五位）：英超135人；西甲86人；德甲81人；意甲71人；法甲58人。

☆国内联赛球员最多的球队（前五位）：卡塔尔队26人；沙特阿拉伯队26人；英格兰队25人；德国队20人；西班牙队18人。

征程之路

第 1 比赛日　　　　最弱东道主球队

📜 战况信息

A组第一轮
11月21日00:00　地点：海湾球场

卡塔尔队　**0 : 2**　厄瓜多尔队

16' ⚽ 瓦伦西亚
31' ⚽ 瓦伦西亚

⚽ 数说世界杯

0：卡塔尔队是自1994年的美国队之后，首支在世界杯比赛中0射正的东道主球队。

1：厄瓜多尔队前锋恩纳·瓦伦西亚打入了本届世界杯首球。

1：世界杯历史上首次出现第1个进球是点球的情况。

2：厄瓜多尔队在世界杯上第2次单场进球数超过1球。

3：最近3届世界杯中均有球员在揭幕战中梅开二度。

5：恩纳·瓦伦西亚以5球成为厄瓜多尔队世界杯射手王。

5：本届世界杯首次实行3次换5人的换人规则。

92：卡塔尔队成为世界杯92年历史上首支在揭幕战中输球的东道主球队。

67372：本届世界杯揭幕战有67372名观众入场观赛。

鑫淼绿茵场

阴谋论输给绝对实力

第一个比赛日只有揭幕战一场比赛，却被阴谋论笼罩着。

在东道主卡塔尔队迎战厄瓜多尔队之前，关于"假球"的言论就从未断绝。因为卡塔尔世界杯从申办那一刻起就与金钱挂钩，这期间也有很多腐败的新闻。因此到了正赛时，有关卡塔尔队贿赂其他球队的新闻层出不穷。加之卡塔尔队的自身实力较弱，在分组结果揭晓之后，主流论调都认为卡塔尔队将一胜难求。

本场比赛赛前更是有爆炸性消息——卡塔尔队给厄瓜多尔队多名球员提供了超过700万美元的贿赂款，寄希望于后者能够在比赛中故意输球。消息一出，舆论哗然。卡塔尔这个国家有的是钱，但是其对手真的会在比赛中故意输球吗？一切变得扑朔迷离。就这样，这场揭幕战未战先火。

我们先简单看看这两支球队的纸面实力。卡塔尔队在过去几年为了提升自己的战斗力参加了不少比赛，包括跨大洲参加2019年美洲杯、2021年中北美金杯赛和2022年世界杯欧洲区预选赛。因此卡塔尔队获得了不少与欧美强队交手的机会，提升了比赛经验。但卡塔尔队在这些比赛中的成绩都很一般，也验证了球队自身实力有限。"世界杯历史上最弱东道主球队"的称号也随之而来。

其实厄瓜多尔队也并不是一支传统强队，在南美洲的足球大陆上远逊于阿根廷队和巴西队。但是其主场的高原优势非常明显，不过这一次面对东道主卡塔尔队，厄瓜多尔队的天然优势也就没有了。

然而就在这样此消彼长的情况下，双方的比赛还是呈现出了一边倒的趋势。厄瓜多尔队从比赛一开始就展现出压倒性的优势，让东道主卡塔尔队几乎没有任何还手之力。2:0的比分也早早让比赛失去了悬念。厄瓜多尔队轻松地取得了开门红，而卡塔尔队0:2输球，成为世界杯历史上揭幕战成绩最差的东道主球队。

或许厄瓜多尔队不是超级强队，但是其绝对实力还是明显高于卡塔尔队的。揭幕战最终的结果也正是厄瓜多尔队实力优势的体现，让赛前的阴谋论不攻自破，也给球队在卡塔尔世界杯的征程扫清了质疑的障碍。

在足球赛场上，假球论、阴谋论，是一个永久性的话题。当然，在世界杯的赛场上这种字眼儿也经常出现。其实制造阴谋论的谣言性价比是非常高的，还是以这场比赛为例，因为一旦卡塔尔队赢球，造谣者自然可以将其与自己的阴谋论联系起来；而如果卡塔尔队最终输球，那也可以说由于消息泄露才导致双方没有按照既定剧本来踢。

回归足球本身，足球赛场上存在阴谋论吗？答案是肯定的。然而我们并不能戴上有色眼镜去看待东道主卡塔尔队，由于自身实力过于弱小，卡塔尔队或许会输得很惨，但是相信球队并不会像外界流传的声音那样，为了胜利而不择手段。

揭幕战之后，我们终于可以大声地喊出："让我们开始享受卡塔尔世界杯吧。"

正坤龙门阵

绝对优势面前的细节成败

卡塔尔队 5-3-2 vs **厄瓜多尔队 4-4-2**

卡塔尔队阵容：
- 14 艾哈迈德
- 6 哈特姆
- 3 阿卜杜勒卡里姆
- 11 阿菲夫
- 1 希卜
- 16 胡希
- 12 布迪亚夫
- 15 拉维
- 19 莫埃兹
- 2 科雷亚
- 10 海多斯

厄瓜多尔队阵容：
- 19 普拉塔
- 17 安吉洛·普雷西亚多
- 13 瓦伦西亚
- 20 门德斯
- 2 托雷斯
- 1 加林德斯
- 23 凯塞多
- 3 因卡皮耶
- 11 埃斯特拉达
- 10 伊巴拉
- 7 埃斯图皮尼安

　　卡塔尔队虽被认为是"世界杯历史上最弱东道主球队"，但比赛刚开始便被厄瓜多尔队的"压迫打法"震慑住，使首场比赛在上半场就失去胜负悬念，还是让人始料未及。从战术层面分析，卡塔尔队犯了太多致命错误。

　　首先是动摇门将自信心的"越位进球"。

　　开场不到3分钟，厄瓜多尔队获得任意球。从球罚出的一瞬间可以看出，卡塔尔队球员身边都有自己的防守对象。无论是近点还是远点，抑或是大禁区外，位置都是站定的，也就是说此时的防守站位还是非常不错的。但此时卡塔尔队门将萨阿德·希卜选择了鲁莽出击，从球即将落下时的站位可以看出这个球并不会对球门产生直接威胁，争抢第一落点的厄瓜多尔队球员被两名卡塔尔队球员呈犄角之势卡住位置，中路插上的厄瓜多尔队球员恩纳·瓦伦西亚身前也有卡塔尔队后卫阻挡球路。可以说如果门将希卜不出击，这个球造成的威胁十分有限。

　　但是希卜不仅出击，而且失误了，并未将球击出禁区，反而阴差阳错地打到了厄瓜多尔队球员控制范围内。原本盯防瓦伦西亚的卡塔尔队中卫巴萨姆·拉维不得不后撤去堵空门，由禁区内站位的卡塔尔队前锋莫埃兹·阿里补防瓦伦西亚。指望本方前锋去防守对方前锋，那漏人是在所难免的。阿里在禁区内本就是站位用的，并没有防守习惯，于是犯下了"光看球没看人"的错误，任由瓦伦西亚轻松抢点头球破门。这次防守暴露了卡塔尔队防守协调性上的极大问题，赛前集训的三个月并没有让这支球队在防守端有明显提升。虽然此球越位在先，进球无效，但卡塔尔队门将希卜的自信心遭受了极大的打击，卡塔尔队的后防线也变得摇摇欲坠。

其次是非常业余的两个失球。

第一个失球，比赛第15分钟，卡塔尔队从后场发动攻势，在中场被杰格森·门德斯滑铲抢断，随后通过右边路的队友过渡。当门德斯再度得球，身前一片开阔地，无论是向左侧传给后插上的队友，还是直塞前场队友，都是不错的选择。门德斯选择了直塞前场的队友迈克尔·埃斯特拉达。夸张的是，埃斯特拉达得球时身边同样是开阔地，无论是给右侧后插上的队友下底传中，还是向前直塞已经启动的瓦伦西亚，也都游刃有余。最终在两名卡塔尔队后卫的"护送"下，瓦伦西亚突入禁区盘过门将希卜后被拉倒，裁判吹罚点球。瓦伦西亚一蹴而就，打入本届世界杯官方记录在册的第一球。

第二个失球则又一次展现了卡塔尔队中场和后防线的脱节。卡塔尔队在中场发界外球失误，被莫伊塞斯·凯塞多断下，就地发起反击。此时可以看到凯塞多身前又是一片巨大的开阔地，他可以大步流星带球到禁区前沿再选择处理方式。凯塞多看到了队友冈萨洛·普拉塔的后插上，随后送出直塞，被卡塔尔队中卫布瓦勒姆·胡希堵住线路，未能传球成功。

但此时卡塔尔队左中卫阿卜杜勒卡里姆·哈桑已经回收，厄瓜多尔队进攻方向右侧走廊完全空出。刚刚成功破坏传球的胡希没有选择继续紧逼凯塞多，而是也向禁区内回收。凯塞多得以控制住球后，轻松分给后插上的右后卫，完成45度角传中。可以看到在球传进卡塔尔禁区时，如果除去刚回撤禁区什么都没做的中场卡里姆·布迪亚夫，厄瓜多尔队进攻和卡塔尔队防守的人数是4∶4，而且卡塔尔队球员齐刷刷地望向自家左侧，丝毫不知拉维身后杀出来一个黄色身影。瓦伦西亚用无人盯防的头球抢点将比分改写为2∶0。

就这样，卡塔尔队输掉了比赛，也暴露了自身实力的不足。这就是最真实的足球，在绝对优势面前，微小的错误就会被无限放大。

黄博士课堂

五花八门的归化球员

东道主卡塔尔队首战发挥不佳，被远道而来的厄瓜多尔队完全压制，但萦绕在卡塔尔队身边的故事，远不止场内的竞技这么单纯。球队中相对复杂的人员构成，以及队伍背后依托的强大归化体系，引发了外界的广泛关注。借着这个契机，我们来聊聊世界杯归化球员的话题。

世界杯上的归化问题有着复杂的历史背景，想用极短的篇幅阐述清楚显然是不现实的事情。在此我从归化球员的类型切入，结合世界杯上的具体实例，来直观呈现归化元素在主流舞台上的生态。

第一类归化球员最为"简单粗暴"，那就是某一支国家队需要快速提升自身的足球水平，希望笼络全世界能力强的球员，不管你来自哪里、是何出身，只要踢得好就可以加入我的国家队。在1962年之前，国际足联对于归化的问题没有严格的管理，基本属于"来去自如"的状态，造成了相当混乱的局面。

例如20世纪50年代的西班牙队与意大利队，利用联赛俱乐部的号召力，挖来了迪·斯蒂法诺、费伦茨·普斯卡什、奥马尔·西沃里与若泽·阿尔塔菲尼等巨星。他们在拿到相应的国籍之后，就开始代表各自的"新国家"征战比赛，大部分也都在1958—1962年参加了世界杯。不过这种毫无关联的雇佣军对国家队缺乏最基本的认同感，导致比赛变成了纯粹的"斗兽场"，暴力行为的滋生促使国际足联开始收紧归化的政策，1962年之后彻底告别了"蛮荒时代"。

在后来的漫长岁月中，由于政策的紧缩，无序的归化球员几乎退出了世界杯的舞台，能够叫上名字的寥寥无几。不过其中也有亮点，最典型的就是选择代表葡萄牙队出战的德科与佩佩。这二位都是土生土长的巴西球员，但是在达到国际足联的要求之后，就有资格代表新的国家队出战。

足球比赛本质上还是地域属性浓厚的竞技活动，在当代的规则体系之下，无论球员是在一个新的国家连续住满几年，还是限制其在原国家队的出场情况，对于球员来说，始终像是毫无归属感的迁徙。

第二类就是所谓的血缘体系归化，这种模式早在20世纪30年代就初现端倪。当时的意大利采取比较极端的策略，1929年新成立的意甲联赛禁止外援球员参与，然而一些比较灵活的俱乐部盯上了远在南美特别是阿根廷的意大利移民及其后裔，在其中挑选出球技出众的人选，包装成正统意大利人并给予身份，就能返回意大利踢球。

这批人当中，诸如雷蒙多·奥尔西、路易斯·蒙蒂与恩里克·瓜伊塔等精英，也成为意大利队球员，并帮助球队获得了1934年世界杯的冠军。在那个"蛮荒"年代，国际足联的管理相对松散，这种模式突破的是一些国家的内部壁垒，可谓"柳暗花明又一村"。

而在如今这个时代，国际足联的管理非常严苛，但对于三代以内的血缘归化却网开一面。这批人只要满足特定的条件，无须像第一类"三无归化"那样有连续居住年限等方面的要求，就可以快速获得代表新国家队出战的资格。

像近些年加入中国队的李可、蒋光太等人，都属于这类归化球员的典型代表。不过这样的球员属于稀缺资源，对于大多数渴望提升足球水平的国家队来说，批量出现此类可归化的球员是可遇而不可求的事情。

第三类球员是广义上的后裔归化，最为典型的就是目前的法国队。球队当中非洲后裔的比例非常高，他们很多都是祖辈移居到法国，后代从小在法国成长，算是比较地道的法国人。来自北非的白人后裔，搭配撒哈拉以南非洲的群体，成就了如今不可一世的"高卢雄鸡"。诸如本泽马与姆巴佩这样的明星球员，宽泛来说都属于后裔归化群体。

此类归化牵扯的因素极为复杂，大多数国家队也不具备相应的条件，所以只能说是在特定环境下的特殊收获。

最后回到开篇的话题，卡塔尔队本次世界杯的人员构成其实鲜有"简单粗暴"的那一类球员。像卡里姆·布迪亚夫这样的老臣，是早年卡塔尔队"撒币归化"时期的产物，如今球队放弃了这种方法，将一种全新的模式运用得很纯熟，而且有别于文中提到的三类归化。

卡塔尔兴建了一所专门培养足球人才的阿斯拜尔青训学院，召集各地的小球员前去集训，并从中挑选优质人才将来为卡塔尔队效力。目标就是在低年龄段球员中发现天赋球员，然后通过训练逐步培养他们的国家认同感，直到代表卡塔尔队出战。这样可以规避以上三类传统归化的弊端。

尽管这批人在2022年世界杯揭幕战中苦吞败局，但三年前的亚洲杯冠军已经证明了这种模式的可行性。卡塔尔队在急功近利与漫长等待之间找到了一条属于自己的路，只要有持续不断的资金加持，这种特殊的归化模式未来定会为卡塔尔队培养出更多的足球人才。

赛场花絮

没有盘外招的揭幕战

本届世界杯东道主卡塔尔队在揭幕战中0∶2完败，卡塔尔队球迷向世界诠释了什么是"有钱但不快乐"。

赛前有爆料称，卡塔尔方面向数名厄瓜多尔队球员支付了700多万美金，希望厄瓜多尔队以0∶1输球。中东石油财团近些年在世界足坛的呼风唤雨，也让球迷将揭幕战的关注点放在了卡塔尔队是否会以传闻当中的1球小胜取得开门红。

瓦伦西亚打入本届世界杯首球却被判罚越位在先，似乎更加验证了此前的传闻。现场愤怒的厄瓜多尔队球迷高举手臂做出"数钱"动作进行嘲讽，还险些与身后的卡塔尔队球迷发生冲突。

但最终的比赛结果还是验证了两支球队的实力差距，卡塔尔队成为世界杯历史上首支在揭幕战中输球的东道主球队，不过这也让盘外招的传闻不攻自破。

第 2 比赛日　　　　青春风暴

战况信息

B组第一轮
11月21日21:00　地点：哈里法国际体育场

英格兰队　6 : 2　伊朗队
35' 贝林厄姆　　　　65' 塔雷米
43' 萨卡　　　　　　90+13' 塔雷米
45+1' 斯特林
62' 萨卡
71' 拉什福德
90' 格里利什

A组第一轮
11月22日00:00　地点：阿图玛玛球场

塞内加尔队　0 : 2　荷兰队
　　　　　　　　　84' 加克波
　　　　　　　　　90+9' 克拉森

B组第一轮
11月22日03:00　地点：艾哈迈德·本·阿里球场

36' 维阿　美国队　1 : 1　威尔士队　82' 贝尔

数说世界杯

5：为英格兰队破门的5位球员都是首次取得世界杯进球。

7：荷兰队取得世界杯小组赛7连胜，创下队史纪录，仅次于巴西队的8连胜。

21：英格兰队的贝林厄姆成为首位21世纪出生并在世界杯取得进球的球员。

24：英格兰队对阵伊朗队上下半场总共补时24分钟，创下世界杯历史纪录。

49：英格兰队的拉什福德替补登场49秒破门，成为世界杯历史上替补登场破门第三快的球员。

56：英格兰队的萨卡成为世界杯近56年以来首秀梅开二度最年轻的球员。

6150：伊朗队的塔雷米在比赛第6150秒破门，打入自1966年以来世界杯比赛常规时间最晚进球。

23533：贝尔点球破门帮助威尔士队时隔23533天再次在世界杯取得进球。

鑫淼绿茵场

让"打脸"来得更猛烈些

世界杯第二个比赛日，世界瞩目的豪门球队陆续亮相。"三狮军团"英格兰队与"无冕之王"荷兰队率先出征。

本届世界杯开赛之前，大家似乎都对这届杯赛的精彩程度以及各支球队的状态持悲观态度。原因是：第一次在北半球冬季举办世界杯，时间上各支球队均不习惯，卡塔尔与众不同的气候更是让很多球队无所适从；为了世界杯，欧洲主流赛事的跨年制安排被拦腰截断，球员在世界杯之前只有一周的休息时间，身体疲劳等原因将会影响世界杯状态。

这样的顾虑并不是没有道理，开赛前的大面积伤病潮就是证明——2022年最火爆的两名球员本泽马和马内全部因伤退出。然而第二个比赛日结束之后，这样的顾虑又显得有些多余了。

球迷朋友所熟悉的英格兰队，总是给人一种"遇强不弱，遇弱不强"的感觉。于是面对"波斯铁骑"伊朗队，"三狮军团"在赛前并不被看好，充其量就是一场小比分胜利。然而英格兰队"打脸"全世界，造就了本届世界杯开赛以来的第一场大比分胜利。上届世界杯小组赛3场仅丢2球的伊朗队被英格兰队一场比赛就攻入6球，若不是在葡萄牙超级联赛大杀四方的塔雷米完成梅开二度，帮助伊朗队挽回些颜面，这场比赛对于伊朗队来说可真的就是一场"惨案"了。

在世界杯开赛之前，荷兰队就是我着重观察的一支球队，71岁的老帅范加尔在这一年多的打磨过程中，让"橙衣军团"找回了战斗力。在与塞内加尔队的第一场比赛中，范加尔更是排出了一套极富攻击性的"352"阵形，用德容、博古伊斯、加克波搭档三中场的操作令人意想不到。赢下塞内加尔队之后，荷兰队能够用两场相对好踢的小组赛慢慢调整状态，淘汰赛的荷兰队极有可能给我们带来惊喜。

有一个细节值得一提，在英格兰队与伊朗队的比赛中，由于伊朗队门将贝兰万德受伤，上半场裁判给了14分钟的伤停补时，这样长的补时非常罕见。截止到今天，4场比赛上半场的场均补时达到6.25分钟，下半场场均补时达到8分钟。此次伤停补时的时间甚至能赶上加时赛一个半场的时长，这也让球迷朋友可以欣赏更多的比赛过程。

通过前两个比赛日的观察，虽然卡塔尔当地的天气在晚间有些湿热，但是空调球场极好地解决了这一问题。球员也更快地适应了比赛环境，比赛的精彩程度并没有大打折扣，反倒是不断带给球迷惊喜。由于卡塔尔的国土面积大概只有北京市的三分之二，也让各支球队无须像往届杯赛一样为旅途的疲惫所困扰，再加上5个换人名额的灵活性，各支球队的状态也得到了最强有力的保证。

当世界杯来临的时候，我们总希望看到荡气回肠的比赛，进球多少虽然不能完全代表比赛的精彩程度，但是对于大多数球迷来说还是希望看到更多的进球大战。在卡塔尔世界杯开赛前，我们担忧着比赛的精彩程度，担忧着球员会受天气的困扰，但是前两个比赛日证明了这一切担忧是多余的。这也算是给了我们的担忧一次"打脸"式的回击，希望这样的"打脸"来得更猛烈些，因为我们期待更多精彩绝伦的比赛。

正坤龙门阵

新英式打法

英格兰队 4-2-3-1
- 3 卢克·肖
- 10 斯特林
- 6 马奎尔
- 4 赖斯
- 1 皮克福德
- 19 芒特
- 9 凯恩
- 5 斯通斯
- 22 贝林厄姆
- 12 特里皮尔
- 17 萨卡

伊朗队 5-4-1
- 7 贾汉巴赫什
- 2 莫哈拉米
- 21 诺罗拉希
- 8 普拉利甘吉
- 15 切什米
- 1 贝兰万德
- 18 卡里米
- 19 侯赛尼
- 9 塔雷米
- 3 萨菲
- 5 穆罕默迪

  英格兰队与伊朗队的小组赛，堪称"三狮军团"的一场"屠杀"之战，6：2的比分就是证明。英格兰队一次又一次从弹药库中掏出自己的武器完成进球，而每一件武器上都印着四个字——"英式打法"。

  说到传统英式打法，球迷们都知道是长传冲吊。无非是后场大脚解围，身高体壮的大中锋在前场争抢落点，球到脚法好的中场脚下，分给边路高速插上的飞翼，再通过下底或45度角传中去找前插禁区的大中锋，最终完成得分。要是有个前场定位球就更容易了，直接把前几步省略，直接将球传进禁区即可。

  现在英格兰队的战术虽然不是这般原始，但主旨依然没变。场上战术核心仍是围绕支点中锋，尽可能扩大长传和传中的作用。毕竟拥有哈里·凯恩这个世界顶级支点中锋，在此基础上又融入了现代足球讲求的前场小集团作战，英格兰队的打法立体且高效。

  上半场的英格兰队仅仅依靠传中就击溃了伊朗队的防守。开场第8分钟，英格兰队就通过快发任意球找到边路空当，凯恩拉边完成高质量传中。虽然没取得进球，但伊朗队门将阿里雷扎·贝兰万德飞身扑救却与队友相撞，伤势严重只能被替换下场。在一段超长时间的比赛暂停后，哈里·马奎尔接基兰·特里皮尔的角球头槌击中横梁，吹响了英格兰队进攻的冲锋号。

  第34分钟，英格兰队前场配合，左路插上

的卢克·肖传中助祖德·贝林厄姆一飞冲天，头球破门。第42分钟，又是马奎尔在角球进攻中抢到第一点，布卡约·萨卡禁区内凌空抽射再下一城。第45分钟，乔丹·皮克福德大脚解围找到凯恩，凯恩卡位争到球权交给队友，经过组织后自己拉边传中，拉希姆·斯特林后插上打入上半场第三球。纵观上半场英格兰队的进球关键词，全都是英式打法的味道。但中锋拉边牵扯防守人，中场球员后插上抢点，前场小范围配合摆脱防守人送出关键的倒数第二传，满满的都是现代足球的体系。以传统英式长传冲吊为"砖瓦钢骨"，辅以现代足球的灵巧打法"水泥腻缝"，"三狮军团"建成了自己的坚固堡垒。

下半场比赛英格兰队依然以凯恩为轴，但伊朗队意识到了英格兰队传中的厉害，后防线在落位时集体回收，用禁区内的人数优势挤压英格兰队传中的空间。这就轮到两个逆足边翼萨卡和斯特林的发挥了：左脚踢右路的萨卡可以选择右脚强行传中，自然也可以选择用左脚内切完成射门。英格兰队的第四球正源于此，萨卡射门时小禁区前堵住了4名球员，禁区里算上门将一共7名防守队员，但大禁区线附近横向一片开阔地，萨卡得以轻松内切找准角度完成破门。

第五球依然是经典的英式打法，凯恩接皮克福德大脚解围背身拿住球，转身组织进攻，将球传给后插上的马库斯·拉什福德，后者轻松扣过后卫破门得手。

可以说英格兰队这套"新英式打法"已经非常纯熟——脱胎于传统英式打法，用利落的长传、传中、定位球直接将球打进禁区。在此之前将球从混战中择出传导到边路，则是靠斯特林、芒特、萨卡这个前场小分队的技术和速度。凯恩可以在中路抢点和拉边传中之间选择，中场贝林厄姆的后插上则完全可以弥补凯恩拉边后的中路抢点位。整套战术有边有中，有个人有团队，有核心打法更有临场变化。这套完整的打法接下来需要的是硬仗的检验。

黄博士课堂

惨案诞生史

世界杯第二个比赛日，英格兰队与伊朗队的比赛结果出乎很多球迷的预料。作为前几届大赛有名的硬骨头，"波斯铁骑"居然2:6输给了"三狮军团"，并且输得毫无抵抗之力。尽管英格兰队迎来了属于自己的黄金时代，但在世界杯上奉献如此酣畅淋漓的表演，并缔造了惊人的"惨案"，着实让人感到意外。

笔者在写作《世界杯风云》的过程中，曾对世界杯中的大比分场次进行过细致的研究，虽然样本不算很多，但还是可以从中窥测出一些规律，今天借着这个机会与广大读者分享一下。

在世界杯上主流的"惨案"中，第一类就是单纯实力差距过大，且弱势一方经验匮乏，最终导致了不可挽回的结果。早期的典型案例是1954年的韩国队，作为二战后首支参加世界杯正赛的亚洲球队，其扮演的就是"陪太子读书"的角色。

这支韩国队的竞技水平无须多言，在那个各方面条件都不完善的时代，球队甚至连飞抵瑞士参赛都大费周折，应付比赛自然成了很困难的事情。球队0:9输给当时的世界第一匈牙利队可以理解，但被相对弱势的土耳其队打进7球还是有些说不过去。直到今天韩国队都是单届世界杯丢球最多的球队，永远地被钉在了历史的耻辱柱上。

在中期比较有代表性的案例中，最突出的要数1974年的扎伊尔队（今民主刚果队），这是球队历史上唯一一次参加世界杯正赛，却不幸与巴西队、南斯拉夫队、苏格兰队三支劲旅分在同一组。尽管球队拥有一两名实力不俗的球员，但比赛开踢之后这支新军还是显得极其不适应。

最终扎伊尔队3场丢了14球且1球未进，其中包括0∶9惨败南斯拉夫队的"名场面"。由于其他三队互相之间的比赛都以平局告终，在扎伊尔队身上获取的净胜球数便直接决定了小组出线的最终走向。对于世界杯菜鸟来说，以这种方式参与到历史进程当中，实在有些黑色幽默。

新时期以来，这类"惨案"在世界杯上也有代表作，那便是2002年德国队在小组赛中8∶0横扫沙特阿拉伯队（以下简称"沙特队"）。当时的德国队算不上强势，但其硬朗的风格是沙特队所惧怕的。在德国队的一波流推平之后，比赛结果早早失去了悬念，德国队前锋米洛斯拉夫·克洛泽的头球帽子戏法也成为世界杯历史上的金色回忆。

世界杯上还有一类"惨案"，两队的实力差距不大，甚至还都是传统强队，但比赛的结局却让人瞠目结舌，这样的比赛就需要具体分析了，无法套用一个现成的模板。

其中比较经典的案例，要数1986年世界杯1/4决赛丹麦队与西班牙队的遭遇战。那个时期的丹麦队是不折不扣的欧洲劲旅，坐拥普雷本·埃尔克耶尔、米歇尔·劳德鲁普、弗兰克·阿内森与莫滕·奥尔森等一绊球星，在1984年欧洲杯上的发挥也让人印象深刻。其在该届小组赛中还给了联邦德国队一个下马威，按照这种势头来看，闯进4强不会让人感到意外。

在与西班牙队的比赛中，丹麦队率先取得了1∶0的领先，看上去一切波澜不惊。但令人意想不到的是，半场结束前，丹麦队球员自己的失误帮助西班牙队扳平了比分，也掀起了这场"惨案"的序幕。下半场伊始，丹麦队在一段时间的坚持之后突然全线崩盘，埃米利奥·布特拉格诺抓住机会上演大四喜，最终率领球队5∶1逆转了大红大紫的丹麦队，书写了一段传奇。

另外两场比较典型的案例都发生在2014年世界杯上，荷兰队5∶1击败上届冠军西班牙队，德国队7∶1击败东道主巴西队。荷兰大战上半场由西班牙队占据优势，其原本有机会取得2∶0的领先，结果却被范佩西的神来之笔意外追平。西班牙队老化的阵容在下半场迎来崩盘。

荷兰队则抓住了"斗牛士军团"的弱点，利用阿尔扬·罗本等人的快速反击，一次次击穿西班牙队的防线，最终缔造了这场流芳百世的复仇之战。

在德巴之间的半决赛中，巴西队缺少了内马尔与蒂亚戈·席尔瓦两名主将，赛前被外界一致看衰。但球队在上半场的发挥还是出乎了所有人的预料："桑巴军团"的中场形同虚设，30分钟左右居然连续丢了5个球，对手的推进与传递都可以轻松打透巴西队的防线，这给主场观众留下了刻骨铭心的痛苦回忆。7∶1的比分显得格外刺眼，在那个不属于巴西人的夜晚，足球却依然在他们的土地上熠熠生辉。世界杯历史上最不可思议的"惨案"，就这样应运而生了。

⚽ 赛场花絮

欧洲杯亚军这么厉害 那冠军岂不是……

英格兰队很强？是的，这不是错觉。在人们的印象里，英格兰队是这样一支球队——队内球星不少，但只会长传冲吊，明明可以踢出精彩的配合，最终呈现的却是粗糙的技术。很难想象，在2020欧洲杯之前，英格兰队从未闯入过这项赛事的决赛。

总之，英格兰队在历届大赛中的表现让人一言难尽。被看好时总是掉链子，不被看好时又往往"不负众望"，如此这般，怎一个"惨"字了得？

因此，即便英格兰队过去也有大胜，外界仍然会不断降低对它的预期。哪怕"三狮军团"坐拥"世界第一身价"，也只是被喊"水分颇多"。

不过这一次情况或许真的不同了，一场6∶2让"三狮军团"不再是段子手中的"三喵军团"。球迷不禁调侃：欧洲杯亚军都这么厉害，那冠军会是什么样？

第3比赛日　　　亚洲之光

📋 战况信息

C组第一轮
11月22日18:00　地点：卢塞尔球场

阿根廷队　1 : 2　沙特阿拉伯队
10' ⚽ 梅西
　　　　　　　　　　48' ⚽ 谢赫里
　　　　　　　　　　53' ⚽ 多萨里

D组第一轮
11月22日21:00　地点：教育城球场

丹麦队　0 : 0　突尼斯队

C组第一轮
11月23日00:00　地点：974球场

墨西哥队　0 : 0　波兰队

D组第一轮
11月23日03:00　地点：贾努布球场

法国队　4 : 1　澳大利亚队
27' ⚽ 拉比奥特　　　　9' ⚽ 古德温
32' ⚽ 吉鲁
68' ⚽ 姆巴佩
71' ⚽ 吉鲁

⚽ 数说世界杯

- **0**：丹麦队0:0突尼斯队，本届世界杯首场0进球比赛诞生。
- **4**：梅西在4届世界杯中都有进球，成为阿根廷队队史首人。
- **5**：梅西出战个人第5届世界杯。
- **7**：梅西打入个人世界杯第7球，升至阿根廷队世界杯射手榜第4。
- **13**：上一次梅西进球，阿根廷队输球是在13年前不敌西班牙队。
- **36**：阿根廷队各项赛事不败纪录定格在36场。
- **36**：吉鲁以36岁54天成为法国队队史在世界杯上出场年龄最大的球员。
- **50**：阿根廷队自2011年之后首次输给世界排名50名之外的球队。

鑫淼绿茵场

生活中的不确定性

按照安排，11月23日晚上我受邀参加某广播台的一档关于世界杯的聊天节目，节目在20:00开播，正好在阿根廷队对阵沙特阿拉伯队的赛后，这一期节目的主题是亚洲足球为什么与世界足坛顶尖水平相差甚远。为什么是这样的主题呢？因为前两个比赛日卡塔尔队和伊朗队的糟糕表现让人们开始感叹亚洲足球的羸弱，加之这场比赛我们都认为沙特队会惨败给阿根廷队。

阿根廷队是传统足坛豪门，两届世界杯冠军得主，还拥有梅西这样的超级巨星；沙特队虽然是亚洲顶尖球队，但是放在世界杯赛场上注定是陪太子读书的角色。因此制定一个这样的主题也非常正常。

值得一提的是，此战开始前阿根廷队连续35场国际比赛全部保持不败，距离意大利队保持的36场不败纪录仅差1场。而沙特队在世界杯历史上几乎每次参赛都能遭遇一次惨案，比如2002年世界杯0:8输给德国队。因此这场比赛有很多足球媒体预测的比分是5:0、6:0、7:0这样的大比分，当然胜者是阿根廷队。

然而最终的结果让我和节目组都措手不及。因为沙特队缔造了奇迹，竟然在0:1落后的情况下，2:1超级大逆转战胜了阿根廷队，爆出本届世界杯的一大冷门。而据国外某足球数据网站的统计，本场比赛沙特队的赢球概率仅为8.7%，是世界杯历史上最大的冷门。1950年世界杯美国队爆冷战胜英格兰队的赢球概率为9.5%，2010年世界杯瑞士队爆冷战胜西班牙队的赢球概率为10.3%。不能忽略的一点是，美国队和瑞士队都是1:0战胜对手，而沙特队则是在落后的情况下逆转取胜，爆冷含金量更足。

虽然赢球概率这样虚无缥缈的数据没有太大意义，但这仍然能够变相佐证这场比赛出乎意料的程度。这样一场冷门让人们再次见证了足球的魅力，也让我们提前准备的话题成为"笑话"。这样一场比赛成为我们解说圈讨论的焦点，沙特队也在今天成为亚洲之光。

沙特队缔造奇迹的原因是什么？我认为有两点。

首先就是阿根廷队的轻敌。纵使阿根廷队阵容上有一定短板，但这并非阿根廷队输球的理由，其短板难道比沙特队的短板还多吗？回顾比赛过程，阿根廷队早早取得领先，算是梦幻开局。然而自此之后，阿根廷队的进攻松松散散，且节奏偏慢，一点儿没有呈现出志在争冠的气势。下半场比赛风云突变，阿根廷队最终为自己的骄傲轻敌吞下了苦果。不过，对于阿根廷队来说，其后面的比赛还有调整的空间。

另外一个主要原因，就是沙特队的众志成城。本就是以弱者的姿态出现，沙特队可以说是无欲无求。比赛中球队的机会并不多，但是沙特队都很好地把握住了，最终创造奇迹。在我写这些文字的时候有一个消息传来：为了庆祝沙特队赢球，沙特全国放假一天。可见这场胜利对于沙特队有着多么伟大的历史意义。

沙特队的爆冷取胜，让我的工作出现一个不确定的安排，同样也让本届世界杯迎来一个小的高潮。在第2个比赛日中出现了本届世界杯的首场0:0，被看作大热门的丹麦队与突尼斯队0:0握手言和，这也可以说是一个小冷门。另外，上届冠军法国队在一度落后于澳大利亚队的情况下，4:1逆转战胜对手，这也终结了连续三届的"世界杯冠军在下一届的小组赛首战告负"的魔咒。

正坤龙门阵

天助弱者？

阿根廷队 4-4-2
- 3 塔利亚菲科
- 17 戈麦斯
- 19 奥塔门迪
- 5 帕雷德斯
- 23 马丁内斯
- 13 罗梅罗
- 7 德保罗
- 26 莫利纳
- 11 迪马利亚
- 22 劳塔罗
- 10 梅西

沙特阿拉伯队 4-1-4-1
- 9 布赖坎
- 12 阿卜杜勒哈米德
- 7 法拉杰
- 17 坦巴克蒂
- 11 谢赫里
- 8 马尔基
- 21 阿洛瓦伊斯
- 23 卡努
- 5 布莱希
- 10 多萨里
- 13 沙赫拉尼

C组爆出惊天冷门，沙特阿拉伯队在卢塞尔球场以2:1逆转了由梅西领衔的阿根廷队。纵观本场比赛，沙特阿拉伯队选择了一种"All In"的踢法，最终结果则证明其赌对了。

我们见过很多以弱胜强的经典案例，比如在2010年南非世界杯上，瑞士队1:0战胜西班牙队，全场比赛西班牙队前场球员狂轰滥炸，但是在瑞士队的"链式防守"下毫无作为，反而后防被瑞士队反击"偷袭"取得一球。

这也是弱队应对强队的模板：摆出多后卫或防守型后腰阵容，低位收缩防守，从中场开始疯狂逼抢，掐断对方箭头人物；本方前场则摆出高大中锋+边路快马，抓住防守反击和定位球机会，保平争胜。

但是本场比赛沙特队上半场并没有采用这种传统的方法，而是反其道选择了高位压迫，将防线推到大禁区外，减少对于本方球门的威胁。沙特队中前场球员从中圈位置就开始逼抢，哪怕抢不下球也要迫使阿根廷队中场传接球不顺畅，转而由后卫出球向边路发展。

这样的"All In"踢法其实是一把双刃剑：一来这种破坏性的踢法很容易因为动作较大、犯规频繁而陷入红黄牌麻烦。如果防守球员过早吃到黄牌，势必会影响他后续的防守选择和动作幅度，因此这种"不敢下脚怕吃牌"的心理很容易成为对方的突破口。但这场比赛的斯洛文尼亚主裁文契奇成了那个变量——全场沙特队21次犯规，文契奇只出示了6张黄牌。而且他的第一张黄牌是直到第66分钟才给到沙特队球员马尔基。也就是说，比赛前1小时面对沙特队中场的绞杀，文契奇显得很"宽容"，这也让沙特队球员放开去拼抢，防守失位后的飞铲解围更是层出不穷。

二来沙特队的高位防守意味着自己的后场有更大空间，阿根廷队前场的突击手打身后球就会予取予求。阿根廷队也的确做到了这一点，上半场除了梅西的点球之外，阿根廷队先后三次发动身后球攻势，并将球送进了沙特队的球门。但这三个进球无一例外都被边裁和视频助理裁判吹掉。阿根廷队的进攻行之有效，但却不能取得更多的进球，冥冥之中这场比赛的天平已经在慢慢向沙特队倾斜。

值得一提的是，本场比赛的整体节奏一直把握在沙特队主帅勒纳尔手中，即便发生了点球这样的意外事件也没有偏离整体轨道。开场沙特队高位逼抢适应比赛节奏，发现裁判吹罚较为宽松便大肆绞杀；下半场抢开局，趁着阿根廷队立足未稳加大进攻火力，抓住对手半场休息刚回来的注意力不集中或失误打入进球；在超预期完成反超比分的奇迹之后，加之球员高强度拼抢体力下降，球队换上后卫实行龟缩战术。最后时刻沙特队至少有6名后卫在后场防守，再加上一个全场5次扑救堪比开挂的门将阿洛瓦伊斯，沙特队最终保住了胜果。

只能说这场比赛沙特队属于自助者天助的典型案例：除了那次犯规送给对手点球之外，整体上没有出现什么防守上的失误，下半场抓开局又高效利用阿根廷队的失误反超比分，后期场上球员即使体力不支，但每一个二分之一球的机会都尽力去拼。这样出色的表现加上裁判的"天助"，使沙特队完成了一场"蚍蜉撼树"的奇迹。

黄博士课堂

冷门的世界

本届世界杯的夺冠大热门阿根廷队，居然在首战1∶2不敌沙特阿拉伯队，让整个世界为之震惊。这可以称得上世界杯历史上最大的冷门之一，比赛曲折离奇的进程，更是让各路看客大呼意外。这也许就是足球比赛的魅力所在，毕竟出人意料的比赛走向永远让人血脉偾张，感受到最纯粹的震撼与冲击。

笔者对世界杯历史上的冷门赛事曾有过深入研究，内心深处也有自己的排位，同样是弱者击溃巨人，难度显然是不同的。今天借着这个机会聊聊我个人心目当中，世界杯几大摄人心魄的惊天冷门。

独领风骚的名局自然属于1966年世界杯的朝鲜队。球队在该届世界杯中一战惊天下，小组赛末轮1∶0击败了曾经的世界杯冠军意大利队，获得了亚洲球队在世界杯上的首场胜利，还踩着"蓝衣军团"的尸首挺进淘汰赛。这是一场难以用言语去描述的传奇比赛，其经典程度足以被后人永久铭记。

当时的朝鲜队比今天更加神秘，1966年之前球队从未在国际大赛上亮相，相关的报道也寥寥无几，来到英格兰参加比赛的时候，没有人知道其实力几何，也许就是来感受氛围的。小组赛前两场，朝鲜队0∶3完败苏联队，1∶1艰难逼平智利队，比赛进程确实没有掀起多大波澜，基本符合外界的预期。

但这支球队是有一定内力的，其在"424"与类"433"体系中切换自如，拥有朴奉镇这般现象级的攻击手，中后场的压舱石也相对稳健。只是需要一个契机，让世界重新认识朝鲜队的实力，在对阵意大利队的生死战中，球队做到了。

这场比赛"蓝衣军团"固然占据主动，但是球队因为伤病减员被迫少打一人（当时的比赛不允许换人），朝鲜队的门将李赞明还多次奉献神扑，让场面始终维持在均势状态。半场结束之前，亚洲足球史上最伟大的一幕出现了，朝鲜队攻击手朴斗翼利用对手防线失误，打进了一粒流芳百世的制胜球，也缔造了不朽的传奇。

世界杯上第二档次的冷门赛事，便是一些足球弱势地区的球队击败传统豪强的比赛。与朝鲜队的奇迹相比，影响力与后世意义稍逊一筹，但同样值得球迷们去回味。其中的代表作不少，例如1982年阿尔及利亚队2：1击败联邦德国队，1986年揭幕战阿根廷队0：1不敌喀麦隆队，2002年揭幕战法国队0：1不敌塞内加尔队，2010年西班牙队0：1不敌瑞士队，还有2018年韩国队2：0击败德国队。

这些比赛的走势大多非常相似，占据优势的强队压着对手进攻，但缺乏一锤定音的能力，反而被对手反击成功，最后饮恨而归。最为典型的就是2018年著名的"喀山奇迹"，德国队沿袭瓜迪奥拉的思路，却罔顾自身缺乏节奏的变换，提速能力也存在短板，最终围而不攻被"太极虎"逆势拿下，不幸沦为历史的背景板。

第三档次的冷门赛事，是两支球队的实力差距并不算很大，甚至都是外界眼中的豪强，但考虑到阵容水准以及当届赛事的状态，最终比赛的结果还是出乎球迷们的预料。这个层次的代表作，要数1982年巴西队2：3意大利队，以及1998年巴西队0：3法国队的比赛。

1982年的巴西队被誉为历史上最华丽的"桑巴军团"，尽管球队防线与中锋的短板暴露得很明显，但在中场魔幻四人组的加持下，球队依然如丝般顺滑，每场比赛都呈现出翩翩起舞的态势。而意大利队小组赛3场仅仅打进2球，且头号前锋完全处在梦游的状态，两支球队的碰撞看似没有悬念。

然而令人瞠目结舌的是，此前碌碌无为的保罗·罗西居然在对阵巴西队的比赛中复苏了，他用职业生涯最重要的一次帽子戏法将巴西队挡在了4强门外。这场比赛的结局，是为美丽足球谱写的挽歌，时至今日都让球迷们感受到一丝久远的哀伤。

1998年的世界杯决赛，相信大多数球迷都比较熟悉，巴西队一路算不上高奏凯歌，但是起码在赛前还是比法国队更大的夺冠热门。但谁也没有想到，罗纳尔多突发怪病，齐达内天神下凡头球破荒，"高卢雄鸡"以一种超乎寻常的方式，在家门口拿到了首个世界杯的冠军，也算是世界杯历史上的一大冷门。

028

聚焦梅西

想到了开局却猜不到结果

梅西的第5届世界杯如期而至，一系列纪录也在被刷新：梅西在世界杯上的进球数达到7球，追平了C罗的进球数，同时成为第5名在4届世界杯中均取得进球的球员。

但这一切在阿根廷队1∶2输掉比赛面前却显得那么微不足道。

开场不久进球的时候，梅西是那样高兴，而下半场当他在球队落后时错过直接任意球破门机会的时候，他又是那般落寞。自己进球却不能帮助球队赢球，梅西此时的心情又有几人能知？作为"潘帕斯雄鹰"的领军人物，万众瞩目的梅西背负了太多的压力，从赛后梅西的眼神中，人们再次看到了失落与绝望。

35岁的梅西已经明确这是他最后一届世界杯，身边的队友又该如何让梅西如愿？或许本届世界杯阿根廷队要为梅西而战。

第3比赛日

第4比赛日　梦想照进现实

📜 战况信息

F组第一轮
11月23日18:00　地点：海湾球场

摩洛哥队　0 : 0　克罗地亚队

E组第一轮
11月23日21:00　地点：哈里法国际体育场

德国队　1 : 2　日本队
33' ⚽ 京多安　　75' ⚽ 堂安律
　　　　　　　83' ⚽ 浅野拓磨

E组第一轮
11月24日00:00　地点：阿图玛玛球场

西班牙队　7 : 0　哥斯达黎加队
11' ⚽ 奥尔莫　　74' ⚽ 加维
21' ⚽ 阿森西奥　90' ⚽ 索莱尔
31' ⚽ 费兰　　　90+2' ⚽ 莫拉塔
54' ⚽ 费兰

D组第一轮
11月24日03:00　地点：艾哈迈德·本·阿里球场

比利时队　1 : 0　加拿大队
44' ⚽ 巴舒亚伊

⚽ 数说世界杯

0：哥斯达黎加队全场比赛0射门。

8：比利时队取得世界杯小组赛8连胜，追平巴西队所保持的纪录。

13：纳瓦斯生涯第二次单场丢7球，上一次在13年前。

18：西班牙队18次在世界杯获得点球，是所有参赛队伍中最多的球队。

37：37岁75天，莫德里奇是克罗地亚队历史上世界杯出场年龄最大球员。

40：德国队遭遇世界杯连败，上一次要追溯到40年前。

3055：格策在2014年世界杯打入制胜球后，时隔3055天再次在世界杯出场。

13316：加拿大队时隔13316天再次踏上世界杯赛场。

鑫淼绿茵场

再出发的故事

第4比赛日

这是豪强尽出的一夜，也讲述了一连串关于"再出发"的故事。

所谓"再出发"，一定是曾经发生过与经历过，或是曾经登上巅峰，或是曾经坠入谷底。

4年前，克罗地亚队以震惊世界的姿态闯进世界杯决赛，刷新了球队在世界杯的最好成绩。福萨里科趴在格子旗上激动痛哭的场面恍如昨日，然而本届世界杯30岁的他却没能进入大名单。同样离去的背影里还有曼祖基奇、拉基蒂奇、苏巴西奇等人，他们带着克罗地亚队黄金一代的骄傲和功绩一同远去。

盛极必衰是历史大势，足球赛场上也是如此。"格子军团"需要再出发，但重建岂是那么简单？克罗地亚队从来不缺天赋球员，但将天赋兑现，彼此磨合成一个整体还需要过程，与摩洛哥队的这场平局就是很好的诠释。这是一场并不沉闷的0∶0，场面上大开大合，双方都制造了一些威胁，球员很拼，但没有什么好的办法破门得分。克罗地亚队能做的，可能还是要相信那个永远的10号——莫德里奇，至少后面的两战应该是如此。

德国队和日本队的"出发点"，则都是从2018年俄罗斯世界杯开始的。严谨的德国人曾在4年前信心满满地准备了12吨物资带往俄罗斯，最后的结果却成为球迷茶余饭后的谈资。因为德国队遭遇了历史性的溃败，小组赛就惨遭淘汰。

日本队则通过一场被逆转的比赛（2∶0领先比利时队，然后2∶3输掉比赛），让世界记住了"罗斯托夫"这个城市。虽然是不同的记忆，但无一例外都太痛了！4年之期已到，是时候收拾心情重整旗鼓再出发了。

在德国队与日本队的第一战中，德国队拥有一个完美的上半场：比分1∶0领先，射门数14∶1，射正数4∶0，控球率81%∶19%，这迫使日本队上半场有19次解围。但最终日本队用自己最熟悉的高速反击、小范围传导和坚韧的意志，让骄傲的德国球员低下了头。

不得不承认：日本足球又进步了，并且一直在进步。"2050年，日本队要成为世界杯冠军"，日本足协此前制定的计划日期越来越近了。而在德国队，像哈弗茨、穆西亚拉、穆科科这样的青年才俊在面对逆境无力回天时，你是否想起了卡恩、巴拉克、拉姆那些坚毅的身影？

与克罗地亚队和德国队相比，西班牙队无疑是幸运的。"斗牛士军团"几乎已经完成了磨合，在"再出发"的路上大踏步地前进。2018年世界杯前的"洛佩特吉之乱"带来的余波，不仅送了东道主俄罗斯队一个顺水人情，更送走了昔日功勋伊涅斯塔。

恩里克大刀阔斧的改革为西班牙队带来了一阵新风。到了本届世界杯，西班牙队的阵容更加完善。于是哥斯达黎加队就成为这支西班牙队的试金石，一场7∶0的大胜之后，"斗牛士军团"向世界宣告强者归来。

而对于比利时队来说，这是其黄金一代最好的机会，也可能是最后的机会。当然，属于"欧洲红魔"的"再出发"，就是真正给自己一次扬名立万的机会，是属于卢卡库、阿扎尔、库尔图瓦等球员的一次真正的正名机会。然而首战1∶0艰难战胜加拿大队似乎印证着：比利时队的"再出发"，前路荆棘满布。

正坤龙门阵

主帅的两面性

德国队 4-2-3-1
- 3 劳姆
- 14 穆西亚拉
- 23 施洛特贝克
- 21 京多安
- 1 诺伊尔
- 13 穆勒
- 7 哈弗茨
- 2 吕迪格
- 6 基米希
- 15 聚勒
- 10 格纳布里

日本队 4-2-3-1
- 14 伊东纯也
- 19 酒井宏树
- 6 远藤航
- 4 板仓滉
- 25 前田大然
- 15 镰田大地
- 12 权田修一
- 17 田中碧
- 22 吉田麻也
- 11 久保建英
- 5 长友佑都

　　亚洲球队再现神奇之作——日本队在上半场被德国队通过点球先入一球的情况下，下半场连入两球完成逆转，让人们都惊呼"这集我看过！"虽然比赛进程和前一个比赛日沙特队逆转阿根廷队非常相似，但是相比于沙特队，日本队上下半场的变化更为明显，而这种明显的战术变化正是来自主帅森保一。

　　在世界杯开始之前，森保一的执教能力和选人思路遭受了很大的质疑：没有带上本赛季在苏超联赛状态出色的前锋古桥亨梧以及有着战术支点作用的大迫勇也，后腰的位置也没有带上更多的球员作为储备。森保一在发布会上也表示，他选择了现在最适合日本队的26个人选。

　　在对阵德国队的上半场比赛当中，森保一还是采取了非常保守的策略，日本队的控球率极低，德国队牢牢控制住了比赛的节奏，向日本队的球门展开了潮水般的攻势。这是森保一赛前的布置，但是他的手中却没有最合适的人选。在日本队12强赛主打的"433"阵形当中，中场的三名队员是守田英正、远藤航和田中碧，这三个人组成了日本队硬度最强的中场组合，可以说是缺一不可。但是由于在世界杯前守田英正受到了伤病影响，本场比赛森保一没办法让他首发，反而是将久保建英和镰田大地这样更偏向进攻的中场球员放进了首发。

　　因此上半场日本队不仅踢得被动，更是难以踢出足够的拦截硬度，无法在禁区弧顶的位置给予德国队足够的限制，但好在上半场日本队并没有被打花，只丢了1个球，这给了森保一放手一搏的空间与信心。

到了下半场，日本队变阵三中卫，但是在两个边翼卫方面还没有敢于直接使用边锋属性的球员。三中卫是日本队主帅森保一此前在国内联赛执教时非常熟悉的阵形，但是在国家队他并没有太多使用这个阵形，因为日本队没有特别出色的边翼卫球员。下半场一开始，两个边翼卫还是使用首发的两个边后卫，但显然长友佑都和酒井宏树还达不到森保一在进攻端的要求。

在孤注一掷的状态下，森保一破釜沉舟，换上在英超布莱顿效力的三笘薰，让突破能力极强的他来打左边翼卫，同时进攻端继续调兵遣将，换上堂安律和浅野拓磨等球员，继续保持前场的冲击力，此后甚至是撤下了右边翼卫酒井宏树，让边锋伊东纯也来打右边翼卫，这样日本队的两个边翼卫都换成了边锋属性的球员。

这样的换人收到了成效：扳平比分的进球正是来自左边翼卫三笘薰的内切突破，他在边路的冲击正好对准了德国队右后卫聚勒转身缓慢的弱点，最终在门前补射破门的则是堂安律。比分扳平之后日本队士气大振，反超比分的进球并没有太多的技术含量，但是替补登场的浅野拓磨用个人能力完成了进球，这就是两队心态发生变化之后产生的结果，日本队靠着搏命的气势，真的搏到了一个关键的三分。

森保一无疑是日本队取胜的功臣，但是这名主帅仿佛是一把双刃剑，有时候他能主导名局，但有时候又能祭出昏招。日本队究竟能走多远，森保一的排兵布阵至关重要。

黄博士课堂

从"多哈悲剧"到"多哈奇迹"

今天的世界杯再度出现超级冷门，日本队在半场落后的情况下，凭借主帅的适时调整，依靠几名替补完成反超，最终2∶1掀翻了"日耳曼战车"，缔造了本国乃至亚洲足球历史上的传世名局。赛前赛后聒噪的声音很多，笔者也有自己的看法，下面就跟各位聊一聊。

本届世界杯的日本队与德国队属于舆论两极分化比较严重的球队，开赛前笔者并不看好这两支球队，甚至对其前景极为看衰。不过首场比赛之后，有些事情发生了变化。德国队呈现出的比赛状态与笔者的预期毫无二致，但日本队用实际表现给球迷们注入了一针强心剂，从目前的情况来看，其出线前景极为乐观。

其实从历史上来看，日本队只能算是亚洲足球的新贵，球队在20世纪的水准不敢恭维，起码长期无法跻身亚洲一流的行列。尽管日本队在1964年奥运会上击败了阿根廷队，1968年奥运会又收获了铜牌，但成年职业队从未闯进过世界杯决赛圈，也没能在亚洲杯上夺冠，还是无法真正登堂入室。

不过日本足球的发展就像日本整个社会前进的步伐一样，始终踩着点朝着坚定的方向迈进。日本足球很在意联赛体系的建立，时刻关注高水平联赛的发展（例如1980年引进丰田杯），早在1978年就输送奥寺康彦去德甲的科隆队留洋（五大联赛亚洲第一人），在20世纪90年代彻底腾飞之前就已经做足了准备，没想着走任何捷径，只为了最后的蓬勃而出。

1992年日本队首次捧得亚洲杯，1994年世预赛球队遭遇了著名的"多哈悲剧"无缘决赛圈，但1998年世预赛日本队卷土重来，凭借冈野雅行的绝杀球，球队历史上首次入围世界杯正赛。而且自此之后，日本队连续7届预选赛杀出重围，再未成为聚光灯外的看客。

纵观日本队前6届世界杯的发挥，在亚洲层面算是顶级表现，有3次都杀进了16强，还贡献了不少名局。1998年球队首次参赛，就展现了东亚新兴势力的力量，让阿根廷队与克罗地亚队吃到了苦头。2018年世界杯1/8决赛，日本队更是给了比利时队的黄金一代一记当头棒喝，要不是身体层面劣势太大，日本队真的有可能在远东创造旷世奇迹，历史性地杀入世界杯8强。

从球星层面而言，日本队更是人才辈出，1998年的中田英寿、2002年的稻本润一、2010年的本田圭佑和2018年的乾贵士，都留下了属于自己的印迹。而昨晚的堂安律与浅野拓磨，站在前人的肩膀上更进一步，挑落了不可一世的"德意志战车"，创造了日本足球最为惊天动地的一战。

本届世界杯日本队的阵容也多为旅欧球员，不过经历了80后黄金一代的淡出，球队其实处在新老交替的阶段。尽管95后乃至00后早已在欧洲赛场闪耀四方，但世预赛前期慢热的表现，以及主帅森保一的保守策略，还是无法平息外界质疑的声音。

其实直到开赛之日，考虑到守田英正等人伤病的影响，日本队的阵形和首发都不是很固定，特别是前场的攻击组合，与部分球迷的预期存在较大出入。令人欣喜的是，在大逆风局的情况下，森保一敢于亮剑，将所有核心攻击手悉数派上场，最终弟子们用亮剑般无畏的发挥回报了主帅的信任。这场比赛必将载入史册，日本足球也将继续书写新的篇章。

赛场花絮

第4比赛日

《足球小将》梦想照进现实

在日本经典动漫《足球小将》中，日本队在大空翼的率领下以3:2击败了德国队。

而在本届世界杯中，日本队拿着前一天沙特阿拉伯队的剧本又演了一遍：上半场送点，对手进球被VAR取消，下半场连追2球实现逆转。如果说沙特队爆冷击败阿根廷队带着些许运气的成分，那日本队2:1逆转德国队，就是梦想照进现实的最真实写照。

在世界杯分组抽签揭晓之时，日本队所在的E组就被认定是"死亡之组"，球迷们十之八九更看好德国队与西班牙队携手晋级，认为日本队和哥斯达黎加队不具备同豪强抗衡的能力。

当终场哨响的那一刻，日本队破茧成蝶，用其韧性击败了德国队的"任性"，为亚洲球队在世界杯赛场上再下一城。接下来，压力来到了韩国队这里。

第5比赛日　　　　　　　　　　　　Siu

📜 战况信息

G组第一轮
11月24日18:00　地点：贾努布球场

瑞士队　1 : 0　喀麦隆队
48' ⚽ 恩博洛

H组第一轮
11月24日21:00　地点：教育城球场

乌拉圭队　0 : 0　韩国队

H组第一轮
11月25日00:00　地点：974球场

葡萄牙队　3 : 2　加纳队
65' ⚽ C罗　　　73' ⚽ 安德烈·阿尤
78' ⚽ 菲利克斯　89' ⚽ 布卡里
80' ⚽ 莱奥

G组第一轮
11月25日03:00　地点：卢塞尔球场

巴西队　2 : 0　塞尔维亚队
62' ⚽ 里沙利松
73' ⚽ 里沙利松

⚽ 数说世界杯

4：C罗第4次在世界杯主罚点球，与巴蒂等4人并列赛事历史最多。

5：C罗连续5届世界杯破门，历史第一人。

7：C罗7次获评世界杯全场最佳，是获此殊荣最多的球员。

8：C罗世界杯进球数达到8球，超越梅西的7球。

10：C罗连续10届世界大赛（世界杯与欧洲杯）破门，历史第一人。

16：自美洲杯决赛不敌阿根廷队后，巴西队在各项赛事保持了16场不败的战绩。

37：37岁292天，C罗是世界杯历史上年龄第二大的进球者。

819：C罗攻入国家队第118球，职业生涯进球数达到819球。

6739：C罗本场比赛进球距离其最早一次为葡萄牙成年队进球已过去6739天。

鑫淼绿茵场

关键字："乱"

世界杯拉开帷幕的那一天，其实就是开启结束倒计时的那一刻。毕竟比赛不到一个月的时间很是短暂，64场比赛转瞬即逝。而在这个比赛日，小组赛第一轮比赛全部结束，32强全部亮相，我愿用一个"乱"字形容首轮的全部比赛。

在首轮最后一个比赛日，我也经历了职业生涯的一次大挑战。这一天我的解说任务原本包括两场比赛：11月24日21:00乌拉圭队对阵韩国队和11月25日3:00巴西队对阵塞尔维亚队。但是由于其他演播室出现一点儿小问题，临时把两场赛事中间的葡萄牙队对阵加纳队的比赛也交由我解说。连续解说三场世界杯比赛，任务艰巨。当然，连续欣赏三场精彩的对决也非常享受。

万众瞩目的C罗和他率领的葡萄牙队正式亮相，从3：2的比分就可以一窥葡萄牙队赢得非常惊险。比赛的过程甚至有些混乱，"五盾军团"一度3：1领先，早早锁定胜局，但是加纳队的韧性险些将葡萄牙队到手的胜利偷走。值得一提的是，C罗打进1球，这让他成为历史上唯一连续5届世界杯都有进球的球员。

在世界杯开赛前，C罗经历了俱乐部生涯最大的挑战：他和曼联最终分道扬镳。然而来到世界杯的舞台上，C罗还是那个C罗，他用进球回击着质疑，也向世人宣告：37岁的他还可以在世界杯的舞台上"肆意妄为"！

"五星巴西"的亮相证明了这支球队为什么是夺冠最大热门，温水煮青蛙式的推进，轻松地解决掉了实力不俗的塞尔维亚队。而韩国队0：0逼平乌拉圭队，再一次凸显了小组赛首轮的一个"乱"字，亚洲球队连续三天给球迷带来惊喜。

当首轮16场比赛尘埃落定的时候，世界杯已经结束了1/4的征程，而比赛精彩程度也渐入佳境。阿根廷队、德国队等豪强的输球，给后面的小组赛征程埋下了悲情的伏笔。我们无从得知，哪一支夺冠热门球队会在接下来的小组赛折戟沉沙，但这样的戏码注定要发生。

其实每一届世界杯的小组赛都少不了一个"乱"字，2018年世界杯德国队小组赛出局的画面历历在目，2002年世界杯法国队、阿根廷队、葡萄牙队等豪强集体小组赛出局的画面，也可能会再度上演。

我们期待精彩的世界杯，其实也更加期待世界杯的"乱"。除小组赛第一轮比赛本身之外，VAR、超长补时、越位……这一系列的词，也成为球迷、媒体和球员讨论的焦点。这里面有很多存在争议的地方，但恰恰是这样的争议，将世界杯的热度推上另一个高度。

这几天来，我的世界杯工作也在有条不紊地进行着。经历了临时的"加赛"任务之后，我也深刻地意识到：我们的人生其实和世界杯的赛场一样，有很多临时出现的局面，而在这种时刻，我们只能兵来将挡、水来土掩。想一想在赛场上，有多少突然受伤的球员会让主帅措手不及，他们此时唯一能做的就是随机应变。

小组赛首轮就这么"乱"了，不妨让后面的比赛更加"乱"吧！

第5比赛日

正坤龙门阵

反转再反转

葡萄牙队 4-3-3
- 5 格雷罗
- 25 奥塔维奥
- 11 菲利克斯
- 13 达尼洛·佩雷拉
- 22 迪奥戈·科斯塔
- 18 内维斯
- 7 C罗
- 4 迪亚斯
- 20 坎塞洛
- 10 席尔瓦
- 8 费尔南德斯

加纳队 5-3-2
- 5 托马斯
- 26 塞杜
- 10 安德烈·阿尤
- 18 阿马泰
- 20 库杜斯
- 23 德吉库
- 1 阿蒂齐吉
- 19 威廉姆斯
- 4 萨利苏
- 21 萨梅德
- 17 巴巴

C罗领衔的葡萄牙队以3∶2惊险战胜"黑星"加纳队，比赛直到最后一秒仍有悬念，属实让人直呼惊险。

无论是文学作品还是经典影片，一般都不会把最精彩的部分放在一开始，因为感受需要一个铺垫的过程：让看客在接受一个设定之后，再按照编剧的构思被慢慢引领至高潮。引申至本场比赛，上半场也是一个铺垫的过程，犹如暴雨来袭前的阴云压阵，沉闷得让人喘不过气。

上半场葡萄牙队拥有接近70%的控球率，却一共只有7脚射门，2脚射正，进攻稍显滞涩；而加纳队则摆出一个五后卫的铁桶阵，却并不收缩，只是上半场1次射门都没有，倒是犯规多达11次。比赛在缠斗绞杀中变得支离破碎，几乎没有什么空间打反击。C罗和菲利克斯的几次进攻尝试就像各踢各的，缺少联动。

而这种沉闷持续到了全场第62分钟，C罗在禁区内与加纳队后卫萨利苏发生碰撞后倒地，主裁判果断吹罚了点球。无论管这叫"导火索"也好，还是叫"破局者"也罢，一个点球的出现彻底改变了场面上的平衡。C罗稳稳罚进点球让葡萄牙队取得领先，也让比赛进入了一个谁也无法预料的状态。

本以为加纳队逼不得已只能背水一战，球员们"倾巢而出"，届时身后出现的空当会让葡萄牙队的突击手如鱼得水，予取予求。但10分钟后，加纳队居然扳平了比分。原本加纳队左后卫巴巴已经几乎被葡萄牙队球员封锁了所有出球线路，惯用左脚的他看似只能回传中卫，但他用不擅长的右脚尝试向前传了一记身后球，这个球的球路、力道和欺骗性都妙至毫巅。葡萄牙队中卫迪亚斯以为这球是传给身前的威廉姆斯的，刚准备去贴防，却发现球直接传到了自己的身后。库杜斯斜刺里杀出突入禁区，迪亚斯回追飞铲没能阻挡传中，补防的达尼洛·佩雷拉也早已封住传中线路。然而这记传中鬼使神差地穿过了佩雷拉的双腿之间，加纳队队长阿尤门前包抄扳平了比分。

从点球打破僵局到火速被扳平，阿根廷队和德国队的例子还让人久久不能释怀，葡萄牙队又遭了一劫。尤其是加纳队换下了助攻的库杜斯和进球的阿尤，换上了两个生力军。正当人们在等待又一场以弱胜强的大逆转来临时，戏剧性的一幕又诞生了：阿尤还在与队友拥抱庆祝时，葡萄牙队的反击已推过中场。而刚才送出精妙直塞球的巴巴，在面对葡萄牙队的直塞传球脚下拌蒜，未能将球拦截。菲利克斯轻松突入禁区推射远角破门，葡萄牙队再次领先。

就在加纳队球员还在疑惑"剧本不对"时，葡萄牙队犀利的反击又来了。费尔南德斯中场带球无人阻拦，一条龙带到对方禁区前送出"保姆球"，莱奥轻松推射远角破门，将比分扩大为3：1。在阿尤被换下后的3分钟里被连进2球，加纳队刚燃起的希望又被浇灭。阿尤从一开始的暴怒到目光呆滞，甚至有点怀疑人生。

就在加纳队已经没有心气地踢了几分钟后，葡萄牙队主帅桑托斯觉得是时候鸣金收兵了。换下进球功臣C罗和菲利克斯，准备将胜局保住。但萨利苏突然后场起长传球，坎塞洛在占据身位优势的情况下跑过了，巴巴前插到葡萄牙队禁区内又是换到右脚传中，坎塞洛解围却造成球的变线，替补登场的布卡里头球破门——比赛悬念又回来了！

之后的比赛变成了加纳队狂轰滥炸，葡萄牙队则需要顶住进攻、提高警惕，安稳地保证球门的安全直到伤停补时的最后一刻。葡萄牙队门将科斯塔没注意身后还埋伏着一个加纳队球员，威廉姆斯趁他把球放下立刻上前抢断，却不慎滑倒，未能完成绝地翻盘。但这个瞬间把观看这场比赛的所有人吓出了一身冷汗。用这样一个瞬间，来为这一场先抑后扬的神奇比赛结尾，只能说再合适不过了。

第5比赛日

黄博士课堂

致敬老骥伏枥

世界杯开赛将近一周，即将年满38岁的克里斯蒂亚诺·罗纳尔多，终于第五次踏上了"武士的角斗场"。葡萄牙队遇到了加纳队的顽强阻击，最终还是依靠C罗制造并主罚的点球打破僵局，他也成为世界杯历史上首位连续5届破门的球员。从2004年开始，C罗连续参加了11届洲际大赛（包括2017年联合会杯），每届都有进球入账，堪称一段传奇。

通过C罗创造纪录的契机，笔者想跟大家聊两个话题，其一是世界杯连续多届破门的球员，其二是在世界杯上完成破门的暮年球星。这两点当中的任何一项成就，都让人肃然起敬，毕竟坚持永远是最难的事情之一。

在C罗之前，世界杯上共有3名球员连续4届破门，分别是乌韦·席勒、球王贝利和克洛泽。贝利与克洛泽的情况相信大多数球迷都有所了解，而德国队与汉堡队的传奇名宿席勒，恐怕对于很多人来说都是个陌生的名字。

席勒1936年出生，从1958年就开始参加世界杯，他是一名极为全面且基本功扎实的中锋，身体与技术结合得异常出色，无论在国家队还是俱乐部都有稳定的输出。席勒在所参加的4届世界杯上都取得了进球，哪怕曾遭遇足以毁灭生涯的大伤，他依然能够做到涅槃重生。

最为惊艳的还要数1970年，彼时已近34岁的席勒，在与身处巅峰期的盖德·穆勒的竞争中，居然依然能保住首发位置，与传奇的"轰炸机"一同登场。尽管席勒的位置相比以往更加灵活，在射门得分方面权重下降，但依然不乏代表作，并成为世界杯历史上第一个连续4届破门的球员。

在墨西哥炎热的气候条件下，联邦德国队首战打不开局面，正是老席勒的制胜球帮助球队收获开门红。1/4决赛与英格兰队的巅峰之战，在球队1:2落后的危急局面下，他如同脑后长眼般的甩头破门，奇迹般地让双方回到了同一起跑线上，并在加时赛中逆转对手带领球队闯进半决赛。

不过令人遗憾的是，席勒作为顶级巨星，终其生涯却未能获得世界杯的冠军。他正好夹在两代冠军之间，20年的岁月鸿沟让他略显落寞。2022年的夏天，86岁的席勒老爷子带着遗憾与世长辞。

至于世界杯的高龄进球者，37岁292天的C罗已经高居历史第二，在他身前只有传奇的"米拉大叔"。世界杯历史上的这些高龄进球者，他们的故事同样值得分享。

提到老骥伏枥的世界杯战神，罗杰·米拉总是绕不开的名字，人们会下意识忽略他早在1982年就初登世界杯的赛场，总认为1990年的他才迎来首秀，毕竟绽放光芒才是故事的开端。其实1990年世界杯"米拉大叔"替补破门的时候，就已经超过38岁，他之后的每一粒进球都在创造历史。

这位不可思议的黑人巨星，受制于年龄只好屡次从替补席上站起，却总能改变场上的战局。世界杯历史上能够长期左右结果的替补寥寥无几，除了1970年传奇的"蓝衣金童"詹尼·里维拉之外，"米拉大叔"可以称得上世界杯历史上的最强替补球员。

更让人惊诧的是，1990年并不是故事的终点，1994年已经年满42岁的"米拉大叔"居然再度披挂上阵。在喀麦隆队与俄罗斯队的比赛中，多数人记住了萨连科天外来客般的五子登科，却忽略了"米拉大叔"42岁39天的超高龄进球。即便C罗能在下届世界杯破门，也无法打破这一纪录。

还有一个老将在世界杯完成破门，淋漓尽致地展现了足球最质朴的魅力，那便是阿根廷的"疯子"马丁·帕勒莫。作为一名博卡青年队的球员，他的知名度其实很高，特立独行的个性与彪悍的球风，即便在南美大陆也显得那么与众不同。但帕勒莫的国家队生涯并不顺利，除了1999年美洲杯单场罚丢3个点球之外，几乎没有为大众所熟知的记忆点。

直到2010年，帕勒莫都没能踏上世界杯的赛场，但行将退役的他居然等来了马拉多纳的召唤。由于在当届世预赛关键比赛中发挥出色，36岁的"老疯子"成功入围阿根廷队的世界杯大名单，并且在小组末轮同希腊队的比赛中完成首秀。

更让人欣喜的是，就在这场比赛中，36岁227天的帕勒莫，打进了自己世界杯生涯的唯一进球。时至今日，这依然是世界杯历史上第七年长的进球，永远地被载入史册。而那段属于"疯子"的足球记忆，也因为暮年的世界杯印迹增光添彩。

聚焦C罗

找不到答案就选C

　　37岁的C罗就站在赛场上，满眼都是自己21岁时的影子，在过往的16年里，C罗为葡萄牙队倾尽全力。21岁，当他第一次踏上世界杯的舞台时，他的名字还叫小小罗；37岁，C罗可能是最后一次以队长的身份出现在世界杯赛场。

　　过去的几个月，C罗经历了太多，甚至被人调侃为"中年失业，前途未卜"。换作普通人，或许早已就此消沉。

　　但C罗毕竟见过大场面。

　　站在个人第5届世界杯的绿茵场上，人们又见到了那个霸气的C罗。"我不追随纪录，是它追随我。"这个夜晚C罗又将4项纪录划归到他的名下，在梅西的"注视"下庆祝进球。

　　"巅峰产生虚伪的拥护，黄昏见证真正的使徒"，C罗将对自己的地位评判留给历史，他要做的就是靠着骨子里的倔强，在逆境中坚挺，在绝境中疯狂，在身后留下后人难以企及的纪录。

第5比赛日

第6比赛日　东道主球队再创历史

战况信息

B组第二轮
11月25日18:00　地点：艾哈迈德·本·阿里球场

威尔士队　0 : 2　伊朗队
86' ⚽ 亨尼西　　　90+8' ⚽ 切什米
　　　　　　　　　90+11' ⚽ 雷扎伊安

A组第二轮
11月25日21:00　地点：阿图玛玛球场

卡塔尔队　1 : 3　塞内加尔队
78' ⚽ 蒙塔里　　　41' ⚽ 迪亚
　　　　　　　　　48' ⚽ 迪德希欧
　　　　　　　　　84' ⚽ 班巴·迪昂

A组第二轮
11月26日00:00　地点：哈里法国际体育场

荷兰队　1 : 1　厄瓜多尔队
6' ⚽ 加克波　　　49' ⚽ 瓦伦西亚

B组第二轮
11月26日03:00　地点：海湾球场

英格兰队　0 : 0　美国队

数说世界杯

1：威尔士队门将亨尼西飞踹伊朗队前锋塔雷米，本届世界杯首张红牌诞生。

2：荷兰队全场仅2脚射门，创1966年以来欧洲球队世界杯单场射门最低纪录。

3：伊朗队取得征战世界杯以来的第3场胜利。

6：瓦伦西亚包揽厄瓜多尔队连续6粒世界杯进球，历史上仅有4人做到。

12：英格兰队在世界杯中12次与对手互交白卷，在赛事所有球队中为最多。

98：第98分钟进球，伊朗队的切什米打进1966年以来世界杯常规时间最晚制胜球。

110：贝尔第110次代表威尔士队出场，创造队史纪录。

304：加克波开场304秒破门，是本届世界杯目前最快的进球。

鑫淼绿茵场

金元足球的两面性

东道主卡塔尔队在第二场比赛也未带来实质性的惊喜，两连败之后无奈地被提前淘汰出局。其实当卡塔尔获得2022年世界杯主办权之时，球队在世界杯的结局似乎就已经注定。卡塔尔队自身实力的弱小，不可能靠短短几年的时间便得到提升，即便拥有"钞能力"，也难以从阵容实质上迎来改变。在足球的世界里，金元足球并不是可以一帆风顺的，或者说金元足球有着非常强的两面性。

据说卡塔尔为了这届世界杯花了2000亿美元，这在世界体育大赛史上也是创造纪录的花费。即便本届世界杯才刚刚开始，但可以断定的是，卡塔尔会带给全球一届无与伦比的世界杯，真金白银将让这届赛事在世界杯历史上留下难以磨灭的记忆。

也就是说，如果没有巨大资金的支持，卡塔尔这个国度是无法获得世界杯主办权的，更无法在各种不利条件限制下成功举办世界杯。这恰恰是金钱带给卡塔尔的优势，当然也带来了世界杯和足球的改变。若是没有卡塔尔的真金白银，我们很难见证这样一届具有历史意义的世界杯。

但是随着卡塔尔世界杯的氛围渐入佳境，卡塔尔队也即将结束世界杯征程。在目前还剩下1场小组赛的情况下，卡塔尔队几乎已经确定会成为世界杯历史上成绩最差的东道主球队。这样的尴尬纪录也会在后世被多次提及。足够多的金钱，并没有让卡塔尔队在世界杯的成绩上得到提升。

其实简单来说就是：金钱可以让东道主举办一届完美的世界杯，但是却不能给卡塔尔队带来成绩的提升。这在国家队层面上更加明显，足球的发展不是一朝一夕就可以快速完成的，卡塔尔队的提前出局也证明了这一点。卡塔尔队与日本队是截然相反的两个例子，后者首战逆转德国队，也是靠多年积累才完成的壮举。

那么资本对于足球的发展，到底是不是一条捷径呢？答案是肯定的。熟悉欧洲联赛的球迷肯定会非常了解金元足球。比如现在身为英超顶级豪门的切尔西和曼城，两队都有着疯狂的资金投入。但是即便如此，两队也不能在短时间内就完成质的飞跃。曼城时至今日依然无法再获得欧冠冠军，就是证明。

在资本进入之后，迎来身份转变的球队也是一步一个脚印，合理地利用金元足球的优势，才能慢慢取得成绩的突破。其实从球迷的角度来说，如果自己的主队突然获得大量资金的投入，当然是欣喜若狂。但其实冷静下来思考，不能将球队成绩的提升完全依赖于巨大资金的扶持，这在足球场上是一个永恒的道理。

很荣幸能够参与解说卡塔尔世界杯，也很开心和所有的球迷一起见证一届不一样的世界杯。但是面对金元足球，我们还是需要冷静地对待，遵循足球的发展规律。

正坤龙门阵

黑马在路上

荷兰队 3-4-1-2
- 5 阿克
- 17 布林德
- 21 弗伦基·德容
- 7 贝尔温
- 23 诺珀特
- 4 范迪克
- 14 克拉森
- 20 科普迈纳斯
- 8 加克波
- 2 廷贝尔
- 22 邓弗里斯

厄瓜多尔队 3-4-2-1
- 17 安吉洛·普雷西亚多
- 25 波罗佐
- 19 普拉塔
- 20 门德斯
- 11 埃斯特拉达
- 2 托雷斯
- 1 加林德斯
- 13 瓦伦西亚
- 23 凯塞多
- 7 埃斯图皮尼安
- 3 因卡皮耶

　　荷兰队与厄瓜多尔队在小组赛第二轮狭路相逢。虽然荷兰队是先进球的一方，但厄瓜多尔队全场压制，创造出了数倍于对手的威胁。这样的表现提醒我们：或许本届世界杯的黑马已经诞生。

　　两队上一场比赛的表现我们还历历在目：厄瓜多尔队在"紧张"的东道主卡塔尔队面前体现出了高一档的水平，近乎碾压似的击败了对手；而荷兰队则与塞内加尔队陷入苦战，若不是加克波的灵光一现，两队很可能以闷平收场。值得一提的是，在荷兰队对阵塞内加尔队的比赛中，德容从本方禁区到对方禁区一直在带球，频繁的跑动、对抗、倒地让他苦不堪言，而当时的中场搭档是边锋出身改打前腰的博古伊斯，无法给他提供保护和接应。本场比赛荷兰队主帅范加尔对上场比赛的战术进行了"拨乱反正"，由科普迈纳斯和克拉森首发，德容在中场终于有了帮手；在面对厄瓜多尔队灵活的进攻群时，范加尔则选择了运动能力更强的廷贝尔代替德里赫特首发。

　　而厄瓜多尔队这一边最大的调整，则是主教练阿尔法罗将上一场的"442"阵形改为"3421"阵形，彻底解放了两个能力极强的边后卫埃斯图皮尼安和普雷西亚多，同时以其人之道压制荷兰队同样一人一条边的邓弗里斯，并且以中场的人数优势掐断德容的出球。这个战术纵观全场可以说是极为成功的，但是从四后卫改打三后卫也需要场上球员加快适应队友站位和空间。

厄瓜多尔队开场的丢球正来源于此：荷兰队后场直传，厄瓜多尔队"铁腰"凯塞多已经卡住身位获得球权。但此时厄瓜多尔队的三名中卫站位出现了问题，本场获得首发机会的波罗佐并未落位到自己的右中卫位置，反而和居中的托雷斯之间拉开了一片开阔地，就像是边后卫一样。低头看球的凯塞多并未注意到这一情况就将球回传，位置正好在这个空间里。克拉森脚后跟架炮，加克波抢圆了就是一脚，助荷兰队取得领先。

但荷兰队值得称道的进攻也仅限于此了，全场比赛荷兰队与厄瓜多尔队的射门数2：15、射正数1：4、关键传球数2：9。在这种近乎碾压的数据下，荷兰队的"高效"似乎成了一个贬义词。那么厄瓜多尔队是怎么做到的呢？我们看厄瓜多尔队的进球：廷贝尔在中场转身被断，原本成批次逼抢的厄瓜多尔队进攻群立刻展开。此时在在路得球的不是前场三人组，而是左翼卫埃斯图皮尼安，他突入禁区一脚暴射。诺珀特扑出第一下，但面对瓦伦西亚的补射就无能为力了。

其实早在之前，瓦伦西亚、埃斯图皮尼安、普拉塔几个人就已经将荷兰队的右路搅得鸡犬不宁了，而且是场上局势和心理上的双重压力。廷贝尔全场6次犯规、11次丢失球权，均是荷兰队最多，他和瓦伦西亚也发生过一些口角。厄瓜多尔队深知荷兰队右路是强侧，故意主打这一侧。而且前场小集团的埃斯特拉达、瓦伦西亚、普拉塔、埃斯图皮尼安跑位十分灵活，不拘泥于位置，哪里有空当就往哪里钻。厄瓜多尔队的过顶长传如发牌机一般准确，就是因为前场全都是队友跑出来和对手漏出来的空当。范迪克本场补位的镜头相当之多，接替上一场的德容成为新的"劳模"。

总的来说，本场比赛双方都有一定的可取之处：荷兰队收获了新星，继2010年的埃利和2014年的德佩后，加克波又变成了"橙衣军团"的"惊喜小子"。目前来看荷兰队进攻端办法不多，需要指望加克波这样的爆点。而厄瓜多尔队这一边，在欧洲强队身上试验出了一套行之有效的新战术，则让其他球队更加深刻地认识到其实力。碾压东道主卡塔尔队，又猛攻"郁金香"荷兰队，这支厄瓜多尔队越来越有点黑马的味道了。

黄博士课堂

美国足球兴衰史

今天的比赛冷门较多，荷兰队遇到了厄瓜多尔队的强力阻击，英格兰队被美国队0：0逼平也出乎很多球迷的预料。在这里笔者更惊讶于美国队的发挥，尽管英格兰队的求胜欲望不是很强，但美国队展现出的水准确实令人刮目相看。

在很多球迷的固有印象中，美国一直都是所谓的"足球荒漠"，尽管作为移民国家天生有人种融合优势，但这片热土上的运动基因更青睐篮球和橄榄球等项目，对于足球的喜爱程度无法与热门项目相提并论。但如果仅仅用这样的眼光去看待问题，显然是片面且存在误区的。

美国作为与现代足球鼻祖英国联系紧密的国家，接触这项运动自然是很早的，事实上早在20世纪20年代，美国就已经拥有了自己的足球联赛ASL（美国足球联赛）。在那个经济无限繁荣的时代，大批英系劳工涌入美国，也将自己的爱好带到了这里，很多人都开始代表相关的球队出战，不仅联赛办得如火如荼，他们中的一部分人还代表美国队征战了早期的世界杯。

从1930年到1938年，美国队都是世界杯的参与者，还在首届比赛中收获了季军的好成绩。这一阶段美国队即便算不上什么足坛劲旅，也算是一支生力军，起码与"荒漠"的形象是大相径庭的。不过随着20世纪30年代大萧条的到来，足球运动的发展受到重创，二战后橄榄球等运动的热度迅速攀升，足球也慢慢地退居二线，在美国国内成了相对边缘的运动。

战后美国足球的高光时刻停留在了1950年的世界杯上，球队以半业余的班底击溃了首次参赛的英格兰队，这场1∶0的胜利也是世界杯历史上最大的冷门之一。即便20年前的黄金一代早已远去，但怀揣梦想的美国队仍能创造奇迹。

不过此后的几十年间，足球运动在美国陷入了彻底的低潮期，连续40年无缘世界杯正赛，这在今天听上去有些不可思议。即便是1968年到1984年期间，美国国内曾经办起轰轰烈烈的NASL（北美足球联赛），但这对于美国足球水平的提升和足球土壤的浇灌，并没有起到什么推动作用。

可能很多球迷都听过NASL的种种传说，诸如纽约宇宙队这样的明星团队更是成为一种文化符号，贝利、贝肯鲍尔、克鲁伊夫等足坛巨星也都来此淘金。但这种虚浮的场景只是商人逐利的产物，美国人长期对个人英雄主义情有独钟，一些资本家通过1970年世界杯了解到足球的影响力，并很快从中嗅到了商机，所以整个20世纪70年代的NASL完全是一种虚假繁荣，看似热闹的竞技中实则弥漫着金元的味道。如果说足球是一项娱乐活动，美国人就彻底把它办成了一场大秀，至于球迷群体的栽培和青训体系的构建，并不在资本的考量范围内，所以当这批巨星的红利被榨干之后，20世纪80年代NASL走向了末路。

美国足球真正迎来转机，还是1988年其拿下了1994年世界杯的主办权，尽管当时国内连正经的职业足球联赛都没有，但世界杯的热度足以撑起美国人对足球的兴趣。

借着这个契机，美国队在1990年重新杀回了世界杯决赛圈，后来又聘请了"神奇教练"博拉·米卢蒂诺维奇执教，球队的保罗·卡利朱里与埃里克·温纳尔达等球员虽然算不上什么巨星，但多少有着在欧洲联赛效力的经验，整体还是让人期待的。最终美国队在1994年世界杯上杀入16强，日后也成为世界杯的常客，从此稳住了美国足球的基本盘。

进入21世纪，美国的新职业联赛MLS（美国职业足球大联盟）步入正轨，诸如兰登·多诺万、克林特·邓普西、蒂姆·霍华德等美国球员早已成为欧洲主流联赛的明星球员，而近些年他们的实力更是实现了飞跃。目前队内的克里斯蒂安·普利希奇、韦斯顿·麦肯尼、吉奥瓦尼·雷纳、塞尔吉尼奥·德斯特、蒂莫西·维阿等球员都能在五大联赛的劲旅立足，放在30年前这是不敢想象的事情。

虽然世界杯前两场美国队未尝胜绩，但球队展现出的技术能力与运动天赋还是让球迷们充满期待。即便本届世界杯美国队可能走不了很远，但美国足球的未来着实让人期待。

赛场花絮

2200亿美元换来提前出局

卡塔尔队虽然有着亚洲冠军的身份，不过作为自1934年世界杯以来第一支没有在过往世界杯中亮相过的东道主球队，其实力在本届大赛上的确是倒数的。

当得知卡塔尔队为本届世界杯备战周期长达12年，国家层面又花了2200亿美元来举办大赛，很多人以为卡塔尔队应该能创造一些成绩，但最终结果说明"钞能力"终究还是有限的。卡塔尔队继成为世界杯历史上首支首场比赛输球的东道主球队之后，如今又成为首支提前一轮小组出局的东道主球队。

在过去的12年里，卡塔尔队专注于本国联赛，这些球员竟然没有一个效力于卡塔尔联赛之外的任何联赛，这也直接导致球队在面对五大联赛球员云集的厄瓜多尔队时被直接碾压。因此球员还是需要走出去，哪怕暂时去不了五大联赛，也可以去一些欧洲二级联赛。毕竟在低级别联赛踢球，无法让球员的实力得到升华。

卡塔尔人未必真的对足球那么狂热，兴办世界杯的背后终究有很大比重的"生意"因素。土豪的数学，或许老百姓不会懂，但只要他们自己明白到底是赚了还是亏了，那也就无怨无悔了。

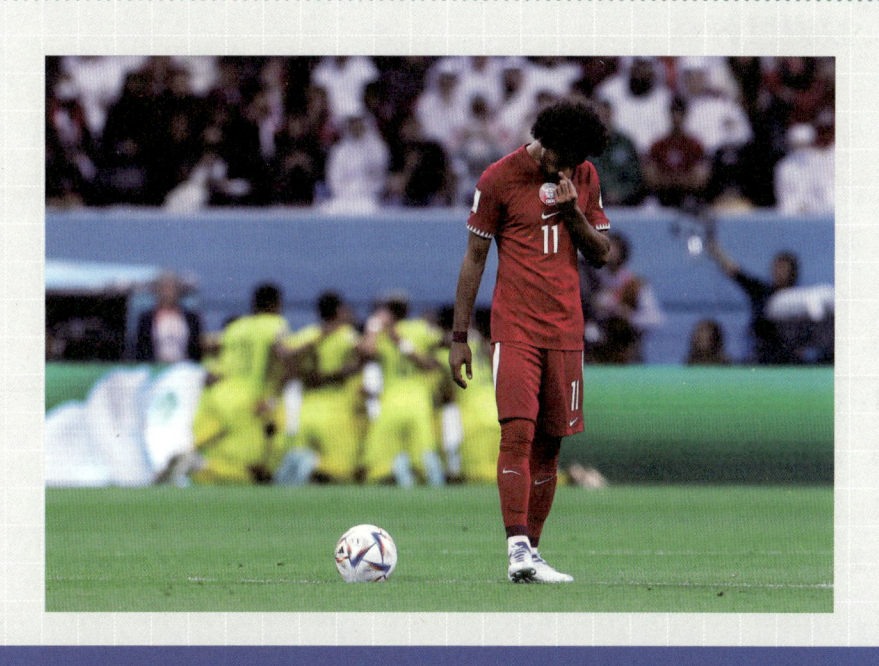

第6比赛日

第7比赛日　　　梅西的自我救赎

📜 战况信息

D组第二轮
11月26日18:00　地点：贾努布球场

澳大利亚队　1 : 0　突尼斯队
23' ⚽ 杜克

C组第二轮
11月26日21:00　地点：教育城球场

波兰队　2 : 0　沙特阿拉伯队
39' ⚽ 泽林斯基
82' ⚽ 莱万多夫斯基

D组第二轮
11月27日00:00　地点：974球场

法国队　2 : 1　丹麦队
61' ⚽ 姆巴佩　　68' ⚽ A·克里斯滕森
86' ⚽ 姆巴佩

C组第二轮
11月27日03:00　地点：卢塞尔球场

阿根廷队　2 : 0　墨西哥队
64' ⚽ 梅西
87' ⚽ 恩佐·费尔南德斯

⚽ 数说世界杯

5：梅西成为历史上唯一连续5届世界杯均有助攻的球员。

7：姆巴佩的世界杯进球数达到7球，超越亨利的6球，仅次于方丹的13球，排名法国队第二。

8：梅西个人世界杯进球数达到8球，追平马拉多纳与C罗。

13：梅西为阿根廷队打进13球，创个人生涯自然年国家队进球新高。

21：梅西在世界杯出场21次，追平马拉多纳，与其并列阿根廷队历史第一。

23：23岁的姆巴佩成为继贝利之后第二位在24岁前打入7粒世界杯进球的球员。

35：35岁155天，梅西创造世界杯最年长传射球员纪录。

122：梅西破门时球速高达122km/h。

鑫淼绿茵场

20年的轮回

这是一个无与伦比的比赛日，梅西率领阿根廷队完成救赎之战，重新掌握晋级主动权。而姆巴佩则是用梅开二度的表现，直接帮助法国队成为本届世界杯第一支晋级16强的球队。随着法国队的晋级，"冠军魔咒"就此成为过去式，法国队没有第二次踏入这条河流。魔咒从法国队开始，也从法国队终结。

世界杯冠军是各支球队追逐的最高荣誉，在进入21世纪之后，世界杯冠军的身份同时也被蒙上了一层"不祥的面纱"。法国队是1998年世界杯冠军，也是20世纪诞生的最后一支世界杯冠军球队。

2002年世界杯，法国队作为上届冠军依然是超级夺冠大热门，那时的"高卢雄鸡"拥有球王级别的齐达内和恐怖的锋线射手群。法国队参加2002年世界杯的前锋名单有多么让对手胆寒呢？其云集了意甲联赛最佳射手特雷泽盖、英超联赛最佳射手亨利和法甲联赛最佳射手西塞。这样的攻击阵容再配以冠军班底的后防线，法国队的卫冕之路可谓一片坦途。

然而"高卢雄鸡"的卫冕之路，从小组赛第一战开始就被钉上了耻辱柱，塞内加尔队用一场胜利完成了当时世界杯赛场的大冷门之一。而法国队也就此被逼上绝路，小组赛次战面对乌拉圭队，齐达内带伤复出，一场0：0给法国队续命几日。小组赛末战，只要战胜对手，法国队依然可以晋级。

当时法国队末轮的对手正是丹麦队，后者在当时只需要一个平局就可以晋级的情况下，用一场2：0送法国队回家。是的，作为上届冠军的法国队在小组赛就打道回府，更让人不解的是他们堪称耻辱的3场零进球。对比豪华的攻击群，这样的结果更是凸显尴尬。

也正是法国队的出局，开启了世界杯冠军的魔咒。除了2006年的巴西队躲过一劫，2010年的意大利队、2014年的西班牙队、2018年的德国队一律未能幸免。因此2022年的法国队也让媒体和球迷担忧不少。

但是随着2：1战胜丹麦队的结果尘埃落定，法国队终结了这个魔咒。犹记得20年前丹麦队让法国队铩羽而归，而如今从丹麦队身上，法国队完成了"复仇"。这也正是足球最为奇妙的缘分，今日战胜的对手，也许在多年之后会让你悲痛地流泪。

这时候难免要发问：2002年的法国队、2010年的意大利队、2014年的西班牙队、2018年的德国队难道不强吗？答案是很强，但是这些球队都存在致命缺陷，其共同的问题是缺少出色的中场核心和爆破型的突破手。2002年法国队齐达内受伤，好中锋再多也是徒劳；2010年意大利队皮尔洛受伤，前场球员也天赋平平；2014年西班牙队哈维、伊涅斯塔状态严重下滑，前场又没有出色的爆点球员；2018年德国队缺少中场核心，萨内没有进入国家队更是成为争议。

再看今年的法国队，格列兹曼状态出色盘活了球队的进攻，无愧核心球员的身份；在边路又有两大超级爆点姆巴佩和登贝莱。在这样的组合下，法国队打破冠军魔咒，真的也是在情理之中了。

第 7 比赛日

049

正坤龙门阵

魔咒失灵

法国队 4-2-3-1
- 22 特奥
- 10 姆巴佩
- 18 于帕梅卡诺
- 14 拉比奥特
- 1 洛里
- 7 格列兹曼
- 9 吉鲁
- 4 瓦拉内
- 8 琼阿梅尼
- 5 孔德
- 11 登贝莱

丹麦队 3-4-2-1
- 13 R·克里斯滕森
- 2 安德森
- 25 林德斯特罗姆
- 23 赫伊别尔
- 21 科内柳斯
- 6 A·克里斯滕森
- 1 舒梅切尔
- 14 达姆斯高
- 10 埃里克森
- 5 梅勒
- 3 尼尔森

  两支欧洲劲旅法国队与丹麦队进行对决，最终世界杯冠军魔咒并未重演，姆巴佩梅开二度率领法国队2：1击败丹麦队，成为本届世界杯第一支提前出线的球队。而预选赛9胜1负的丹麦队到了世界杯两轮小组赛仅得1分，出线形势岌岌可危。

  法国队的阵形和上一场比没有变化，丹麦队则把上一场的"3412"阵形改成了"3421"阵形。上一场面对突尼斯队这个实力不强的对手，丹麦队派出双前锋多尔贝里和斯科夫出战，埃里克森位居前腰；而这场比赛法国队可不会给丹麦队前锋什么发挥空间，丹麦队主帅尤尔曼德在首发上选择了能作为前场支点的高中锋科内柳斯，身后搭配跑动能力强的达姆斯高和林德斯特罗姆，将埃里克森回撤至中场，身边则安排赫伊别尔担任"保镖"。丹麦队这套阵容颇有想法，就是通过科内柳斯争抢第一落点，达姆斯高和林德斯特罗姆则在攻防中通过跑动承担"搅和"的工作，并保护好唯一的出球点埃里克森。

  但是阵容上的巧思，在硬实力不对等的情况下只能沦为"小聪明"。法国队前腰格列兹曼本场比赛在后场如后腰一般拿球组织摆脱，在前场作为中转站分球组织梳理进攻，为姆巴佩和登贝莱突击提供便利。而法国队中场拉比奥特则如同拿了丹麦队的战术板一般，通过插上、拉边等大范围跑动，"搅和"得丹麦队中后场不得安宁。只能说还好丹麦队中场人多能跑，勉强抵挡住了法国队的连续冲击。上半场虽然控球率五五开，但法国队射门数13:2碾压了丹麦队，关键传球多达11次。丹麦队则送出了12次解围和10次失误的尴尬数据。笨重的大中锋科内柳斯还浪费了丹麦队一次宝贵的反击机会，带球不稳又没有速度，最后只能小角度打门草草了事。

下半场丹麦队率先做出调整，灵活又兼具冲击力的布雷恩韦特替下科内柳斯，丹麦队的进攻也有了起色。但就在丹麦队想要在进攻端有所作为之时，法国队发动了世界冠军级别的反击：特奥长驱直入一条龙带过中场，将球传给姆巴佩。姆巴佩带球到禁区前，直传斜插找回特奥，特奥倒三角再回给姆巴佩，后者轻巧推射破门。二人如要猴一般，将身边的五名后卫耍得团团转。这就是速度和灵巧的碾压，也是法国队2018年夺得世界杯冠军的原因。

而丹麦队的进攻则抓住了足球比赛的另一个要素——高度。埃里克森几次将球传到后点不理想之后调整了战术，传球到了小禁区中央。1.92米的安德森在第一落点摆渡下来，给了后点插上1.87米的克里斯滕森冲顶机会，后者头槌破门。双方一个利用速度，一个利用高度，都充分发挥了自身的优势。

最后终结比赛的还得是格列兹曼与姆巴佩这对组合。科曼将球带到前场右路交给格列兹曼，后者敏锐地发现对角线方向姆巴佩的位置没人盯防，一记长传刚好找到绕前包抄的姆巴佩，他只需要用身体将球撞进咫尺之遥的球门即可。当法国队提升速度来打反击时，就算是纪律严明退防及时的丹麦队，也难免出现失位没盯人的失误，最终遗憾落败。但下半场8:8的射门比，还是彰显了丹麦队反扑的决心和能力。最后一轮比赛，突尼斯队面对法国队胜算不高，而丹麦队则要对阵同样靠身体吃饭、打法强硬的澳大利亚队。生死战谁赢谁出线，届时必是一场龙争虎斗！

黄博士课堂

容易被忽视的数据

阿根廷队与墨西哥队的生死战再度凸显了巨星的价值，"潘帕斯雄鹰"迟迟打不开局面，并且很少能形成有威胁的攻势，最后还是凭借梅西的世界波带走了关键的3分。不过笔者更关注的是梅西的传球，他在比赛中帮助队友恩佐·费尔南德斯兜射破门，连续5届世界杯都有助攻送出，成为历史第一人。

相较于多数球迷对进球这一指标的关注，助攻显得相对边缘化，甚至在世界杯赛的早期连具体的相关统计也没有，导致比赛的数据永远遗失。直到20世纪50年代电视转播介入足球赛事之后，助攻的相关统计才逐步完善起来。

从1966年世界杯开始，每场世界杯的比赛都有全场录像留存，国际足联官方的各类数据统计一般也都特指1966年以后的标准，助攻自然也不例外。不过个别明星球员的数据可以追溯到1958年，因为从该届世界杯开始，部分比赛已经有完整的录像存世，下面就来介绍几个与世界杯助攻有关的人和事。

首先是世界杯历史助攻王，目前有视频资料可以确切考证的只有贝利一个人。他在1958年送出2次，1962年送出1次，1970年送出6次，总计9次助攻傲视群雄。不过值得一提的是，根据一些网站的记载，1954年联邦德国队的传奇队长弗里茨·瓦尔特也曾在世界杯上送出9次助攻，但由于没有完整的影像支撑，此处不列入讨论。

其次是单届世界杯的助攻王，国际足联

官方认定的依然是贝利,上文提到他在1970年世界杯送出6次助攻。不过根据笔者的统计,1958年世界杯上法国球星科帕送出了至少8次助攻,这些球都有影像可以考证。

当届的法国队最终收获季军,不过外界记住更多的是球队打进13球拿下金靴奖的射手朱斯特·方丹,然而很多球迷不知道的是,那支球队的当家核心是科帕,方丹只能算是他的副手。科帕是队内的持球核心,发起进攻是他的职责,你能够看到他长距离持球推进,摆脱防守后给方丹送出妙传,帮助后者创造了历史。如果说单届13球的纪录难以逾越,单届8次助攻同样值得后世仰望。

第三个要说的世界杯单场助攻王,在有影像支撑的统计中,纪录保持者是波兰队天才边锋罗伯特·加多查。他在1974年波兰队7:0大胜海地队的比赛中,一口气送出4次助攻,书写了不朽的传奇。不过要指出的是,他的助攻大多来自角球直传队友,这相对于运动战助攻要简单一些。

话题再回到梅西身上,目前梅西在世界杯中一共送出了6次助攻,距离贝利的历史纪录还差3次,距离马拉多纳的阿根廷队纪录还差2次,不过只要保持目前的好状态,队友的输出也足够稳定,他还是很有可能实现夙愿的。

最后还要强调一个问题,足球比赛中的助攻标准并不统一,有些可能比较严格,而知名数据网站OPTA的标准相比之下就显得比较宽松。在某些统计之中,制造点球或者造成乌龙球都算作助攻,这也是见仁见智的事情。而世界杯经历了近百年的历史周期,其间的标准应该也有变化,所以助攻这项统计,大家不要太过较真,当作参考即可。

聚焦梅西

阿根廷队的生死战　梅西的自我救赎

阿根廷队在2021年夺得美洲杯冠军，梅西打破了无法在成年国家队斩获冠军的"魔咒"，但世界杯是更大的舞台，梅西还需在这里证明自己。首场比赛爆冷输球，让阿根廷队次轮面对墨西哥队的比赛成为生死战，如果提前出局，梅西的历史地位或许将大打折扣。

"挽狂澜于既倒，扶大厦之将倾。"这就是梅西，这就是足球比赛中顶级球星的价值与魅力。一个进球、一次助攻，又是梅西将阿根廷队从被淘汰的边缘生生拉了回来。他的一射一传意义非凡，凭借一己之力"扛起"阿根廷队前进，也完成了自我救赎。

在卡塔尔世界杯上，人们已经无法再看到马拉多纳在看台上为阿根廷队祈祷，但梅西依然是"潘帕斯雄鹰"的"守护神"。比赛前一天正是马拉多纳去世两周年的忌日，相信他一定在天国看到了。

第8比赛日　魔幻的"死亡之组"

战况信息

E组第二轮
11月27日18:00　地点：艾哈迈德·本·阿里球场

日本队　0:1　哥斯达黎加队
　　　　　　　　81' 富勒

F组第二轮
11月27日21:00　地点：阿图玛玛球场

比利时队　0:2　摩洛哥队
　　　　　　　　73' 赛斯
　　　　　　　　90+2' 阿布赫拉尔

F组第二轮
11月28日00:00　地点：哈里法国际体育场

克罗地亚队　4:1　加拿大队
36' 克拉马里奇　　2' 戴维斯
44' 利瓦亚
70' 克拉马里奇
90+4' 马耶尔

E组第二轮
11月28日03:00　地点：海湾球场

西班牙队　1:1　德国队
62' 莫拉塔　　　83' 菲尔克鲁格

数说世界杯

8：比利时队在世界杯小组赛8连胜遭到终结。

12：西班牙队在世界杯和欧洲杯连续12场比赛90分钟内不败。

18：诺伊尔在世界杯第18次出场，追平塔法雷尔和塞普·迈耶，与二人在世界杯门将出场排行榜中并列第一。

28：德国队首发平均年龄28岁147天，创球队20年来征战世界杯新高。

58：日本队对阵哥斯达黎加队上半场补时58秒，为本届世界杯开赛以来上半场补时最少的比赛。

68：阿方索开场68秒破门，创造世界杯历史上小组赛阶段第二快进球纪录。

鑫淼绿茵场

期望与失望

当你对某一件事开始有更高的期望之时，往往就会迎来失望。足球场上就经常上演这样的戏码，第8个比赛日就是明证。

先看日本队带来的一次失望。小组赛首战，日本队让全世界为之惊叹，其竟然逆转战胜了4次世界杯冠军得主德国队。这成为亚洲球队的光辉时刻，而日本队的战术打法和实力，也开始让外界对其有更高的期望。此番的对手是哥斯达黎加队，这支球队在小组赛首战被西班牙队疯狂打进7球，输得惨不忍睹。因此日本队拿到小组两连胜，看似将是一个非常正常的结果。

然而剧本不是这样写的。日本队主帅森保一明显轻敌，竟然在首发阵容的中前场做出5处调整，用在日本职业联赛效力的球员替下了在欧洲联赛踢球的球员。用最简单的话语描述就是：日本队觉得哥斯达黎加队实力不济，替补阵容就可以战胜对手。但是这可是世界杯的赛场，哪有绝对的弱旅呢？于是哥斯达黎加队利用日本队的一次解围失误，完成绝杀进球。

在进球的一刹那，一盆名为现实的冷水泼下，日本队才发现脚踏实地的重要性。轻敌和保守让日本队小组提前晋级的期望被无情击碎，最后一轮需要和强大的西班牙队决一死战，看起来形势不容乐观。不得不说，这是日本队在世界杯上又一次带来"意外之喜"。而哥斯达黎加队则在2002年、2014年之后，又一次为自己赢得了世界足坛的尊重。

再看比利时队所给予的失望。2018年世界杯，比利时队一度拥有高居世界第一的排名，再配以黄金一代的阵容，实力雄厚。而本届世界杯比利时队显得过于低调，核心球员德布劳内亲口承认："我们不是争冠球队，我们太老了。"

德布劳内的言论虽然有谦虚之意，但是对于比利时队来说，其阵容的确有点老化。但是"瘦死的骆驼比马大"，对阵摩洛哥队，比利时队没有不赢球的理由。可是比赛的结果让球迷们惊呼太不可思议，比利时队竟然0:2完败于摩洛哥队，比赛场面上更是处于被动。此时又不得不承认，德布劳内的言语并非妄自菲薄。

球队阵容老化是输球的主要原因吗？其实我觉得，球队的竞争意识才是根本。比利时队在比赛中没有足够的争胜信心，反倒是大量地挥霍机会。4年一次的世界杯，仿佛只是球队的例行公事而已，输球就在所难免了。坦白说，对于比利时队在本届世界杯上的表现有一定期望的球迷，如今看来只剩下了失望，或许小组赛淘汰赛回家也将变成事实。

加拿大队与克罗地亚队的比赛很有意思。赛前加拿大队主帅赫德曼高调地喊出："我们要干翻克罗地亚队！"但是1:4的比分是赤裸裸的现实，克罗地亚队进球功臣克拉马里奇直接回怼："最终我们证明了谁干翻了谁。"

关于西班牙队与德国队的比赛，球迷期待的本是一场火花四溅的巅峰对决。但现实只给了我们一个略显平闷的1:1，别无其他。

正坤龙门阵

天堂与地狱

日本队 4-2-3-1
- 5 长友佑都
- 24 相马勇纪
- 22 吉田麻也
- 13 守田英正
- 12 权田修一
- 15 镰田大地
- 21 上田绮世
- 4 板仓滉
- 6 远藤航
- 2 山根视来
- 8 堂安律

哥斯达黎加队 5-4-1
- 13 托雷斯
- 4 富勒
- 5 博尔赫斯
- 6 杜阿尔特
- 19 沃斯顿
- 1 纳瓦斯
- 7 孔特雷拉斯
- 17 特赫达
- 15 卡尔沃
- 12 坎贝尔
- 8 奥维多

  日本队与哥斯达黎加队的比赛结果让人意外。日本队首战2：1逆转强大的德国队，哥斯达黎加队则是首战被西班牙队7：0血洗，无论是对比纸面阵容、比赛状态还是球队心气，大多数球迷都更看好日本队。但就像"龙门阵"所述的日本队首战所言，主帅森保一摇摆不定的战术会给日本队带来"意外惊喜"。

  从首发上就可以看出日本队的轻视，主帅森保一做出5处调整：锋线上的上田绮世替换前田大然，左边前卫相马勇纪替换久保建英，右边前卫堂安律替换伊东纯也，中场守田英正替换田中碧，右后卫山根视来替换酒井宏树。其中，32岁的酒井宏树上一场伤退离场，本场休战情有可原；堂安律在上一场对阵德国队打入了扳平球，状态上佳首发出战也可以理解。但剩下几处对于首发的调整全都集中在中前场，且无一不是用日本职业联赛球员替换年轻力壮的旅欧球员，练兵意味再明显不过了。但是在世界杯的赛场上如此轻视对手，真的合适吗？

  哥斯达黎加队虽然输给西班牙队7球，但能闯进世界杯正赛的会是弱队吗？上半场的哥斯达黎加队给日本队这套"不太尊重"的阵容送出这样一张答卷：控球率57.8%领先日本队，射门数3：2领先，传球数329：242领先，传球成功数280：204领先。

  最重要的数据是哥斯达黎加队上半场有11次抢断，而日本队上半场则有12次犯规。虽然哥斯达黎加队主守，但整体的局面基本是由其掌握的。日本队的进攻配合有余、终结不足，且前场核心镰田大地失误较多，并没有串联起中前场。

见上半场效果不好，日本队主帅森保一中场做出调整：换上了上一战替补登场进球的浅野拓磨，以及在德甲斯图加特踢球的左脚中卫伊藤洋辉代打左后卫。而比赛来到60多分钟，日本队前场仍无法形成有威胁的射门，森保一不得不让"轮休"的三笘薫和伊东纯也接连登场。

随着右后卫山根视来被替换下场，日本队变阵三中卫，伊藤洋辉又踢到三中卫的左中卫。三笘薫和伊东纯也二人获得了足够的空间进行冲刺，造成的威胁显而易见。伊东纯也中路得球摆脱突破险些造成点球，在禁区线上被哥斯达黎队后卫卡尔沃拉倒赢得任意球。三笘薫在左路也造成了不少威胁，那粒差点扳平比分的球就全是靠他的个人能力。这也让人不禁感叹：如果这两人首发或哪怕早点儿上场，日本队的进攻都不会是这种局面。

那么反过来说，日本队又是怎么比分落后的呢？哥斯达黎加队前场唯一有威胁的点就是乔尔·坎贝尔，第80分钟他在日本队左边路戏

耍一番三笘薫后，将日本队的防守阵形压缩至左倾，再由队友反传身后。伊藤洋辉补到四后卫中左后卫的位置上勉强头球解围，球落到了补位到中卫的吉田麻也面前，此时哥斯达黎加队新换上的生力军阿吉莱拉立刻冲刺上前逼抢，惯用脚是右脚的吉田麻也只能用左脚外脚背传给中场的守田英正。

但这个球又高又飘球速又慢，关键时刻守田英正还脚下打滑，哥斯达黎加得球后就地打反击。从传球瞬间能看出老迈的吉田麻也及时回到了自己居中的防守位置，但年仅23岁的伊藤洋辉却已经失位，他拼命回追，却只能目送富勒在自己面前上演一记轻巧的吊射，攻破权田修一把守的大门。

这次丢球最先给队友挖坑的是伊藤洋辉，最后在自己的防区失位的也是他。但主帅森保一同样难辞其咎，他让此前只为日本队出战5场的伊藤洋辉在四后卫的左后卫和三后卫的左中卫之间来回切换，是想通过踢哥斯达黎加队练兵，而场上局势未如他预料般顺利，于是开始"田忌赛马"，想通过后期换上主力去收割比赛，结果换战术、换阵容把场上球员换乱了。这一场比赛的结果也让这个小组的出线形势变得扑朔迷离。

黄博士课堂

丑陋的默契

国际足坛的大赛几乎都是杯赛性质，一般由小组赛和淘汰赛构成。淘汰赛一场定胜负，双方全力以赴是常态，但在小组赛中由于一些错综复杂的关系，有些球队会为了长远考虑踢一些很有"默契"的比赛，这往往会引发外界的争议。

尽管本届世界杯第二轮还没有结束，但已经有个别比赛受到了重点关注，例如此前英格

兰队与美国队，以及刚刚结束的西班牙队与德国队。尽管没有直接的证据指向双方，但有些事情大众总会选择宁可信其有，今天借着这个机会，笔者就来聊聊世界杯历史上那些引起争议的"默契"比赛。

世界杯上最容易挑起"默契"的原因，自然就是对于小组出线名额的争夺，在1986年世界杯之前，小组赛最后一轮并不是同时进行

的，这就给一些球队留下了操作的空间。其中最出名的自然是1982年世界杯上联邦德国队与奥地利队的比赛，后世称之为"希洪丑闻"，这也促成了小组赛末轮同时开球被写入规则。

当届杯赛中，联邦德国队、奥地利队、智利队和阿尔及利亚队同分在一组，既定的征程对于联邦德国队来说应该比较轻松，但其首战爆冷输给了世界杯新军阿尔及利亚队，尽管第二场战胜智利队及时回血，但末轮之前情况不容乐观。当时最后一场阿尔及利亚队战胜了智利队，随后联邦德国队与奥地利队的比赛就充满了不确定的因素。

根据赛前的计算，如果联邦德国队小胜奥地利队（比如1：0），两队就能够携手出线；如果联邦德国队取得大胜，奥地利队就将出局；要是遭遇平局或者失利，联邦德国队就将打道回府。所以两队携手出线的剧本，就已经跃然纸上了。

比赛的进程与很多人预计的完全一致。开赛后联邦德国队一阵猛攻，只打了10多分钟就取得领先，随后比赛节奏放缓，似乎有某种寓意。不过客观来说，上半场比赛双方的表演还算在可接受范围之内，观众并没有明显感觉到异常。但是下半场比赛，这场对决就彻底变味了。

德、奥如同亲兄弟一般，在场上自如地慢节奏倒脚，谁也没有主动出击的欲望。随着时间的推移，观众席嘘声四起，但场上球员为了结果并不在意球迷们的感受，将1：0的比分维持到了终场，最终两队携手晋级第二阶段小组赛。

这次事件受伤最深的便是阿尔及利亚队，球队赢了两场比赛，却因为这种操作无缘晋级，这对于世界杯新军来说是难以接受的。由于这场比赛是在西班牙的希洪市进行的，因此也被后世称为"希洪丑闻"。也正是这场比赛造成的恶劣影响，国际足联修改了规则：从1986年世界杯开始，小组赛末轮同组的两场比赛必须同时开球，以杜绝精心算计的情况再度发生。

在严打之后，世界杯上的"默契"场面确实得到了控制，不过寻找漏洞的球队也没有放开探索。2018年世界杯小组赛就出现了两场争议球，引发了球迷们的极度不满。

首先是法国队与丹麦队的小组末轮比赛，两队打平即可携手出线，结果双方很默契地开始"演戏"，让现场观众有退票的冲动。在那届相对开放的杯赛当中，本场比赛是唯一的0：0，反向载入了史册。

还有一场末轮争议比赛是波兰队与日本队的较量，波兰队前两轮全败已经出局，日本队1胜1平，出线形势大好。结果波兰队在取得1：0领先之后，日本队就放弃了抵挡，因为隔壁传来的赛果足以保证球队晋级。在漫天的嘘声中，"东瀛武士"笑到了最后，以小组第二的身份挺进16强。

更令人啼笑皆非的是，日本队与塞内加尔队小组积分相同、进球数与失球数相同、相互间的比赛打平，最终居然是凭借所谓的公平竞赛积分（红黄牌数量较少）力压对手晋级。

本届世界杯的这个苗头不算太好，希望在接下来的第三轮比赛中不要出现太过"默契"的情况，因为这对球迷来说是一种伤害。

赛场花絮

强如德国队也有辛苦算分的一天

德国队1:1战平西班牙队可谓"大难不死"。两轮小组赛过后,德国队所在的世界杯E组形势扑朔迷离,4支球队全部保留着在第三轮实现突围的希望。

在艰难取得平局之后,德国队不得不开启"数学家模式",对此中国球迷表示深谙此道。不过不管怎么算,德国队始终要算明白自己应该怎么踢。无锋阵不是不能用,但中锋这个位置毕竟与进球有着最强的直接联系,不是每次都只能作为万不得已的搏命一招。要不然,不管是弗利克还是恩里克,到最后都将会变成"小勒夫"。

走到这一步,德国队也纯属"活该",这是德国队在征战世界杯历史上首次在小组赛前两场一场不胜。小组赛最后一轮,德国队真的要把自己的小算盘打得再精一些了。

第8比赛日

第9比赛日　　　轻松又愉悦的C罗

战况信息

G组第二轮
11月28日18:00　地点：贾努布球场

喀麦隆队 **3 : 3** 塞尔维亚队

- 29' ⚽ 卡斯特列托
- 63' ⚽ 阿布巴卡尔
- 66' ⚽ 舒波·莫廷
- 45+1' ⚽ 帕夫洛维奇
- 45+3' ⚽ 米林科维奇
- 53' ⚽ 米特洛维奇

H组第二轮
11月28日21:00　地点：教育城球场

韩国队 **2 : 3** 加纳队

- 58' ⚽ 曹圭成
- 61' ⚽ 曹圭成
- 24' ⚽ 萨利苏
- 34' ⚽ 库杜斯
- 68' ⚽ 库杜斯

G组第二轮
11月29日00:00　地点：974球场

巴西队 **1 : 0** 瑞士队

- 83' ⚽ 卡塞米罗

H组第二轮
11月29日03:00　地点：卢塞尔球场

葡萄牙队 **2 : 0** 乌拉圭队

- 54' ⚽ 布鲁诺·费尔南德斯
- 90+3' ⚽ 布鲁诺·费尔南德斯

⚽ 数说世界杯

5：葡萄牙队历史上第5次晋级世界杯淘汰赛。

6：世界杯历史上第6次出现3:3平局。

7：费尔南德斯打进个人国际大赛（世界杯与欧洲杯）首球，打破7场国际大赛"进球荒"。

8：喀麦隆队结束自2002年以来的世界杯8连败。

17：巴西队连续17场世界杯小组赛不败，成为世界杯历史首队。

39：39岁的佩佩是葡萄牙队历史上最年长的世界杯参赛球员。

83：卡塞米罗第83分钟破门，是巴西队在世界杯历史上第二晚的进球。

193：C罗代表葡萄牙队出战193场。

鑫淼绿茵场

"变与不变"

世界杯第9个比赛日，喀麦隆队与塞尔维亚队上演进球盛宴后以平局收场，韩国队在让二追二后被加纳队击败，巴西队苦攻整场才啃下瑞士队这块"硬骨头"，而葡萄牙队的胜利和B费的闪耀则被C罗的"头发"抢了头条。这个世界一直在变化着，但总有些事是不变的，正是这种"变与不变"贯穿着人生。

喀麦隆队和塞尔维亚队都有个特点：到了世界杯正赛总是"拉胯"。塞尔维亚队上次在世界杯扬名时，南斯拉夫还未解体；喀麦隆队上次在世界杯创造奇迹，领军人物则是"米拉大叔"。而2006年塞尔维亚和黑山队沦为阿根廷队狂胜和19号梅西世界杯首秀的背景板；2014年喀麦隆队惨负克罗地亚队，亚历山大·宋恶犯染红输球又输人。

本场比赛喀麦隆队通过角球先下一城，塞尔维亚队则掀起了一场7分钟3球的进攻狂潮。进球后的球员肆意庆祝，仿佛要用一场大胜洗刷耻辱。而喀麦隆队的反击从阿布巴卡尔的登场开始，他的诡异吊射缩小了比分，之后又反越位成功，长途奔袭为舒波·莫廷送上助攻。最终两支首轮失利的球队虽然都大打对攻，但比赛结果却是尴尬的3：3平，双方各取完全不解渴的1分。某种意义上来说这也是什么都没变，两支球队又"拉胯"到一块去了。

虽然没有德罗巴、埃托奥、萨拉赫这样从非洲走向世界的顶级球星，但加纳队在世界杯正赛上发挥尚可。毕竟非洲球队在世界杯的最好成绩是8强，而加纳队在2010年南非世界杯上距离4强就差一根横梁的距离。上一场比赛其险些绝平葡萄牙队的表现，也让非洲的父老乡亲们期待加纳队再次成为非洲之光。比赛中加纳队的攻势果然凌厉，由萨利苏和库杜斯在门前连下两城。但韩国队的大中锋曹圭成危难时刻挺身而出，两记头槌点燃了全场韩国队球迷的热情，也将两队拉回了同一起跑线。

足球赛场上，一旦让对手的势头起来就很难再压住。那种"兵败如山倒"的感觉时隔12年，好像又要回来了。但是加纳队的球员顶住了，他们抓住了韩国队后防的集体短路，由库杜斯在后点包抄反超比分。顶住压力重新出击，加纳队的小伙子们改变了旧格局。而韩国队好像并没有怎么变，主裁判终场前没有给其最后一攻的角球，韩国队的球员与教练瞬间暴怒，主帅本托甚至因此吃到了红牌。但平心而论，库杜斯的进球发生在第68分钟，后面还有充裕的时间进行调整。而且补时原本10分钟，实际补了接近11分钟。赛后的这种反应属实有些过激了。

瑞士队做出了改变，球队不再拘泥于"链式防守"，而是用控球代替跑动，主打"控球式防守"。上半场0：0的结果和与巴西队几乎四六开的局面，也证明了这套战术的可行性。但巴西队毕竟是5届世界杯冠军得主，办法总比困难多。最后依靠单对单的技术和体能的双重优势打穿了瑞士队的右路，卡塞米罗完成致命一击。变化的是战术和过程，不变的是结果。

而葡萄牙队在对阵乌拉圭队的比赛中，凭借B费的世界波和点球的梅开二度，两连胜顺利晋级。但赛后人们关注的，全都是B费的神仙进球是属于他自己还是属于C罗，毕竟球是擦过C罗的头发飞进球门的。只能说，无论是在曼联、皇马、尤文还是以自由球员身份随葡萄牙队征战，唯一不变的流量之王都是C罗。

正坤龙门阵

致敬"链式防守"

巴西队 4-3-3
- 6 桑德罗
- 7 帕奎塔
- 20 维尼修斯
- 3 蒂亚戈·席尔瓦
- 1 阿利森
- 5 卡塞米罗
- 9 里沙利松
- 4 马尔基尼奥斯
- 14 米利唐
- 17 弗雷德
- 11 拉菲尼亚

瑞士队 4-2-3-1
- 25 里德
- 3 维德默
- 8 弗罗伊勒
- 5 阿坎吉
- 7 恩博洛
- 15 索乌
- 1 索默
- 10 扎卡
- 4 埃尔维迪
- 17 巴尔加斯
- 13 里卡多·罗德里格斯

巴西队以1:0小胜瑞士队,而比赛的进程也如比分一般焦灼。瑞士队的"链式防守"着实难住了巴西队,而最终巴西队还是依靠出色的场面调整和个人能力拿下比赛。与此同时,我们也要向瑞士队致以崇高的敬意。

众所周知,瑞士队以"链式防守"闻名世界足坛,代表作便是2010年南非世界杯送给当届冠军西班牙队一场"开门黑"。就此,瑞士队的"铁腰"也成为标配:从大长腿的扫荡型后腰胡格尔,到之后跑不死的贝赫拉米,都成为中场的一道屏障。但本场面对强敌巴西队,瑞士队主教练雅金排出了扎卡+弗罗伊勒+20岁小将里德的中场组合,以加强中场的控球组织。这也是瑞士队早就已经开始的打法革新:在防守端用控球来代替跑动,解围时尽量用中短传而不是开大脚。

这样做的前提是瑞士队拥有一批在五大联赛踢球的中后场球员,传导能力足以支撑起这套战术。而这种战术的好处是让中后场球员能通过传球来稳定局势,减少本方球员的体力损耗,保证比赛流畅,也是在保护本队的踢球节奏不被大脚解围、犯规吃牌、补位飞铲这些传统防守技术打断。可以说上半场瑞士队做得很成功:控球率54%,超过了巴西队的46%;巴西队威胁机会不多且都是由于瑞士队传球失误所致,防守起来有预见性;传球数308:264相差不大(上场比赛巴西队半场领先塞尔维亚队90次传球);且半场造成了巴西队12次失误。最重要的是,上半场以0:0收场。

但是,上半场巴西队也在一次进攻中找

到了破解瑞士队控球式防守的方法：瑞士队后场带球被抢断，巴西队通过中场过渡到右边路的拉菲尼亚，后者起左脚沿对角线传向远门柱，可惜维尼修斯射门时没找准部位，球打在了小腿上没发上力，被索默扑出。这次进攻的几个细节，也成为下半场巴西队破解防守的钥匙——抓住对方失误，使用大范围转移球拉扯防线，形成单对单的机会。即使是五大联赛的后卫线，面对"足球王国"球星的一对一防守还是有些吃力。

下半场巴西队的进球也源于此。首先是第64分钟，双方球员在中场缠斗，但球的运行轨迹是向瑞士队半场移动的，中卫阿坎吉上抢并没有奏效，反而在身后留下了一片开阔地。巴西队直接打到这个方向，从左中卫位置补到右边的埃尔维迪深知防守已经失位，将身体甩出去飞铲也未能阻拦维尼修斯得球突进。"小熊"一对一面对索默轻松推射球门远角得分。但半自动越位系统判定在巴西队发起进攻前，里沙利松是从越位位置参与中场的回抢，影响了球的发展，因此本球被吹无效。

而瑞士队主帅雅金的换人也存在争议，换上来的中场费尔南德斯失误较多、作用不佳，而右后卫维德默则勤勤恳恳地单防维尼修斯80多分钟，早已筋疲力尽却未见调整。终于，巴西队的进球在这一侧出现了：第83分钟，维尼修斯左路接中场大范围转移得球，单对单面对已经跑不动的维德默果断内切，并在吸引另一名防守人斯特芬封堵后，横敲给了大禁区弧顶的罗德里戈，后者一个轻巧的外脚背垫给了前插的卡塞米罗，"胖虎"顺势一记爆射入网。从射门时的情况来看，维德默、斯特芬、扎卡和阿坎吉形成了一个正方形的包围圈，但每个人都离射门的卡塞米罗有一定距离，足够其从容起脚。而阿坎吉背对的方向正是索默，没能成功封堵的同时挡住了门将的视线，且球还擦过他的臀部发生变线飞进球网。

只能说所谓的偶然其实都是必然。随着下半场体能下降，瑞士队的防守已经很吃力了，祭出14次解围和9次犯规，巴西队的进球和晋级也是一个必然结果。但由于之前的小组后两名塞尔维亚队与喀麦隆队上演了一场进球大战，3：3战平两队各得一分，手握三分的瑞士队出线机会还很大，且完全掌握在自己手里。

第9比赛日

黄博士课堂

相煎何太急

今天的大新闻来自场外，比利时队前两战的发挥不尽如人意，内讧的保留节目又开始发酵了。由于队中的人员构成比较复杂，涉及不同种族和语言，所以"欧洲红魔"很容易爆发冲突。在前几年成绩好的时候能够压住，现在则到了临界点。

事实上在过往的历届世界杯中，球队出现大规模的内讧并不稀奇，有的球队分崩离析，但也有球队能够顶住压力笑到最后。这类事件中最为著名的，当数1974年的联邦德国队与2010年的法国队。

在20世纪70年代的节点上，足球比赛的商业化程度远不及今天，所以俱乐部并不能给大多数球员丰厚的报酬，哪怕是国脚也很少能挣到天文数字。所以国家队参加世界杯的奖金对他们来说算一笔需要争取的钱，如果相应的足协不给到位，就很容易引发争执。

1974年世界杯在联邦德国举办，其足协许诺给球员们一笔夺冠奖金，以为可以激发大伙的斗志。但荷兰队的奖金方案出来之后，德国队的更衣室立刻沸腾了，"橙衣军团"的夺冠奖金是其好几倍，贵为欧洲冠军的联邦德国队

063

众星自然感觉没有得到足协的尊重。

于是在开赛之前，队长贝肯鲍尔作为球员代表去和足协谈判，要求必须提升夺冠奖金，不然他们就集体不去参加世界杯。根据当时的一些记载，主帅舍恩甚至考虑用青年队来顶班，以防止"贪婪"的球员们集体罢赛。

好在最终贝肯鲍尔发挥了领导能力，他跟足协谈了一个双方都能接受的金额，平息了这场风波。球队也在比赛之中逐渐找到状态，在摸索之后确立了首发阵容，最终击败克鲁伊夫执教的荷兰队，在家门口第二次捧起了世界杯冠军奖杯。

世界杯历史上还有一次著名的内讧事件，发生在2010年的法国队身上。那是球队后齐达内时代的第一届世界杯，尽管亨利等老臣依然在队，但早已没人能够真正服众。加上球队在预选赛中还是通过不光彩的手球才惊险晋级，球队上下笼罩在一片诡异的气氛之中。

这样的球队显然没有什么战斗力，法国队在小组的前2场1平1负，在0：2不敌墨西哥队之后，"火药桶"终于爆炸了。根据法国媒体透露，阿内尔卡在更衣室大骂主帅多梅内克，导致队内关系极为紧张，"高卢雄鸡"一时间将其他球队的流量都吸引走了。

更为离谱的是，法国足协居然只根据媒体的报道就宣布将阿内尔卡开除出队，这引发了法国队球员的集体抗议。在他们看来，球队更衣室出现了内鬼，有人把消息透露给了媒体，而足协居然不经过调查就直接开除了涉事球员，这套程序令他们难以接受。

所以在末轮与南非队的比赛之前，法国队球员集体罢训，以抵制法国足协的业余做法。然而球场上的事情已经无法挽回，法国队在最后一场输给了南非队。整届世界杯"高卢雄鸡"可谓受尽屈辱，最后灰溜溜地回家了，还沦为了全世界的笑柄。

而作为内讧大户的比利时队，特别是这10年的黄金一代，此前还没有在大赛期间闹出重大内讧的先例。但正如开篇所言，曾经球队兵强马壮，多数时候成绩符合预期，如今核心球员老去，球队每场比赛都举步维艰，积累下的矛盾爆发是很正常的事情。

黄金一代最好的大赛成绩就是在2018年世界杯。如今只是希望这批老将可以体面退场，不要步2010年法国队的后尘，沦为历史的耻辱印迹。

聚焦C罗

轻松愉快——C罗久违的体验

葡萄牙队与乌拉圭队，上届世界杯1/8决赛的冤家时隔4年再度相遇，37岁的C罗对上35岁的苏亚雷斯。在如愿击败乌拉圭队之后，葡萄牙队晋级的同时，也大概率锁定小组赛头名。

要知道在4年前，葡萄牙队直到比赛的最后一刻，还有被伊朗队逆袭出局的危险。

三十年河东，三十年河西。16年前，首次参加世界杯的C罗在菲戈等老大哥的翼护之下，尚且不知出线何等不易；16年后，在经历了一次折戟、两次涉险过关后，终于不必把球队都扛在自己肩头的"总裁"，总算能开启一次"轻松模式"了。葡萄牙队赢得如此轻松，这是C罗也从未有过的体验。

对阵乌拉圭队，C罗没能迎来自己的世界杯第8球，但谁会说下一粒进球将要等待很久？或许在下一场面对韩国队的"复仇之战"中，进球又会有着别样的意味。

第9比赛日

第10比赛日 此去经年，"大圣"再会

战况信息

A组第三轮
11月29日23:00　地点：海湾球场

荷兰队 2 : 0 卡塔尔队

26' ⚽ 加克波
49' ⚽ 德容

A组第三轮
11月29日23:00　地点：哈里法国际体育场

厄瓜多尔队 1 : 2 塞内加尔队

67' ⚽ 凯塞多

44' ⚽ 萨尔
70' ⚽ 库利巴利

B组第三轮
11月30日03:00　地点：阿图玛玛球场

威尔士队 0 : 3 英格兰队

50' ⚽ 拉什福德
51' ⚽ 福登
68' ⚽ 拉什福德

B组第三轮
11月30日03:00　地点：艾哈迈德·本·阿里球场

伊朗队 0 : 1 美国队

38' ⚽ 普利希奇

数说世界杯

7：卡塔尔队是历史上首支在小组赛丢7球的东道主球队。

9：英格兰队小组赛打进9球，创下球队在世界杯小组赛进球新高。

11：荷兰队第11次晋级世界杯淘汰赛。

12：英格兰队第12次晋级世界杯淘汰赛。

16：荷兰队在世界杯小组赛取得16场不败，仅次于巴西队的17场。

111：贝尔第111次代表威尔士队出场。

1180：德容时隔1180天再次为荷兰队进球。

鑫淼绿茵场

致敬孤胆英雄

生活中，我们总是喜欢英雄主义，它往往是两种色调：要么成为孤胆英雄，主宰一切之后万人膜拜；要么披上悲情的外衣，以近乎悲壮的方式结尾，让世人叹息。当这样的剧本在世界杯的舞台上演，哪一种色调都可以载入史册。

1986年世界杯上，马拉多纳的个人表演就是第一种色调的最好诠释。而在这个比赛日，威尔士队的出局则演绎了第二种悲情的色调。主角是加雷斯·贝尔，这是一个响亮的名字，也是世界足坛历史上难得一见的天才巨星。但是从选择为威尔士队效力那一刻起，贝尔的世界杯舞台就注定会是悲情的主旋律。

与英格兰队的比赛没有奇迹发生。威尔士队0：3输球，是自身实力的最真实体现，被淘汰出局也并不是意外的结果。当"欧洲红龙"在小组赛第二轮0：2输给伊朗队的时候，就已经为今天这样的结局埋下了伏笔。其实对于威尔士队，我并没有太多的感情，如果不是因为世界杯，我在日常的比赛中并不太关注它，但今天的文章，全是因为贝尔。

怎样定义贝尔？我愿意用最俗套的称呼——"大圣"！

齐天大圣孙悟空，在神话之中有着顶级战力。而贝尔作为球场中的"大圣"，也同样拥有着最高的天赋。更难能可贵的是，他开创了足球场上的物理学——"两点之间，贝尔最短"，由此就可以一窥贝尔的速度是多么让世界足坛震惊。

有谁能忘记贝尔在欧冠赛场上的连续突破，让世界第一左后卫麦孔从此泯然众人矣；又有谁能忘记国王杯决赛上，他传球给两秒后的自己，然后千里走单骑完成绝杀，一剑封喉。当你想起世界足坛经典倒钩之时，他在欧冠决赛中那惊世之举，又岂能不被屡次提起呢？

贝尔就是这样的一个球员，留给世界足坛太多的名场面。但是就如同孙悟空逃不出如来佛祖的手掌一样，贝尔逃脱不了属于他的伤病魔咒。盘点贝尔的伤病史，几乎覆盖身体每一个部位，往往是刚刚复出踢几场好球，却又遭遇新的伤病。就是这样的反反复复，最终让贝尔慢慢地退出最高水平的竞技场。

由于伤病，贝尔的悲情英雄色彩变得更加浓重。回到世界杯的舞台上，贝尔是威尔士队的绝对英雄，他在预选赛的超强发挥成就了威尔士队64年的世界杯梦想。其实贝尔和威尔士队能够站在世界杯舞台上，就已经是胜利。若没有贝尔一次次单枪匹马，让不可能变成可能，我们又岂能见证本届世界杯上威尔士队的3场比赛呢？

孤胆英雄，实现梦想本就足够伟大，若是再期待他继续创造奇迹，那就有一些不切实际。我们在此刻送别贝尔，这是他的第一届世界杯，也是他的最后一届世界杯。足球圣殿的舞台之上再无"大圣"，他踏着七彩祥云就此离去。来也翀翀，去也翀翀，这就是加雷斯·贝尔，我们向他致以最高的敬意。

第10比赛日

正坤龙门阵

小范围作战

荷兰队 3-4-1-2
- 5 阿克
- 17 布林德
- 21 弗伦基·德容
- 10 德佩
- 23 诺珀特
- 4 范迪克
- 14 克拉森
- 15 德容恩
- 8 加克波
- 2 廷贝尔
- 22 邓弗里斯

卡塔尔队 5-3-2
- 10 海多斯
- 17 伊斯梅尔
- 19 莫埃兹
- 2 科雷亚
- 23 马迪博
- 16 胡希
- 22 巴沙姆
- 11 阿菲夫
- 3 阿卜杜勒卡里姆
- 6 哈特姆
- 14 艾哈迈德

　　荷兰队轻取卡塔尔队，自己顺利出线的同时，也让东道主卡塔尔队结束了本届世界杯的征程，成为世界杯历史上战绩最差的东道主球队。

　　荷兰队取胜的法宝是什么？除了自身的实力优势之外，"前场小范围集团作战"的战术演变发挥了重大作用。比赛中荷兰队还是延续了自己的"3412"阵形，只是在人员配置上做出了小幅调整。

　　防守覆盖面积大的德容恩此战首发，保护德容在中场的控球出球环境。而克拉森作为连接中场和前锋的桥梁，兼顾前插抢点的任务。锋线上则是加克波搭档德佩，这是荷兰队理论上最强的锋线组合。

　　值得一提的是，今天荷兰队的主攻方向并不是一人一条边的邓弗里斯一侧，而是原本被认为主守的布林德这一边。纵观全场比赛，布林德经常在进攻时助攻到对方大禁区线附近，甚至会挺进到卡塔尔队的禁区内。这样的安排造成了卡塔尔队防守阵形的右倾，也为弱侧的强点邓弗里斯留出了更多空间，让荷兰队的进攻兼具宽度和层次。

　　一开场荷兰队就开始狂轰滥炸：上半场控球七三开，荷兰队完成10脚打门，传球次数是卡塔尔队的两倍还多，有8次关键传球。可以说卡塔尔队的防守经受了很大的压力，最终在第26分钟宣告城门失守：德佩在左路依靠个人能力吸引3人包夹，之后通过与加克波和克拉森的流畅一脚出球配合，生生在6个防守球员中间撕开一条口子。加克波大步流星将球带到禁区前沿，一脚兜射打入远角。这是本届世界杯主流战术的一个缩影——前场小范围集团作战的又一个完美体现。

如果这样描述曾经的"西式传控"：包括门将在内的11个人都是球队整体进攻的一环，通过极致的控球转移渗透撕开对手的防线。那么本届世界杯更多的进攻方式则来自前场攻击群的发挥。

英格兰队与法国队都是以吉鲁、凯恩这样的大中锋为轴，围绕其布置突击手和传球手，形成集团进攻。而荷兰队、西班牙队与巴西队等则是前场的几个球员个个能突破、拉边和换位，谁都能传能跑、能前插，甚至能单对单突破。当然，这样的进攻小组身后还有一个可以送身后球助攻或前插抢点的前腰人物（如贝林厄姆、格列兹曼、克拉森、帕奎塔、加维）。无论是有中锋还是没中锋，前场的小组能用最少的人数（顶多需要边后卫插上套边）把进攻进行得最为顺畅，为后防线减轻压力。

回到荷兰队的比赛，前场小范围集团作战的成功需要球星的涌现，科迪·加克波是这届荷兰队最大的发现。如果说世界杯前他在荷甲的表现只能算潜力新星，那么世界杯上，他通过自身表现已经超过德佩成为这支荷兰队的锋线头牌。

加克波身高1.89米，脚下却非常灵活，而且速度不慢，最重要的是他的射门属性点满了。他在小组赛的3个进球分别是头球（对阵塞内加尔队）、左脚（对阵厄瓜多尔队）、右脚（对阵卡塔尔队），堪称全能。而且无论是将他放在前腰还是顶在前锋，都有很大的威胁。上一个给人留下深刻印象的高个子前腰改打前锋，是拿了欧冠冠军的哈弗茨。我们不禁会想：加克波会成为这类球员的下一个代表人物吗？

第10比赛日

黄博士课堂

一个王国为何有四支球队

今天，世界杯前两个小组的比赛尘埃落定，B组的情况尤其惹人关注，除了大热的美伊之战，笔者更关心的是威尔士队的命运。作为英国四大足协旗下最羸弱的代表队，其能够时隔64年再次入围正赛，已经算是不小的奇迹。如今球队因为实力不济小组出局，也是意料之中的事情。

事实上每到世界杯或者欧洲杯的时候，总有很多人会问：为什么没有英国足球队？英格兰队、苏格兰队、威尔士队与北爱尔兰队又是什么关系？虽然相关的科普内容司空见惯，但就纯足球领域来说，还是有很多值得深究的地方。今天借着威尔士队出局的契机，笔者就来讲讲英国这四支代表队。

首先大家要认清一个事实：通常来说不存在所谓的英国国家足球队。因为复杂的历史原因，英格兰、苏格兰、威尔士与北爱尔兰虽然都是英国的组成部分，但根本无法拧成一股绳，这些区域在很多事情上都寻求独立权，甚至有分崩离析的态势。所以英格兰、苏格兰、威尔士与北爱尔兰这四个区域都有自己的足球协会，也都是国际足联的成员，旗下的代表队会以独立的身份报名参加世界杯。

当然有时也会出现例外，2012年英国伦敦要主办夏季奥运会，东道主破天荒地组建了统一的大不列颠及北爱尔兰联合王国足球代表队，也可以理解为正牌的英国国家队。不过在世界杯层面，这几家足协从未达成统一，奥运

会的足球比赛也比较鸡肋，所以这种组队形式象征意义更大。

从世界杯的层面来看，这四支球队的层次可以分为三档，大哥英格兰队自然笑傲群雄。虽然"三狮军团"长期被外界诟病，但是在英伦四兄弟中还是无可争议的老大。

第二档是苏格兰队与北爱尔兰队。前者的稳定性更强，前后8次参加世界杯正赛，也涌现出了丹尼斯·劳、达格利什、布雷姆纳、索内斯等巨星，并且奉献过击败荷兰队等名局。但是这支球队上限太低，从未在小组赛中成功突围，几代人都在追梦路上遭遇了当头棒喝。

北爱尔兰队的延续性不如苏格兰队，其只在1958年、1982年和1986年三次入围世界杯决赛圈，但却打出了亮眼的表现。1958年北爱尔兰队首次参赛，就在小组赛战平了上届冠军联邦德国队，队中核心麦克帕兰的发挥给人留下了深刻印象，门将哈里·格雷格也在慕尼黑空难后及时复出，成为球队的主心骨。最终球队打进8强，虽然最后惨败给法国队，但整体的发挥还是超出了大众的预期。

1982年世界杯更是值得大书特书，当届北爱尔兰队的中前场实力极其突出，甚至还诞生了刚满17岁的天才诺曼·怀特塞德，他打破了贝利的纪录，成为世界杯历史上最年轻的出场球员。球队也在第一阶段小组赛中爆冷击败了东道主西班牙队，昂首进军第二阶段小组赛。

第三档要数威尔士队了，其只在1958年和2022年两次参加世界杯正赛，而且1958年还是在预选赛已经被淘汰的情况下，因为赛制问题临时被召回，最终通过附加赛幸运地拿到了决赛圈的门票。尽管威尔士队最终杀进了淘汰赛，但整体的发挥并未给人留下太深的印象。

从那之后一直到今年，无论是伊恩·拉什还是吉格斯，都无法将"欧洲红龙"带进世界杯的赛场。今年威尔士队终于等来了机会，暮年贝尔也实现了自己的凤愿，只可惜结果有些残酷，但是对这一代威尔士队球员来说，已经算是圆满落幕了。

赛场花絮

贝尔再也追不到三秒后的自己

没有任何悬念，威尔士队在与英格兰队的英伦德比中0:3完败，也失去了小组出线的机会。

世预赛时，贝尔拿到的是超级英雄的剧本，以绝对领袖的姿态率领威尔士队杀入世界杯。但来到卡塔尔，面对美国队、伊朗队和英格兰队，"欧洲红龙"拼尽全力战斗到了最后一刻，但仍然没办法走得更远。

英雄迟暮，诸神黄昏，这是贝尔的第一次世界杯之旅，但也是他的最后一次。"大圣"一个人撑起属于威尔士300万人64年的梦想，但这一夜的贝尔早就告别了那个意气风发的少年，他没有办法再次拯救威尔士队。

2023年1月9日的晚上，贝尔宣布退役，111场40球22助攻，这是"大圣"为威尔士队奉献的数据。贝尔告别了17年的足坛生涯，或许他要去享受自己的高尔夫球人生。

33岁的贝尔终究跑不赢时光，他再也追不上三秒后的自己。脚踏祥云的盖世英雄当然会老去，但重要的是——他曾经追上过。

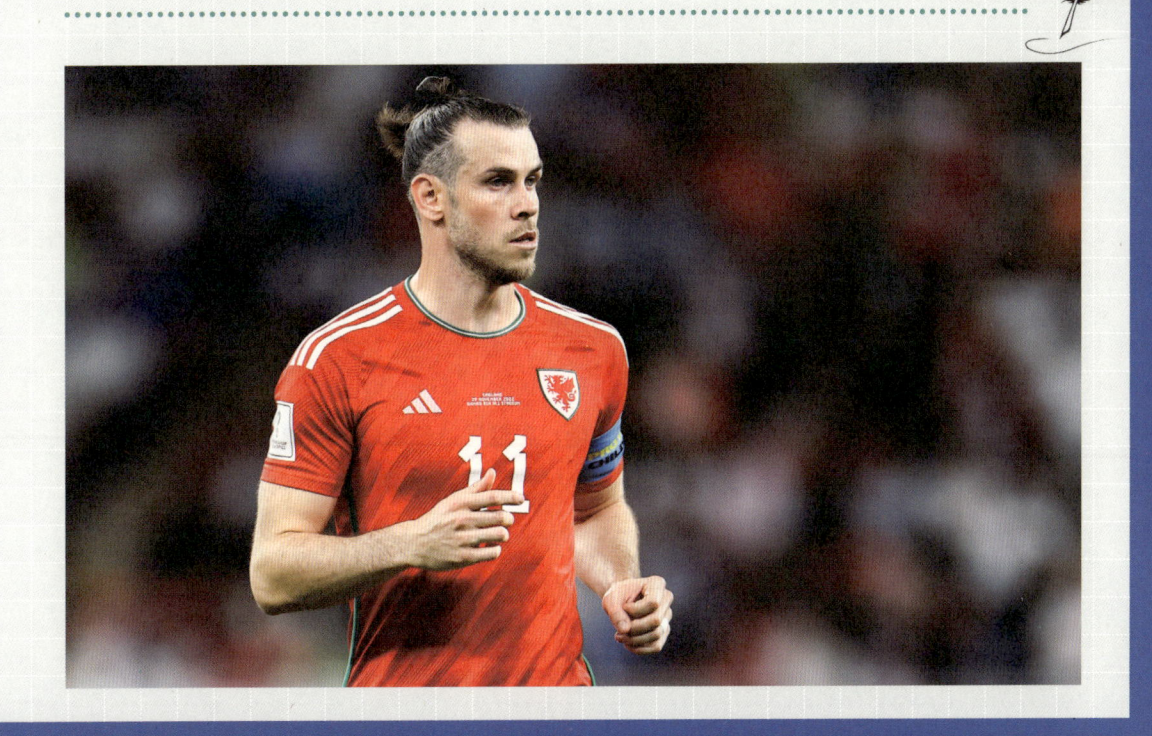

第10比赛日

第 11 比赛日　"潘帕斯雄鹰"小组头名出线

📜 战况信息

D组第三轮
11月30日23:00　地点：教育城球场

突尼斯队 **1 : 0** 法国队
58' ⚽ 哈兹里

D组第三轮
11月30日23:00　地点：贾努布球场

澳大利亚队 **1 : 0** 丹麦队
60' ⚽ 莱基

C组第三轮
12月1日03:00　地点：974球场

波兰队 **0 : 2** 阿根廷队
46' ⚽ 麦卡利斯特
67' ⚽ 阿尔瓦雷斯

C组第三轮
12月1日03:00　地点：卢塞尔球场

沙特阿拉伯队 **1 : 2** 墨西哥队
90+5' ⚽ 多萨里　　47' ⚽ 亨利·马丁
　　　　　　　　　52' ⚽ 查韦斯

⚽ 数说世界杯

2：梅西成为阿根廷队首位在世界杯赛场上两次射丢点球的球员，在世界杯历史上是第二人。

5：梅西连续5次晋级世界杯淘汰赛。

7：阿根廷队第7次在世界杯以小组头名出线。

10：法国队第10次晋级世界杯淘汰赛。

22：梅西代表阿根廷队在世界杯出战22场，超越马拉多纳成为队史第一人。

24：法国队已经使用24名球员，是世界杯历史上使用球员最多的球队。

36：波兰队时隔36年再次晋级世界杯淘汰赛。

62：阿尔瓦雷斯是阿根廷队第62位世界杯进球球员。

999：阿根廷队对阵波兰队，梅西迎来个人生涯第999场比赛。

鑫淼绿茵场

意外的收获

"牵一发而动全身",我想这是世界杯每一场比赛都会产生的蝴蝶效应。从阿根廷队小组赛首战爆冷输给沙特阿拉伯队之后,"潘帕斯雄鹰"余下的每一场比赛都变成了生死之战。这也间接成全我迎来了一场有着美妙意义的解说。

阿根廷队与波兰队的比赛,是我小组赛第3轮唯一进入演播室解说的比赛。按照之前的预想,我认为这是阿根廷队走过场的比赛,因为按照实力预测,此时此刻阿根廷队已经小组晋级。然而就如开篇所言,此战却变成了万众瞩目的生死之战。

身为解说员,我们的工作要听从用人单位的安排,这样的形式有一种"开盲盒"的乐趣,尤其是在世界杯小组赛第3轮。像这场波兰队对阵阿根廷队的比赛,解说安排出来的时候我才发现开到了一个头等奖。这是阿根廷队输给沙特队带来的意外收获!

当然,生死之战的意义会让比赛各方面的规格都得到提高。这场比赛,我的搭档是国内知名阿根廷队球迷白岩松老师和前国脚徐亮老师。这样的搭档安排让我喜出望外,作为一个主持人,谁不梦想着和白岩松老师搭档呢?

高中和大学时代,白岩松老师都是我的绝对偶像,他的自传书籍是当时为数不多的我仔细看完的国内名人自传。我在大学时期的专业课老师也曾经是白岩松老师的学生,在课上曾讲解过很多他的节目。彼时彼刻,我怎能想到在未来的某一天,我可以和白岩松老师一起解说足球比赛呢?

世界杯的比赛完成了我的梦想。当比赛开始的那一刻,我像往常一样平静地进行解说,但是我的内心怎能没有波澜?让梦想照进现实,是我在世界杯上的一份别有意义的意外收获。

另外不得不感叹:白岩松老师作为非体育媒体人实则对足球有着非常深厚的了解。很多球迷对白岩松老师的评价都局限于"阿根廷队球迷",但其实他作为非专业解说本就无须从这一方面被评判,单说对阿根廷足球的知识储备,白老师都算得上是顶级水平。

阿根廷队最终也如愿2:0击败波兰队,以小组第一的身份晋级淘汰赛。而这场比赛的进球功臣——22岁的阿尔瓦雷斯——也有着一个奇妙的故事。出生在2000年的阿尔瓦雷斯,从小就将梅西视为自己的绝对偶像。11岁的时候,他费尽周折得到了和梅西合影的机会。在那一刻,阿尔瓦雷斯不会想到,有朝一日他竟然可以和自己的偶像梅西成为队友;更不会想到,他可以在世界杯的舞台上得到首发的机会并取得进球。在这场与波兰队的比赛之前,阿尔瓦雷斯只是国家队的替补前锋,但是由于劳塔罗表现不佳,他得到了这个机会。最终阿尔瓦雷斯也证明了自己,他将会和自己的偶像梅西一起向着最高的足球团队荣誉发起冲击。

正坤龙门阵

搏命的悲怆

澳大利亚队 4-4-2
- 16 贝希
- 17 古德温
- 4 罗尔斯
- 22 欧文
- 15 杜克
- 1 瑞恩
- 19 苏塔
- 13 穆伊
- 14 麦格里
- 2 德格内克
- 7 莱基

丹麦队 4-3-3
- 11 奥尔森
- 7 延森
- 13 R·克里斯滕森
- 2 安德森
- 9 布雷恩韦特
- 23 赫伊别尔
- 1 舒梅切尔
- 6 A·克里斯滕森
- 25 林德斯特罗姆
- 10 埃里克森
- 5 梅勒

卡塔尔世界杯D组的出线生死战在贾努布球场打响，最终澳大利亚队1：0击败丹麦队，在16年后又一次成功晋级淘汰赛。

大部分人在世界杯赛前对两队的预期，一定是丹麦队前景光明，澳大利亚队则岌岌可危：丹麦队世界排名第10，2020欧洲杯闯进了4强。在本届世预赛欧洲区10场比赛中豪取9胜1负的战绩，且前9场9连胜；10场比赛才丢了3球，前8场比赛更是1球未失；10场比赛打入30球，刷新了单届世预赛进球纪录。而澳大利亚队在世预赛亚洲区12强赛居然都没获得直通名额，通过两场激烈的附加赛，最终靠点球大战才淘汰南美洲区的秘鲁队，搭上了世界杯的末班车。

然而到了世界杯的赛场上，形势完全不一样了。丹麦队首战0：0闷平突尼斯队，次战1：2负于法国队，打进的1球还是靠后卫克里斯滕森头球，整支球队被"锋无力"困扰。而澳大利亚队虽然首场让法国赢了个4：1，但第二场1：0啃下了突尼斯队这块"硬骨头"，带着3分迎战只有1分的丹麦队。

本场的首发也能看出双方的心态：丹麦队前两场试过的多尔贝里、科内柳斯都不堪重用后，丹麦队主帅在这场让巴萨旧将布雷恩韦特担任首发前锋，在前场大量囤积人手。而澳大利亚队依旧坚持自己上一场赢球的"442"打法，以不变应万变。

丹麦队在一开场就祭出"搏命式打法"，连续在边路冲击澳大利亚队的防线。澳大利亚队左后卫贝希开场3分钟就吃到一张黄牌，可见冲击之迅猛、压力之大。而且丹麦队主打"两翼齐飞"，两边飞的还不是一个位置：右边锋斯科夫·奥尔森持续冲击，左侧则靠右脚打左后卫的梅勒大范围助攻上来，他可以内切插到澳大利亚队防线肋部的通道，造成不同的威胁。可以说，丹麦队凭借这套打法压制了澳大利亚队很长一段时间。

狂攻一段时间无果后，丹麦队也把节奏慢了下来，给自己留出休整的空间，也给了澳大利亚队喘息的机会。澳大利亚队的进攻就是快速简单直接，尽量减少中场拿球避免失误，同时尽可能快地让前场球员发动反击。上半场后半段，澳大利亚队也制造了几次有威胁的进攻，给丹麦队防线施加了一些压力，让其不敢再像开场一样压得过于靠上。

而到了下半场，本来在上半场末段打出反击气焰的澳大利亚队又主动回收，吸引丹麦队进攻。但其防线间距保持得很好，整体防守非常有弹性，化解了丹麦队的攻势。更多的则是吸引丹麦队再次将阵形压上，这样澳大利亚队前场的突击手们才有更多的反击机会。这个机会出现在第59分钟，丹麦队10人全部出现在澳大利亚队半场却丢失了球权，澳大利亚队前场小队立即出动。

当球给到澳大利亚队老将马修·莱基时，虽然这是一个和后卫一对一的机会，但他在带球向前的过程中一直回头观察队友位置，观察了两三次发现真的得靠自己了。丹麦队回追的中卫安德森正在与贴防的梅勒形成椅角之势防守，莱基非常冷静地没有选择一条路蹚到黑，而是在大禁区前通过节奏与方向的变换，让梅勒原地转圈无法落位，并在安德森防守到位之前找到一个缝隙，左脚将球打入球门远角。

本来就急于进攻的丹麦队丢了球，只能背水一战连续换上两名高中锋多尔贝里和科内柳斯，企图全力进攻。不过，高度优势对阵法国队还有用，而澳大利亚队阵中有身高2米的苏塔坐镇后防线，丹麦队也尝到了世预赛亚洲区时中国队吃到的苦。最终丹麦队3场小组赛只得1分进1球，小组垫底出局。

黄博士课堂

细说波兰队的黄金一代

今天世界杯C组的比赛全部结束，万众瞩目的阿根廷队顺利击败波兰队，在外界一片看衰的情况下昂首挺进16强。不过输球的波兰队也应该庆幸，其凭借之前比赛积累的优势，时隔36年再度闯入了世界杯的淘汰赛，莱万多夫斯基这代球员历经多年等待之后终于如愿。

当下年轻的球迷大多数都对波兰队无感，其在欧洲足坛也只能算三四流的球队，在国际大赛中鲜有出彩的表现，能够参赛就算完成任务。若不是莱万多夫斯基在过去10余年持续闪光，关注波兰足球的人只会更少。

然而当我们将时针拨回到20世纪70—80年代，那时的波兰队是世界足坛有名的劲旅，球队连续参加了1974年到1986年4届世界杯，并且拿到了两次季军、一次第五名，在成绩最差的1986年也顺利从小组突围，最终不敌强大的"桑巴军团"。今天借着波兰队再创历史的机会，笔者就跟大家聊聊曾经辉煌的波兰足球。

所谓的波兰队黄金一代，从20世纪70年代初开始发迹，由于体制的优势，这批人得以参加1972年慕尼黑奥运会，并且拿到了金牌。1974年世界杯波兰队也顺利入围正赛，得以与欧洲足坛真正的高手过招。

当时球队中拥有不世出的超级天才戴纳，他是欧洲足球历史上最为顶级的中场大脑之一。对于波兰队来说，他的地位之高如同齐达内、哈维与皮尔洛。而在戴纳身前，还有卢班斯基这样的顶尖前锋，突破犀利的边路好手加多查，以及游弋能力和得分水准不俗的拉托，这样的配置放眼全世界也令人艳羡。

虽说1974年世界杯之前，卢班斯基因为重伤报销，但剩余班底依然可以组成一支强大的团队。波兰队在第一阶段小组赛中就展现出了强大的进攻火力，球队不仅力克阿根廷队与意大利队两支传统劲旅，还以7：0横扫了世界杯新军海地队。其中，拉托的进球、加多查的助攻、戴纳的组织都令人印象深刻。

即便到了第二阶段小组赛，波兰队与联邦德国队、瑞典队及南斯拉夫队三支劲旅同分在一组也丝毫不虚。球队顺利地拿下两连胜，最后要与东道主联邦德国队正面对话，胜者直接挺进决赛。

只可惜在大雨后的洼地之中，波兰队的优势无法施展，最终被盖德·穆勒的制胜球挡在决赛大门外。黄金一代最终击败巴西队收获了季军，这也算是令人满意的成绩。拉托以7球收获赛事金靴，加多查5次帮助队友得分斩获助攻王，戴纳更是凭借世界杯上的出色发挥，拿到了当年欧洲金球奖的第三名（前两名是克鲁伊夫与贝肯鲍尔）。

1978年波兰队在世界杯上的发挥稍显沉寂：戴纳年事已高，加多查淡出球队，大伤归来的卢班斯基远不如从前，小将博涅克还没有成熟到统领全局的程度。但即便在这种情况下，球队依然杀进了第二阶段小组赛，并最终收获第五名。而且在与阿根廷队的比赛中，若不是戴纳罚丢了点球，一切都还是未知数，说不定足球的历史进程都会被改写。

这届世界杯之后戴纳退出了波兰队，博涅克正式接班成为核心，在他和拉托的领导下，球队在1982年世界杯卷土重来，再度收获了季军的好成绩。这届世界杯博涅克在对阵比利时队的比赛中上演了帽子戏法，拉托回撤中场之后扮演组织者，也能部分替代当年戴纳的角色。三届世界杯都名列前五，这10年间的波兰队堪称足坛的顶流水准。

只可惜小国足球没有延续性，在大批功勋淡出之后，博涅克显得独木难支，1986年世界杯成了波兰足球黄金一代的绝唱。球队在16强比赛中0：4惨败给巴西队；更令人难以接受的是，下一次淘汰赛波兰队居然等待了36年。如今一切都回来了，横亘在波兰队面前的是上届冠军法国队，既然来到了角斗场，我们期待的就是针尖与麦芒的较量。

聚焦梅西

我是梅西 这一次我一点儿也不慌

　　梅西站在12码点，罚出的点球被波兰队门将什琴斯尼飞身扑出。这是梅西在世界杯第3次非点球大战时间主罚点球，罚丢了2球，与加纳队球员吉安并列为世界杯罚丢点球最多的球员。

　　赛前期待的巴萨前任"大腿"与现任"大腿"的史诗级对决没有看到，看到的只是两人的肉搏对抗。好在梅西不再像小组赛首战那样孤军奋战，阿根廷队的年轻人站了出来，"潘帕斯雄鹰"最终以小组头名出线。35岁的梅西望着年轻人在肆意地庆祝，满眼都是21岁的自己，而这也曾是16年前坎比亚索、里克尔梅等人望着梅西的眼神。

　　淘汰赛阿根廷队迎战澳大利亚队，梅西也将迎来自己生涯的千场里程碑。这一场比赛，梅西又将如何为自己庆祝？答案只能在比赛结束后揭晓。

第 11 比赛日

第 12 比赛日　德国足球，脸都不要

📜 战况信息

F组第三轮
12月1日23:00　地点：艾哈迈德·本·阿里球场

克罗地亚队　0：0　比利时队

F组第三轮
12月1日23:00　地点：阿图玛玛球场

加拿大队　1：2　摩洛哥队
40' ⚽ 阿格尔德（OG）　4' ⚽ 齐耶赫
　　　　　　　　　　　23' ⚽ 恩内斯里

E组第三轮
12月2日03:00　地点：哈里法国际体育场

日本队　2：1　西班牙队
48' ⚽ 堂安律　11' ⚽ 莫拉塔
51' ⚽ 田中碧

E组第三轮
12月2日03:00　地点：海湾球场

哥斯达黎加队　2：4　德国队
58' ⚽ 特赫达　　　10' ⚽ 格纳布里
70' ⚽ 诺伊尔（OG）73' ⚽ 哈弗茨
　　　　　　　　　85' ⚽ 哈弗茨
　　　　　　　　　89' ⚽ 菲尔克鲁格

⚽ 数说世界杯

1：哥斯达黎加队对阵德国队主裁判斯特凡妮·弗拉帕尔是世界杯首位女性主裁判。

1：摩洛哥队球员阿格尔德打入本届世界杯首粒乌龙球。

2：德国队连续两届世界杯小组赛出局。

4：日本队第4次晋级世界杯淘汰赛。

7：日本队在世界杯已累计获得7场胜利，超越韩国队成为亚洲球队之最。

19：诺伊尔迎来个人第19场世界杯比赛，创造门将球员参赛纪录。

36：摩洛哥队时隔36年再次世界杯小组赛出线。

100：库尔图瓦迎来个人在比利时队的第100场比赛。

鑫淼绿茵场

非典型"死亡之组"

"死亡之组"的尘埃落定，再次让世界杯的残酷性得到了淋漓尽致的展现。德国队的出局虽然意外，但在冥冥之中却又很合理，因为这不就恰恰是"死亡之组"的含义吗？当德国队意外地输给日本队之后，就已经失去了晋级淘汰赛的主动权。机会是留给努力的人的，日本队做到了。

拥有日本队、西班牙队、德国队和哥斯达黎加队的这个小组虽然被称为"死亡之组"，但是大多数球迷还是支持西班牙队和德国队晋级16强。然而哥斯达黎加队和日本队最终赋予了这个小组真正的"死亡"含义，并在小组赛第3轮完全地展示出来。

西班牙队与日本队的这一战，结果很是不可思议。上半场西班牙队的控球率达到惊人的82.9%，"斗牛士军团"有566次传球，几乎是日本队的5倍，且传球成功率达到94%，并打入1球。这样的碾压局面似乎在告诉世界：日本队的世界杯之旅就要结束。

但是到了下半场，日本队战胜德国队的计谋又一次出现。日本队的替补球员堂安律、三笘薰等人再次改变了战局。他们上场之后犹如鲛鱼入水，搅得赛场天翻地覆。当西班牙队还沉浸在上半场的传控在后场倒脚时，日本队前场疯狂压迫抢已经开始。日本队在迫使对手几番传球后觅得良机，堂安律远射破门。

进球后的日本队士气大振，再一次冲破了西班牙队的防线。自助者天助，日本队用"不要命"的拼抢和跑动，给自己抢出了一个机会，老天也帮其缩短了1.88毫米的距离。就这样日本队再一次完成逆转，并且在"死亡之组"抢得小组第一的身位，震惊世界。

随着日本队的反超，把出线希望寄予西班牙队的德国队瞬间跌入谷底。严格意义上来说，德国队的比赛踢得是毫无生机，哥斯达黎加队甚至一度领先比分，最终虽然2：4输球，却展现了强大的意志力。可以说在第1场0：7的惨败之后，正是哥斯达黎加队的表现让这个组成为真正的"死亡之组"。

两场比赛的进程有着遥相呼应的感觉。4支球队都一定程度上拥有主动权，又互相左右着其他球队的命运。一环扣一环的形势让"死亡之组"的不可确定性变得非常明显，全世界的球迷都为之牵动。日本队意外地以小组第一的身份晋级，收获了掌声的同时，也向世人证明日本足球的发展进步之快。而西班牙队以小组第二身份晋级，淘汰赛遭遇摩洛哥队，似乎有挑对手的嫌疑。

德国队连续两届世界杯在小组赛就被淘汰出局，作为4次世界杯冠军得主，这样的结果确实是称得上耻辱。"德意志战车"的不服输精神荡然无存！与此同时，我们只能用虽败犹荣来形容哥斯达黎加队，这支球队总是给我们惊喜。

借此机会回看一下2014年世界杯的"死亡之组"，当时哥斯达黎加队、乌拉圭队、英格兰队和意大利队分在一个小组。三个对手全部是世界杯冠军得主，哥斯达黎加队就是一只待宰的羔羊，似乎没有任何还手之力。那么最终的结局呢？哥斯达黎加队以小组第一昂首晋级，意大利队和英格兰队小组出局。是的，这就是"死亡之组"，但却是"非典型"！

第12比赛日

正坤龙门阵

没有主动权的胜利等于失败

哥斯达黎加队 5-4-1
- 8 奥维多
- 20 阿吉莱拉
- 3 巴尔加斯
- 17 特赫达
- 1 纳瓦斯
- 6 杜阿尔特
- 11 贝内加斯
- 19 沃斯顿
- 5 博尔赫斯
- 4 富勒
- 12 坎贝尔

德国队 4-2-3-1
- 19 萨内
- 6 基米希
- 8 格雷茨卡
- 15 聚勒
- 13 穆勒
- 14 穆西亚拉
- 1 诺伊尔
- 21 京多安
- 2 吕迪格
- 10 格纳布里
- 3 劳姆

　　德国队虽然在比赛的70分钟之后连入3球4∶2逆转了哥斯达黎加队，但是由于另外一场比赛日本队击败了西班牙队，德国队在与西班牙队同积4分的情况下，因为净胜球的劣势而连续第二届世界杯小组赛出局。

　　本场比赛弗利克对于首发再次做了调整，主要的变化在于右后卫的位置，基米希第一次在弗利克治下的德国队作为右后卫首发登场。在弗利克接手德国队之后，曾经多次表示过不会让基米希回到右后卫的位置上，但是两场不胜的结果和右后卫的顽疾让弗利克最终食言。就像2020欧洲杯勒夫最终变阵一样，到了大赛让基米希重新踢回右后卫，已经成为这几届大赛德国队逃不开的一个话题。

　　上半场比赛德国队依旧展现出了极为恐怖的压制力，而且非常早地取得了进球，这和首轮面对日本队的上半场如出一辙。开场仅仅9分钟，劳姆就助攻格纳布里先下一城，但在此后的上半场时间内，德国队似乎又出现了跟首轮对阵日本队一样的情况，长时间的球权控制并不能转化为进球。穆勒打伪9号纵然能提供不错的控制力和前场的灵活性，但缺少一个大中锋、一个真正的门前终结者，是德国队从勒夫时代到现如今从来没有真正解决过的问题。

　　下半场德国队换人变阵，右后卫克洛斯特曼换下格雷茨卡，让基米希重新回到中场，此后弗利克为了进一步扩大领先选择用高中锋菲尔克鲁格换下京多安，但他等来的却是哥斯达黎加队的反扑，一次快速反击加一次定位球，德国队瞬间从领先者变成了落后者，剧情与第一轮败给日本队如出一辙。

但在最后的20分钟，德国队似乎找到了现在这套阵形的最优解，上届世界杯遗留的破密集防守的问题，在本场比赛的最后20分钟通过哈弗茨和菲尔克鲁格的发挥很好地解决了。这样一套大中锋加伪9号的阵形曾经是德国队辉煌时期的标准配置，克洛泽身后隐藏托马斯·穆勒，他们曾经在赛场上展现出来的杀伤力，在本场比赛被菲尔克鲁格和哈弗茨复制了。

哈弗茨再次证明自己不应是那个顶在最前面的正印9号，而真正的9号菲尔克鲁格也证明了自己哪怕是这个赛季才在德甲发光发亮，哪怕是在本届世界杯前才第一次进入德国队，他也能够在关键时刻挺身而出。德国队闪电扳平的进球就来自菲尔克鲁格的助攻，他体现出了一个典型德国大中锋的支点作用，而哈弗茨的前插破门正是他最擅长的方式。

哈弗茨的第二个进球同样是这种进攻方式的体现，当菲尔克鲁格被对方中卫杜阿尔特死死抱住时，哈弗茨从身后插上轻松包抄破门，相比于打中锋被对手"抱住"，这样的角色才是哈弗茨更为喜欢和适应的。

这时再去回想第一轮德国队的首发，还有此前维尔纳的受伤，或许也能感受到弗利克的无奈。在此前弗利克的战术体系里，穆勒和哈弗茨都不应该成为那个9号，哪怕维尔纳有再多问题，他也是弗利克心中毫无疑问的中锋主力，但赛前的这次受伤显然让弗利克乱了阵脚。菲尔克鲁格这样一位世界杯零国家队经验的中锋，可能换成哪位主帅也不敢轻易直接给他主力位置，弗利克保守地选择更信任哈弗茨或者穆勒踢中锋，甚至到了第三场"更保守地"让基米希打回了右边后卫，主帅身上的压力或许真的不是我们可以去理解的。

但最后的这20分钟至少让德国队将战车开回了正轨，虽然改变不了出局的结局，虽然弗利克在世界杯之后仍然有下课的可能性，但德国队或许已经知道出路在哪儿了。

黄博士课堂

"欧洲红魔"新老对比

今天的比赛精彩纷呈，外界在日本队身上琢磨颇多，德国队与西班牙队迥异的命运也让很多球迷唏嘘不已。不过笔者更关注的是比利时队，其迎来了与克罗地亚队的生死战，结果因为卢卡库连续错失得分机会，球队0：0战平对手小组出局。考虑到这批比利时球星的年龄与状态，这显然是所谓黄金一代的最后一届世界杯，如此结局着实令人遗憾。

事实上从十几年前开始，外界已经开始注意到比利时队的崛起，随着阿扎尔、卢卡库、库尔图瓦与德布劳内等人先后崭露头角，再搭配上孔帕尼、维尔马伦、托比、费莱尼、登贝莱等中后场球星，比利时队看上去前途无量。从2014年世界杯开始，比利时队的黄金一代闪亮登场，给球迷们带来耳目一新的感觉。

但在那之后的8年中，这支球队始终没有成型的技战术打法，即便在没有内讧的时候，也是队内的巨星各自为战，导致成绩迟迟无法取得突破。2018年世界杯收获季军已经是比利时队取得的最高成就了，但考虑到其绝对能力，取得如此这般的荣誉实在无法令人满意。

与之形成鲜明对比的是20世纪80年代的"欧洲红魔"，球员的个人水准远远达不到如今这批人的高度，但球队取得的成就似乎比现如今的比利时队更高——其收获了1980年欧洲杯的亚军，在1986年世界杯上也闯入4强。在其他一些杯赛上，球队的整体发挥也都在及格线之上，并没有出现让人失望的时刻。今天借着这个机会，笔者就来跟大家聊聊曾经的比利时队，那已经是几十年前的黄金一代。

比利时队崛起的时间其实跟荷兰队差不多，两队在20世纪70年代还有正面碰撞，当时比利时队的成绩甚至更胜一筹。老队长范希姆斯特率队杀进了1972年欧洲杯正赛（即前四名），1974年世预赛的生死战，在比利时队与荷兰队的正面对抗中，比利时队的绝杀球被误判吹掉，荷兰队才侥幸地杀进了正赛。

不过比利时队并没有因此沉沦，进入20世纪80年代，球队迎来了人才井喷的时代。当时队中的核心是锋线尖刀扬·瑟勒芒斯，他的角色跟阿扎尔其实比较相似，不过直接冲击球门得分的欲望更强。1980年欧洲杯，23岁的他就拿出了现象级的发挥，扛起了球队的大旗。

除此之外，中场节拍器范德埃肯，还有出众的右后卫埃里克·格雷茨也十分亮眼，球队在名帅居伊·蒂斯的率领下，常年能够在大赛中占据一席之地，"欧洲红魔"的名号正式打响。更让人欣喜的是，从1984年欧洲杯开始，18岁的天才中场希福崭露头角，他在未来的10余年中几乎成为比利时足球的图腾人物。

这代人最好的机会是1986年世界杯，但遗憾的是范德埃肯等人在小组赛期间受伤报销，比利时队到了淘汰赛只能以残阵出战。而且球队与苏联队的比赛还因为裁判的争议判罚蒙上了阴影，导致比利时队的冠军之路显得异常挣扎。

而最终的打击得过于致命，比利时队在半决赛遇到了马拉多纳领衔的阿根廷队。这场球赛可能是马拉多纳在阿根廷队发挥最好的一场比赛。他不仅梅开二度终结了悬念，在禁区前沿小范围内连过4人的神仙进球，更是成为经典中的经典，他才华横溢的发挥几乎征服了全世界所有的球迷。。

1986年世界杯之后，比利时队由于新老交替等问题，逐步沦为世界足坛的中下游球队。尽管在希福等人的支撑下，球队在整个20世纪90年代还能稳定地参加世界杯，但竞争力早已大不如前。进入21世纪之后，新的球迷已经忘记了"欧洲红魔"的模样，甚至很难在国际大赛中看到比利时队的身影。

这一切直到2010年之后才得到改善，虽说新的黄金一代没能兑现天赋，但也在世界足坛留下了自己的印迹。日后当我们这代球迷老去的时候，也会骄傲地和孙辈谈起：在遥远的几十年前，比利时队也曾辉煌过、曾无限接近拥有一切，却在多哈的冬夜里无助地凋零，只留下岁月的回响。

赛场花絮

第12比赛日

1.88毫米！毫厘之间

日本队2∶1战胜西班牙队，以小组头名出线。比赛中，田中碧的反超进球是否出界成为讨论的焦点。

根据规则，球是否出界，是根据球体正上方的垂直投影是否完全过线来判定，而非球的实体有没有压线。即球的整体投影完全出界，才能判定球是出界的。根据赛后的报道称，球与底线有1.88毫米的重合，并没有出界，日本队毫厘之间定乾坤。

从14秒到1.88毫米，瞬息之间、毫厘之间，这看似微小的距离，日本队却走了4年之久。

也就是这1.88毫米让德国队连续两届世界杯无缘淘汰赛。或许冥冥之中自有天意。2010年世界杯，兰帕德的门线冤案的主角之一正是德国队，这也算是应了那句话：出来混迟早是要还的。

第13比赛日　　　　　　　　　　　　复仇

📜 战况信息

H组第三轮
12月2日23:00　地点：教育城球场

🇰🇷 **2 : 1** 🇵🇹
韩国队　　　　　　葡萄牙队

27' ⚽ 金英权　　　　5' ⚽ 奥尔塔
90+1' ⚽ 黄喜灿

H组第三轮
12月2日23:00　地点：贾努布球场

🇬🇭 **0 : 2** 🇺🇾
加纳队　　　　　　乌拉圭队

　　　　　　　　26' ⚽ 阿拉斯凯塔
　　　　　　　　32' ⚽ 阿拉斯凯塔

G组第三轮
12月3日03:00　地点：卢塞尔球场

🇨🇲 **1 : 0** 🇧🇷
喀麦隆队　　　　　巴西队

90+2' ⚽ 阿布巴卡尔
90+3' 🟥 阿布巴卡尔

G组第三轮
12月3日3:00　地点：974球场

🇷🇸 **2 : 3** 🇨🇭
塞尔维亚队　　　　瑞士队

26' ⚽ 米特洛维奇　　20' ⚽ 沙奇里
35' ⚽ 弗拉霍维奇　　44' ⚽ 恩博洛
　　　　　　　　　　48' ⚽ 弗罗伊勒

⚽ 数说世界杯

6：世界杯16强首次集齐六大洲的球队。

12：韩国队时隔12年再次晋级世界杯16强。

20：C罗迎来个人世界杯第20次出场。

24：巴西队上一次在世界杯小组赛落败是在24年前。

32：乌拉圭队打破进球荒，世界杯32支球队均有进球入账。

39：39岁210天，阿尔维斯是巴西队在世界杯赛场最年长的出场球员。

100：C罗在世界杯上已有100脚射门，是自1966年有数据统计以来射门最多的球员。

194：C罗代表葡萄牙队出战194场。

鑫淼绿茵场

生与死的循环

足球比赛的曼妙之处，就是它总是愿意让故人相逢，同时又给故人们增加新的戏码。今天的比赛日亦是如此，"老朋友"之间的故事谱写了新的桥段。这些新桥段，有的震惊世界，有的悲凉万分，此时此刻，人类的悲喜并不相通。

韩国队与葡萄牙队的交锋，媒体在赛前渲染的是葡萄牙队的复仇之战。两队之间的往事还要追溯到遥远的2002年，当时葡萄牙队小组赛出局就和输给韩国队有直接关系，甚至被诸多媒体和球迷认为韩国队收买裁判才会赢下葡萄牙队。而如今风水轮流转，提前晋级16强的葡萄牙队只要在这场比赛中不输给韩国队，后者就将无缘16强。

葡萄牙队没有轮休C罗，似乎也在向全世界的球迷宣告：葡萄牙队绝对不会给韩国队一点点机会。然而最终的结果却是寒冷刺骨，让人意想不到，韩国队不仅在0:1落后的情况下完成了逆转，同时更是奇迹般地晋级16强。葡萄牙队复仇未果，却间接成全了韩国队。这样的剧本，什么样的编剧才能撰写呢？

有人欢喜有人愁，韩国队的晋级便直接宣告了乌拉圭队的"死亡"。因为韩国队与乌拉圭队积分相同、净胜球相同，最终只是凭借多一个进球的优势晋级。这样的惊险戏份，赚足了全世界的关注度，只可惜乌拉圭队成为牺牲品。

乌拉圭队如12年前一样，又一次赢下了加纳队。12年前的往事多少球迷历历在目，恐怕加纳队的球迷时至今日也无法对那场比赛释怀。苏亚雷斯"不择手段"的手球犯规成就了乌拉圭队晋级4强，也让那届世界杯最大黑马的加纳队饮恨出局。赛后加纳队球迷更是一直无法原谅苏亚雷斯，后者甚至成为加纳全民的仇人。

于是此番面对乌拉圭队，加纳队是带着历史的仇恨，然而比分赤裸裸地宣示着其已经无力回天。就在此时戏剧性的一幕发生：韩国队逆转葡萄牙队之后，乌拉圭队只需要再多取得一个进球便可以晋级。然而在没有任何希望晋级的情况下，加纳队却拼命防守、拖延时间，这似乎不是为了护送韩国队晋级，只是要为12年前的仇恨做一个了断。

最终乌拉圭队赢下了比赛，却输掉了前程，无缘16强。当结果尘埃落定之时，提前被换下场的苏亚雷斯落寞了，他躺在替补席上失声痛哭，泪水中是无奈、是苦楚。或许他也在回想12年前的画面，这一刻他是否能够为今天的出局释然呢？没有人知道苏亚雷斯心中的答案，但是所有球迷却深知，这将是苏亚雷斯在世界杯上的最后一战，至此，世界杯的江湖上再也没有苏亚雷斯的名字。

以这样的方式为自己的世界杯之旅画上句号，苏亚雷斯和队友们的结局并不完美。但这不就是足球吗？这届世界杯是诸神黄昏的时代，几乎每一场淘汰赛都会送走一个我们曾经的青春与故事。

今天的主角是苏亚雷斯，同时也是卡瓦尼。当卡瓦尼愤怒地推倒VAR机器时，他心中是对裁判判罚的不满，更是对比赛结果的不甘。纵使在苏亚雷斯和卡瓦尼的枪膛中还有最后热血的子弹，但终究失去了扣动板机的机会。

第13比赛日

正坤龙门阵

固执的死亡

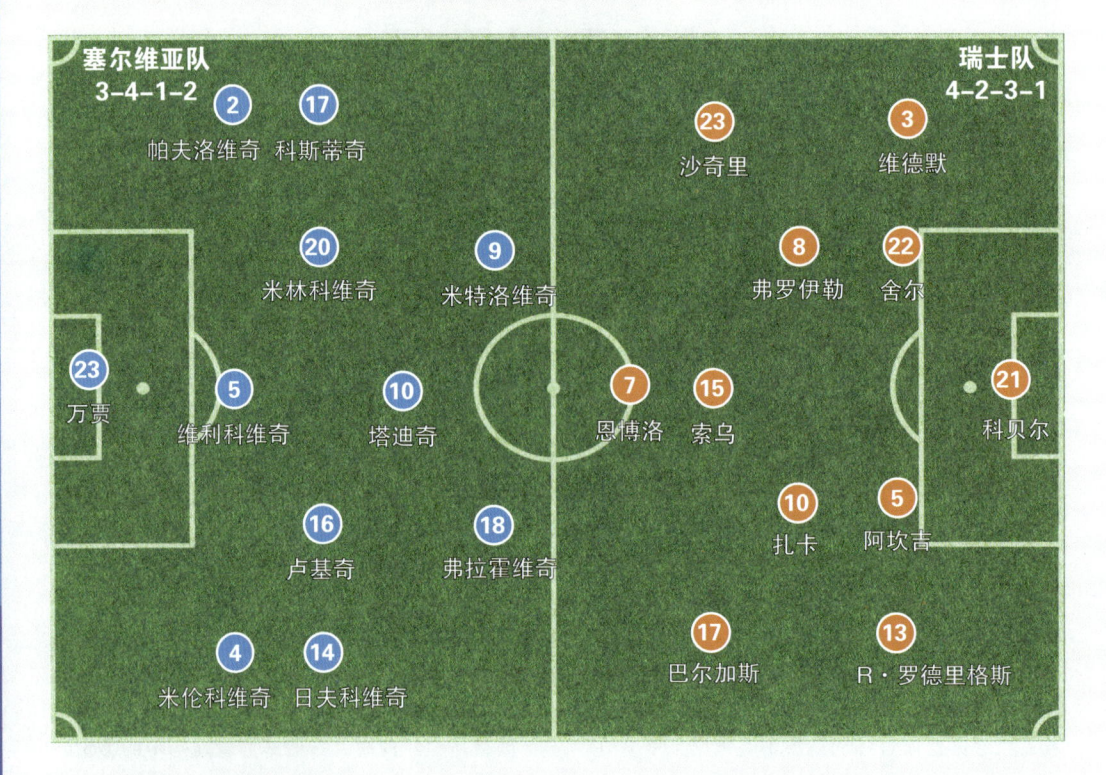

塞尔维亚队 3-4-1-2
- 2 帕夫洛维奇
- 17 科斯蒂奇
- 20 米林科维奇
- 9 米特洛维奇
- 23 万贾
- 5 维利科维奇
- 10 塔迪奇
- 16 卢基奇
- 18 弗拉霍维奇
- 4 米伦科维奇
- 14 日夫科维奇

瑞士队 4-2-3-1
- 23 沙奇里
- 3 维德默
- 8 弗罗伊勒
- 22 舍尔
- 7 恩博洛
- 15 索乌
- 21 科贝尔
- 10 扎卡
- 5 阿坎吉
- 17 巴尔加斯
- 13 R·罗德里格斯

瑞士队在974球场以3:2的比分击败了塞尔维亚队。经此一役,瑞士队顺利晋级到16强当中,而塞尔维亚队则是一场未胜,小组垫底打道回府,这与很多人在大赛开始前的预判是大相径庭的。但如果你了解塞尔维亚队的主帅斯托伊科维奇的话,这样的结果或许也就不足为奇了。

在面对瑞士队之前,塞尔维亚队已经被逼到了绝境,这场比赛只有取胜才能有出线的希望。因此斯托伊科维奇终于对首发阵容做出调整,此前两场比赛一共只出现过20分钟的"3412"双中锋阵形,在这场比赛一开始就被斯托伊科维奇用了出来。米特洛维奇搭档弗拉霍维奇,这样一对在世界杯前被寄予厚望的中锋组合,居然到了第三场命悬一线的时候才成

为斯托伊科维奇的首选,也不得不感叹主教练的选择有时在多方影响下确实会变得出人意料。

而瑞士队则依旧是以不变应万变,四后卫的体系摆得非常严整,对于主帅穆拉特·雅金来说,这场比赛瑞士队首先要做好的还是盯住塞尔维亚以双中锋建立的凌厉攻势。但在比赛第20分钟,瑞士队率先抓住了对手防线上的漏洞,早已过了巅峰期的里卡多·罗德里格斯在塞尔维亚队的右路防守面前似乎找回了大伤之前的进攻感觉,长驱直入后送出传球造成塞尔维亚队禁区一片混乱,最终沙奇里率先破门。

但塞尔维亚队毕竟是塞尔维亚队,主帅斯托伊科维奇最擅长的就是进攻,短短的10多

086

分钟时间，塔迪奇先是左路传中助攻米特洛维奇头球破门，后又中路传出威胁球帮助弗拉霍维奇巧射得手，塞尔维亚队最为恐怖的进攻三人组终于在世界杯赛场展现出了他们的火力。这令人不禁感叹：如果前两场比赛塞尔维亚队可以更早地这么去踢，是不是会出现不一样的结果？

但是这样的感叹很快就伴随着瑞士队在下半场的进攻，又变成了对斯托伊科维奇的质疑。第二轮3：3，第三轮2：3，两场比赛连续在领先状态下被对手追平或者直接翻盘，塞尔维亚队仍然是这样一支守不住胜果的球队。而对这样的场景，我们似乎并不陌生，斯托伊科维奇这样一位教练曾经带队在中超赛场无数次地打出像这两场一样的比赛。但这毕竟是世界杯的赛场，在这样的舞台上只会进攻不会防守，注定是无法走得太远的。

塞尔维亚队是很多人在世界杯前看好的黑马，因为球队在世界杯预选赛力压葡萄牙队出线，因为球队拥有本赛季状态如此出色的两名中锋，但是斯托伊科维奇的战术哲学成了塞尔维亚队前进路上的绊脚石，足球比赛不是只有进攻，也不是每场比赛都必须与对面拉开架势狂攻才能赢得比赛。

斯托伊科维奇，他的战术哲学确实有可取之处，无论是曾经的中超还是今年的世界杯，他麾下的球队用一个又一个进球给人们留下了深刻印象，但是他的缺少变通也最终让塞尔维亚队打道回府。领先的大好局势下，这位塞尔维亚队的主帅完全可以让自己的防线不要站得那么靠上，不要给对手那么多身后的空间，"退一步海阔天空"，有时以退为进或许才是更好的解决之道。

黄博士课堂

浅析16强

今天，世界杯小组赛结束了，本届世界杯的小组赛可以说是跌宕起伏、悬念丛生。虽说很多对决的场面乏善可陈，但最后时刻拉满的戏剧性，还是给人留下了深刻印象。今天笔者从联系古今的角度，来聊聊本届世界杯小组赛的独特性。

首先说说16强球队构成的全面性，亚足联有三支球队携手出线，非洲也有两支球队突围，美国队作为中北美洲的代表也是非常坚挺，再加上欧洲与南美洲的基本盘，可以说凸显了"世界"杯的意义。但我们要注意一点：多元化的时代也许并不意味着大家的水平变高了，而是传统足球势力削弱了。

欧洲足球的这一情况特别明显，哪怕是一线球队，诸如德国队、荷兰队的短板都非常明显，比利时队、克罗地亚队这种所谓的黄金一代也都成了落日余晖。至于更往下的梯队，连最基本的攻击力都无法保证，比赛场面极其难看，根本不具备击败其他大洲生力军的能力，最后被淘汰也在意料之中。

至于南美洲，除了巴西队，其他球队的战斗力是肉眼可见的令人失望。阿根廷队首战就缔造了超级冷门，好在后续及时找回状态稳住了局面。但乌拉圭队、厄瓜多尔队就没那么幸运了，前者是由于青黄不接，新人顶不上来；后者发挥还可以，但关键时刻没能顶住，才造成了南美洲球队的尴尬局面。

说回亚非拉自身，其实大多数球队也并非处在自己最好的时候，以球迷普遍最关心的日本队和韩国队为例，在2018年世界杯后，日本队一批80后功勋球员淡出，球队这几年都处在摸索阶段。本届世界杯主帅森保一甚至连前场的首发阵容都不确定，轮换幅度之大令人咋舌，虽然最终收获了理想的成绩，但球队实力并非处在顶峰。

韩国队的情况则更加明显，虽然坐拥孙兴慜、黄喜灿、金玟哉等几位五大联赛核心球员，但整体成色与前些年相比仍有差距。我们经常能看到孙兴慜独木难支的局面，尽管球队最终突围，但有些事情还需要谨慎看待。

其次说说几大豪门的操守问题，在过去很多届世界杯中，由于小组末轮都是同时开球，选对手或者携手出线的情况不能说没有，但绝对没有本次这么夸张。其实这个风气是2018年世界杯法国队与日本队带起来的，而被英格兰队在2020欧洲杯上发挥到极致。

所以这届世界杯我们能看到，英格兰队从第二轮开始就很奇怪，与美国队的比赛堪称友谊赛。到了小组末轮那更是"神仙打架"，西班牙队、葡萄牙队与巴西队一次次刷新下限，"斗牛士军团"甚至差点儿玩火自焚，要不是德国队还在奋力拼搏，德、西两大强队甚至有携手出局的可能性。

这个时代信息透明，赛前很多人就在分析所谓的淘汰赛半区，各支球队特别是争冠球队自然特别在意。所以其在尽量稳健的情况下，总会在一些比赛中"节外生枝"，给自己争取更好的淘汰赛签位。作为球迷自然会对这种行为很反感，却也必须接受这一事实：在未来的很多年中，这种操作可能成为标配。

其三我想来聊聊德国队，这必定是本届世界杯最令人失望的传统劲旅。在1954年到2014年期间，德国队连续60年世界杯最低排名都是前八，如今却连续两届世界杯小组赛出局，如此成绩实在令人咋舌。球队在技术流的发展道路上走了很多弯路，自身能力与时代潮流并不匹配，却又在徘徊中丢掉了传统，变成如今四不像的局面，实在令人唏嘘。

另外，主帅弗利克也有很大责任，球队阵容有缺陷，就要从实际出发着手解决，不要躺在过去的功劳簿上。他执教拜仁短时间内创造了奇迹，固然证明了自身能力，但也缺乏在多变的环境中的说服力。这次世界杯的临场调整证明，在人员结构复杂且短缺的情况下，弗利克的应变还欠火候，他作为主帅的未来也显得扑朔迷离。

如今在00后球星井喷的情况下，德国本土的传统球员越来越少，穆夏拉与穆科科等人都是非洲血统的移民后裔，维尔茨这种天才还遭遇重伤，与其他传统足球强国相比，德国足球的青训已经出现了大问题。希望在连续经历溃败之后，"日耳曼战车"能够痛定思痛，早日回到正确的轨道上来。

聚焦C罗

复仇？走得更远才最重要

尽管葡萄牙队早已提前晋级16强，但面对韩国队，无论是比赛的过程还是最终的比分，都无法令C罗满意。他在被替换下场时，还在用"闭嘴"的手势回击对手。

2002年世界杯，同样是小组赛第三轮，同样是葡萄牙队对阵韩国队。彼时17岁的C罗未能入选最终的国家队大名单，但对于那场比赛中发生的一切，C罗必定历历在目。

20年后的今天，C罗率领着葡萄牙队还是未能完成复仇。或许在赛场上，他早已把提前出线之事抛之脑后，身上背负的则是菲戈、若昂·平托等人的期许。C罗一次次冲击着韩国队的禁区，尽管未能取得进球，但他还是不忘前辈们受到的屈辱。

复仇未能如愿，但C罗如果能够带领葡萄牙队走得更远，才是更好地替前辈们完成了他们未尽的夙愿。

第 *13* 比赛日

第14比赛日　　　梅西千场里程碑

📜 战况信息

1/8决赛
12月3日23:00　地点：哈里法国际体育场

10' ⚽ 德佩
45+1' ⚽ 布林德　　　**3 : 1**
81' ⚽ 邓弗里斯　荷兰队　　　美国队　76' ⚽ 赖特

1/8决赛
12月4日03:00　地点：艾哈迈德·本·阿里球场

35' ⚽ 梅西　　　　　**2 : 1**
57' ⚽ 阿尔瓦雷斯　阿根廷队　　澳大利亚队　77' ⚽ 恩佐（OG）

⚽ 数说世界杯

0：美国队无缘8强，本届世界杯北美洲球队已经全部出局。

1：梅西打入个人在世界杯淘汰赛的第1粒进球。

3：梅西在本届世界杯已打入3球，目前并列射手榜榜首。

8：梅西生涯第8次在世界杯当选全场最佳，超越C罗的7次，位列榜首。

9：梅西打入个人世界杯第9球，超越C罗的8球。

14：梅西2022年为阿根廷队打进14球，创生涯自然年新高。

21：21岁344天，美国队球员费雷拉是2010年以来世界杯淘汰赛最年轻首发球员。

22：梅西打入个人国家队大赛第22球，追平C罗的纪录。

23：梅西迎来第23场世界杯比赛，与马尔蒂尼并列世界杯历史第3位。

789：梅西打入个人生涯第789球。

1000：梅西迎来个人生涯第1000场比赛。

鑫淼绿茵场

神奇千场

当充满悬念和未知的小组赛尘埃落定，残酷又让人无比窒息的淘汰赛接踵而至。率先出战的两大豪门是荷兰队与阿根廷队，两支球队全部顺利晋级。有人欢喜有人愁，美国队与澳大利亚队都结束了本届世界杯的征程。当然今天的主角只有一个，那便是梅西！

职业生涯第1000场比赛，这是怎样一个伟大的数字？我无法用枯燥的文字去形容1000场比赛所带来的震撼。众所周知，梅西是球王级别的人物，在他身上诞生怎样的纪录和神迹都不足为奇。但是当1000场比赛来临之时，我们还是要为梅西鼓掌和呐喊，这样的里程碑注定载入史册。

与澳大利亚队这一战，阿根廷队面对的是对手的严防死守，梅西更是成为被重点照顾的对象。有这样一个比较有意思的数据，阿根廷队上半场的XG（预期进球）数据是0.07球，澳大利亚队是0.08球。从这个数据就可以看出澳大利亚队在上半场的防守做得非常好，不过"袋鼠军团"上半场比赛还是0：1落后于阿根廷队，其输给的不是阿根廷队，而是梅西。

梅西在上半场比赛第34分钟用左脚完成破门，这脚劲射还没有精彩到让大家拍案叫绝，但是这个球的难度极大。我们通过XG的数据就能够很直观地感受到，这脚射门在大数据眼里的进球概率只有0.7%，也就是说打100次都进不了1次，但是梅西却成功将这个球打进。

我们知道，在淘汰赛中如何打破场上的僵局是重要的课题，因为如果你打不开场面，哪怕你的实力远胜于对手，对手的铁桶阵也总让你头疼。而正是梅西完成的这一粒小概率进球，让阿根廷队的形势瞬间变得明朗起来，为最终赢下比赛奠定了基调。

去描述梅西的伟大，用多么华丽的辞藻也不过分。但是我们任何一个人都有词穷的时候，因此这一次的1000场里程碑之战，我选择用进球概率去凸显梅西的成功之处。我们见证过太多梅西的名场面，而今天再次领略到他的风采。此时的阿根廷队在梅西的率领下已经渐入佳境。

从小组赛首战意外输给沙特阿拉伯队，到如今取得3连胜。阿根廷队慢慢地走出低谷，最主要的原因就是梅西持之以恒的输出。你不得不感叹：在35岁的年龄，梅西迎来了自己状态最为出色的一届世界杯。属于阿根廷队的征服之路才刚刚开始，梅西在本届世界杯的征服之旅，也刚刚迈出第一大步。1000场之后，梅西会继续不断地挑战自己。我无法想象下一个完成1000场比赛的球员会是谁，也无法预测是否还会有球员可以在世界杯上庆祝自己的1000场里程碑。此时此刻的梅西，给予我的是无与伦比的震惊。

我们享受梅西带来的每一场比赛，但世界杯的残酷还在继续。随着荷兰队的晋级，下一场1/4决赛，梅西率领的阿根廷队就将与荷兰队狭路相逢。这两支球队曾在世界杯赛场上缔造了无数的经典画面。如今新的球员已经闪亮登场，而两支球队会带给我们怎样的惊喜呢？拭目以待，最精彩的答案。

正坤龙门阵

兵不厌诈

荷兰队 3-4-1-2
- 5 阿克
- 17 布林德
- 21 弗伦基·德容
- 10 德佩
- 23 诺珀特
- 4 范迪克
- 14 克拉森
- 15 德容恩
- 8 加克波
- 2 廷贝尔
- 22 邓弗里斯

美国队 4-3-3
- 21 维阿
- 6 穆萨
- 2 德斯特
- 3 齐默曼
- 9 热苏斯·费雷拉
- 4 亚当斯
- 1 马特·特纳
- 13 里姆
- 10 普利希奇
- 8 麦肯尼
- 5 罗宾逊

　　荷兰队3:1淘汰美国队晋级8强。这是一场带有"欺骗性"的比赛，因为最终比分不能完全反映出比赛过程。

　　全场比赛美国队控球率高达58.4%，而荷兰队只有41.6%；在射门数方面，美国队也是17:11领先；射正数8:6、传球数569:415，均是美国队领先；传球成功率美国队达到83%，而荷兰队只有76%。至于荷兰队领先的数据，仅有抢断、解围、扑救和犯规这些防守数据，那么荷兰队是怎么赢的呢？

　　荷兰队老帅范加尔沿用了小组赛末轮对阵卡塔尔队的"3412"阵形和人员配置，但主打的却不是上一场的左路，而是右路。美国队左后卫罗宾逊是一个助攻能力很强的球员，但防守并不是他的强项，荷兰队抓住罗宾逊这一侧的空当，让一人一条边的邓弗里斯不断冲击，这就是荷兰队本场的制胜点。

　　那么邓弗里斯助攻上去留下的空当怎么办？范加尔让德里赫特和德弗赖这样欧洲豪门的主力打替补，却首发阿贾克斯小将廷贝尔就是这个原因——身高1.82米的他可以兼任中后卫和边后卫，而且身体素质极强，完全可以应对冲击。并且中场还有防守型后腰德容恩保护，算是双保险。

　　戏台已经给邓弗里斯搭好，接下来就该他"海阔凭鱼跃，天高任鸟飞"了。邓弗里斯也用1射2传的表现回应了大家的期待。而在这3个进球中，还有荷兰队前场无数个"隐形守护者"的参与，他们做的只有一件事——压迫美国队防线整体收缩。第1个进球是克拉森前压，带走美国队两名中卫，邓弗里斯倒三角找到后插上的德佩；第2球则是德佩前压，防守他的齐默曼一直在回头确认他的位置，但邓弗里斯倒三角找的是从左路插上的布林德；第3球则是荷兰队前场整体左倾，给美国队防守端压力，用4个人牵扯了8个人的防守精力，恰恰漏掉了远点的邓弗里斯。此前大放异彩的加克波本场被美国队重点盯防，荷兰队就主打邓弗里斯这个强点，也收到了极好的效果。

要说这场比赛，美国队的防守质量的确是差，进攻端也没有什么建树，从数据上看是不应该的。其实这与美国队前场的人员配置有关。首发的普利希奇、维阿、穆萨，以及替补上来的雷纳、阿伦森都是一些能传能带的灵巧型球员，可以利用起球场的宽度，却始终打不透禁区纵深。开场2分钟普利希奇获得了绝好机会，这其实是在第一波进攻中，前插的中场麦肯尼到禁区搅乱了荷兰队的防守。

美国队在禁区里站不住，首发前锋费雷拉难辞其咎，但1.75米的他又能在范迪克身边占到多少便宜？而在下半场换上1.93米的赖特之后，美国队的进攻立刻起了效果。虽然赖特的脚后跟进球是个神仙球，但一个大中锋在禁区里抢点才有进球的机会。美国队主帅贝尔哈特有点后知后觉了。

值得一提的是，美国队在预选赛时一直用的大中锋是19岁的佩皮，他一度被拜仁看中，之后在2022年1月冬窗转会期加盟了奥格斯堡。但其德甲生涯踢得稀烂，15场未进1球，最后将自己的状态搞差，连美国队世界杯大名单都没进。这也是贝尔哈特在关键时刻无人可用的原因之一。

黄博士课堂

战术大师　抗癌老帅

今天，世界杯淘汰赛鸣锣开战，范加尔执教的荷兰队让人眼前一亮。小组赛其发挥难以令人满意，攻击端锐度钝涩的问题也饱受诟病，要不是小组对手实力偏弱，荷兰队的晋级之旅不会如此轻松。但令人颇感意外的是，在16强比赛中，球队展现出了完全不同的一面，成功拿捏了"愣头青"当道的美国队，也重新成为夺冠的热门球队。

"橙衣军团"能取得这么显著的进步，博得如此多的关注，首功之臣自然还是老帅范加尔。虽说他在多家豪门俱乐部执教时饱受诟病，甚至被批思维僵化，但最近两次执教荷兰国家队，他的战术设计都让人眼前一亮。今天借着这个机会，笔者就来聊聊这位令人肃然起敬的71岁老帅。

首先来说说范加尔的执教流派，生在荷兰这样一个引领足球风潮的国度，范加尔似乎没有那么亮眼。虽说早年间也曾用一套标志性的"343"阵形率领阿贾克斯青年军登顶欧冠，但他的执教理念在传切与压迫之间找到了某种平衡，对于全能足球有自己的理解，也衍生出了与克鲁伊夫不同的执教套路。

不过到了范加尔的执教生涯中后期，他的理念确实过于保守，很多时候球迷诟病他并不是针对成绩，而是在于比赛场面——很难想象一位顶级的荷兰教练会带队踢出这样乏善可陈的比赛。不过将这种思路平移到荷兰队，在2014年与2022年世界杯上都收获了不错的效果。近期比赛中"橙衣军团"重演大团战术，也让一些曼联球迷感觉"青春回来了"。

其次来说说范加尔的用人，这也是他最为人称道的地方。范加尔不拘一格敢于提拔新

第14比赛日

人，早年阿贾克斯那帮青年才俊就是他的代表作。然而离开了自己熟悉的土壤，他这方面的才能更是被无限放大了。

范加尔在第一次执教巴萨期间提拔哈维的故事早已家喻户晓，事实上普约尔、巴尔德斯与伊涅斯塔这几位巨星，多少也都与他有过交集。而且在职业生涯的初期，他们都在范加尔手下得到过机会。尽管范加尔与"红蓝军团"两次不欢而散，但就凭这些宝贵的遗产，巴萨球迷都应当感激这位老帅。

拜仁时期的范加尔已经是花甲之年的老人，但他依旧慧眼识珠，在他的提拔下，托马斯·穆勒、阿拉巴、巴德施图贝尔等新人获得了大量出场机会，并且迅速成长为足坛一线球星。尽管两年后他又因为各种矛盾被迫离开了"南部之星"，但如今提起他在德国的岁月，没有人会忘记他的功劳。

曼联时期则更加神奇，后弗格森时代的"红魔"风雨飘摇，尽管范加尔的球队手握重金，但多笔引援都没有达到预期，整个2015—2016赛季甚至没有一个靠谱的正印中锋。在2016年初的欧联杯比赛中，范加尔在无人可用的情况下，被迫提拔青年队的拉什福德临时参赛，结果成为一段新传奇的开端。

在短短的两年中，像林加德、马夏尔等新人也在范加尔手下获得了机会。虽说这批"红小鬼"整体成就不如他之前的弟子，但其敢为天下先的勇气值得很多新教练学习。即便到了现在，范加尔几年前提拔的那批人，仍有很多在各自的俱乐部发光发热，着实令人欣慰。

本届世界杯范加尔再度让人眼前一亮，他选择的首发门将居然是此前没有国家队履历的诺珀特。这位海伦芬的门将此前并不为大部分球迷所知，但仅仅几场比赛之后，全世界都在问问：他什么时候加盟豪门？71岁的范加尔从来没有改变过自己的理念，他善于发现才俊的眼睛依然炯炯有神。

最后来聊聊范加尔在荷兰足坛的历史地位，目前从教练层面来说，这届世界杯之前他属于次顶级段位，不如米歇尔斯与克鲁伊夫，跟希丁克算是各有千秋，甚至稍胜一筹。如果本届杯赛能够率队夺冠，那么范加尔甚至有机会逆势超车，直接跃升到榜首，毕竟对于"无冕之王"来说，大力神杯的吸引力是毋庸置疑的。

就算本届世界杯荷兰队未能加冕，只取得4强左右的成绩，范加尔也算是功德圆满了。一个古稀老人仍在一线战斗，他的智慧与果决是所有晚辈的楷模。

聚焦梅西

第 14 比赛日

1000、789、385

35岁的梅西已经踢了整整1000场比赛，而在其职业生涯的1000场比赛中，梅西斩获789球、送出385次助攻，这样的数据在当今足坛几乎无人能够企及。更重要的是，梅西在本场比赛中更是打进了个人首粒世界杯淘汰赛进球。

曾经在世界杯淘汰赛上从无进球的梅西被一些球迷揶揄为大赛"软脚虾"，如今"梅球王"的表现诠释了什么叫"扛着球队前进"。

梅西在1/8决赛实现了淘汰赛进球"零的突破"，那么世界杯冠军"零的突破"或许也不再遥远。35岁的梅西不再是那个追风少年，但这是实现梦想的最后机会，他怎么会轻易放弃？率领"潘帕斯雄鹰"时隔36年再次捧起大力神杯，不仅是梅西的夙愿，更是一代球迷对于青春的追忆。

梅西，对于阿根廷队来说就是99.9%。

第15比赛日　23岁的姆巴佩，极限在哪里？

战况信息

1/8决赛
12月4日23:00　地点：阿图玛玛球场

44'　吉鲁
74'　姆巴佩　　　　　　3 : 1
90+1'　姆巴佩　法国队　　　　波兰队　　90+9'　莱万多夫斯基

1/8决赛
12月5日03:00　地点：海湾球场

38'　亨德森
45+3'　凯恩　　　　　　3 : 0
57'　萨卡　　英格兰队　　　塞内加尔队

数说世界杯

5：姆巴佩在本届世界杯打入5球，独居射手榜榜首。

7：凯恩收获个人世界杯第7球。

9：姆巴佩个人在世界杯总计打入9球，超越C罗、追平梅西，在现役球员中仅次于穆勒的10球；超越贝利，独享24岁以下世界杯射手王。

11：姆巴佩直接参与世界杯进球11次（9球2助攻），超越博格坎普和C罗的10次。

21：英格兰队21次对阵非洲国家队保持不败。

33：姆巴佩在法国队打进33球，超越齐达内，排名队史第7位。

52：吉鲁在法国队打进52球，超越亨利，独享法国队史射手王称号。

129：法国队在世界杯总进球数达到129球，超越意大利队，暂居历史第4位。

250：23岁的姆巴佩在生涯360场比赛中打入250球，超越同期的梅西与C罗。

鑫淼绿茵场

脚踏实地

在工作中我们不断经历着很多第一次，所有的第一次都是新的挑战，同时也是新的进步。在这个比赛日我解说了法国队对阵波兰队的比赛，这是我解说职业生涯第一次解说世界大赛（世界杯以及欧洲杯）的淘汰赛比赛，对我来说意义非凡。转移到赛场上，年轻的姆巴佩用一个梅开二度再次向世人展示自己的天赋。对此我的疑问则是：年轻的姆巴佩，他的极限到底在哪里？

每一个人都有自己的职业规划，当你选择你的行业之时，必然要一步一个脚印，只有脚踏实地，才会不断取得进步和提升自己。趁这个机会，我也在这里和大家分享一下解说员行业的解说赛事级别变化。

以现在的解说行业为例，不计算自媒体平台和一些没有版权的自开播平台，如果你是一个刚进入正式平台解说的年轻人，可以解说的比赛大概是五大联赛的非豪门球队比赛。像意甲联赛、德甲联赛、西甲联赛的小球队比赛会是入门解说员的初步任务，而英超联赛由于处在黄金时间，入门解说员想要解说英超的小球队比赛也非常困难。

在此之上，就是解说英超的小球队比赛和其他联赛一些颇有名气但还算不上豪门的球队比赛。其实除了英超联赛之外，其他联赛的非豪门比赛关注度差别并不大，即便是实力稍强的瓦伦西亚、佛罗伦萨、莱比锡等球队的比赛和保级队的收视率并没有太大的区别，不过解说这个级别的比赛体验感会更好一些。

在此基础上再往上一步，也是巨大跨越的一步，就是解说豪门球队的比赛了。由于解说员这个行业的职业寿命比较长，老前辈们依然活跃在一线，所以这一步的跨越最为困难。

一线豪门球队都有不错的球迷基础，一旦解说到这个级别的比赛，解说员就开始被球迷们所熟知。

再往上一级，就是"双红会"、西班牙国家德比等联赛中的顶级对决，以及欧冠中的强强对话，这个级别的比赛其实大部分由解说行业的老前辈来完成。毕竟每周才有一两场的焦点对决，前辈们都可以很好地完成消化。

再往上一级，就是欧冠决赛的主路解说，每年一次的欧冠决赛堪称非大赛年最重要的比赛，不算多路解说中的二路、三路，这个级别的比赛肯定都是行业内金字塔级别的老师来解说。

而解说世界大赛就需要一定的机缘。世界杯、欧洲杯都是关注度极高的大赛，而且很多平时不在一线工作的解说前辈也会再次参与到解说工作当中，所以对于我们年轻的解说员来说，能够解说世界杯、欧洲杯就是莫大的荣誉。

为什么我会对职业生涯解说的第一场世界大赛淘汰赛这么激动呢？因为对于我自己来说，这是我最巨大的进步，2018年世界杯和2020欧洲杯我都参与到解说工作中，今年能够解说到淘汰赛阶段的比赛，甚至能够一直说到半决赛，实在是感叹自己有着不错的运气。

而更让我感到欣喜的是还解说了一场极其精彩的淘汰赛比赛，姆巴佩打出了自己世界杯淘汰赛的名场面，梅开二度的表现打消了过去几年在俱乐部层面大家对他的质疑。而另外一位被质疑许久的世界第一前锋莱万多夫斯基，也依靠点球打入了自己在世界大赛淘汰赛的首粒进球。

世界杯激战正酣，我希望我的进步能够继续让大家享受足球。

第15比赛日

正坤龙门阵

技术性击倒

英格兰队 4-3-3
- 3 卢克·肖
- 22 贝林厄姆
- 20 福登
- 6 马奎尔
- 1 皮克福德
- 4 赖斯
- 9 凯恩
- 5 斯通斯
- 2 沃克
- 8 亨德森
- 17 萨卡

塞内加尔队 4-2-3-1
- 15 迪亚塔
- 21 萨巴利
- 11 西斯
- 3 库利巴利
- 9 迪亚
- 13 伊利曼·恩迪亚耶
- 16 爱德华·门迪
- 6 南帕里斯·门迪
- 22 迪亚洛
- 18 伊斯梅拉·萨尔
- 14 雅各布斯

英格兰队3∶0淘汰塞内加尔队晋级8强。"三狮军团"向世人展示了自己的实力，固有观念中打法简单的英格兰队，在此战堪称是技术性击倒对手。

本届世界杯已经贡献了不少"冷门"比赛，多数是相对弱势的一方在防守端投入大量精力，稳住节奏保存实力，之后通过新上场的生力军后发制人，逆转比赛局势和结果。但是塞内加尔队本场比赛反其道而行之，选择了在进攻端积极地投入兵力主动出击，和英格兰队"亮剑"。纵观全场数据，塞内加尔队与英格兰队的控球率四六开，塞内加尔队全场10次射门，比英格兰队的8次还要多。然而在天然的实力差距之下，塞内加尔队终究未能完成奇迹，在先手未取得进球的情况下，被"三狮军团"后手打穿了防线。

什么是塞内加尔队的先手呢？上半场的大部分时间，其实塞内加尔队的进攻颇具威胁，其利用开场后充足的体能屡次给英格兰队的防线造成威胁。第3分钟和第30分钟的射门都险些完成进球，只可惜塞内加尔队遇到了状态爆棚的皮克福德。塞内加尔队的防守也很有针对性，其在半场区域拼抢并不主动，但是一旦英格兰队进攻到塞内加尔队门前30米的危险区域，塞内加尔队的球员立刻夹击疯狂逼抢，迫使英格兰队在最危险的地方无法顺畅地控球传导。

但是英格兰队见招拆招，在上半场比赛中，英格兰队一直在做一件事——横传转移。既然无法顺畅地深入到塞内加尔队禁区，那么英格兰队就开始不停地大范围转移球，这样会频繁调动塞内加尔队的防线，进而拉开进攻空间，慢慢觅得机会。

英格兰的第一个进球就是这样诞生的。凯恩在中场回接得球之后转身做"发牌员"，两名中场球员贝林厄姆与亨德森插上进攻，冲击还没来得及落位的塞内加尔队防线。贝林厄姆吸引所有的防守注意力后完成分球，亨德森在狂奔半场的距离后用左脚轻松将球推射入网。上一次让人印象深刻的亨德森高速前插的场面，还发生在利物浦4：0战胜巴萨的比赛当中，他当时前插射门导致特尔施特根脱手，奥里吉补射入网，而这已经是3年多前的事了。塞内加尔队千算万算，没算到32岁的亨德森"老夫聊发少年狂"。

有了一个进球作为"开瓶器"，之后的比赛就按照"三狮军团"的节奏发展了。比分落后的塞内加尔队发起疯狂反扑，这也给了英格兰队反击的机会。尤其是在上半场补时阶段，塞内加尔队大举压上但被断球，当球发展到中场地带，英格兰进攻人数和塞内加尔队防守人数一样多时，进球也就是大概率的事。福登和凯恩交叉跑位，在接到贝林厄姆的分球后，福登没有拖泥带水，一脚出球给到凯恩。世界级前锋凯恩展现了他的顶级射术，在半场前将比分扩大。

而下半场英格兰队的进球更为简单，利用小组赛最熟练的"小范围集群作战"发挥配合优势，轻易地撕扯开了塞内加尔队脆弱的防线，福登助攻后点萨卡打进锁定胜局的一球。这场胜利非常顺畅，也是英格兰队的一场"技术性击倒"。

黄博士课堂

随风奔跑

今天法国队与波兰队的比赛比很多球迷预想得更精彩，不过姆巴佩的出色发挥还是帮助"高卢雄鸡"顺利晋级8强。尽管姆巴佩目前更多依靠直接进球帮助球队，但比赛中他在边路的爆破能力依然是球队破局的主要手段。在速度为王的框架之下，姆巴佩这样的球员永远有着极强的威慑力。

然而令人稍感意外的是，顶尖快马在世界杯上并不容易发挥出色，古往今来能够利用速度属性征服这项杯赛的，还是极少数人。今天借着姆巴佩爆发的机会，笔者就来跟大家聊一聊世界杯上仅有的那些表现出众的速度奇兵。

在姆巴佩之前，罗本是速度型球员的代表人物，他在世界杯上的发挥绝对达到了超级巨星的标准。特别是在身体状态与经验达到均衡巅峰的2014年，罗本数次利用不讲理的速度击破对手防线，脚踏风火轮击溃卡西利亚斯，以及半场一马平川拿下澳大利亚队，都是他的经典代表作。那时的罗本如入无人之境，外绕超车与犀利内切相得益彰，是世界杯快马的翘楚典范。

或许可以这样理解：在如今位置界限极为模糊的时代，罗本可能是世界杯上最后一个经典边锋，他对于速度的拿捏以及节奏的掌控是黄金时代的余韵。如今以姆巴佩为首的年轻一代，打法更加多元化，冲击防线的方式也变得与众不同，毕竟活动范围的大小决定了未来的不同走向。

不过对于与姆巴佩情况类似的速度天才，大众早在1998年世界杯上就已经见识过了，这便是横空出世的"超级流星"迈克尔·欧文。他在1997—1998赛季才成为利物浦的常备

第15比赛日

前锋，结果一举拿下英超金靴奖，不凡的速度能力与人球结合水准，让他成为全英格兰的宠儿。

在当年英式的双前锋体系中，欧文扮演一个冲击型二前锋的角色，他尤其擅长高速中持球推进，而且得分能力卓尔不凡，被视为几十年一遇的金童。然而在1998年世界杯开赛初期，他并没有成为"三狮军团"的首发人选，阿兰·希勒与谢林汉姆牢牢把持着位置，主帅霍德尔不敢贸然启用18岁的欧文。

不过英格兰队在这届比赛中开局不顺，次战面对罗马尼亚队就已经被对手打得丢盔弃甲。危急时刻贝克汉姆与欧文两位小将替补上阵，瞬间扭转了比赛的走向。贝克汉姆在后腰位置施展了灵秀的脚法，神出鬼没的传球盘活了攻击线，欧文则持续冲击对手防线，并且斩获了世界杯处子球。尽管英格兰队最终1：2被对手绝杀，但新人收获了主帅的信赖，从此登上历史舞台。

欧文的最高光时刻，自然是16强对阵阿根廷队的比赛。在接到贝克汉姆的传球之后，"追风少年"利刃出鞘，一路平蹚阿根廷队的防线，冷静地打入了反超比分的进球。尽管英格兰最终被对手淘汰，但欧文的表现永载史册，也让球迷们对他的未来充满了期待。

第三位要跟球迷们分享的世界杯快马是德国人永远的骄傲——利特巴尔斯基。这些年的德国队不仅缺少传统中锋，而且在罗伊斯长期受到伤病困扰的情况下，连稳定的边路爆破手都难以寻觅，萨内这种球员在关键时刻完全无法信赖。事实上"德意志战车"怀念这类天才很久了，球队上一个值得托付的"利刃"，还是30多年前的利特巴尔斯基。

利特巴尔斯基在1982年世界杯正式出道，立刻就展现出前场杀神的水准，面对一般对手可以轻松利用突破能力撕开防线。鲁梅尼格在关键比赛中受伤，球队的破局重任就落到了利特巴尔斯基的身上，在当届决赛中意大利队甚至派"大魔王"詹蒂莱对他进行贴身紧逼，这才限制了他的发挥。从20岁出头的年纪来看，他必将成为足球史上最强有力的边路快马之一。

在后来的1986年世界杯上，处于巅峰年龄的利特巴尔斯基因为伤病问题基本上沦为替补，关键比赛也无法上场。直到1990年世界杯，而立之年的他终于又站了起来，像8年前一样帮助球队闯进决赛，并且收获了大力神杯。如果不是1986年的意外，他将成为第一个连续3届世界杯决赛登场的球员，而一旦有了满血的"利刃"，德国队的成绩也许会更上一层楼。

结合历史来看，姆巴佩已经站在了快马的历史顶点，他在世界杯上的表现已经不需要苍白的语言来形容。在球王贝利情况不容乐观的情况下，姆巴佩需要接过这项运动的衣钵，给球迷们带来传说中的表演。

🔵 赛场花絮

马克龙早已"看穿"一切

世界杯1/8决赛，法国队3∶1击败波兰队，顺利晋级8强。法国队除了在赛场上有顶级球员外，现如今也有了场外"神秘力量"的加持。

法国总统马克龙曾在赛前做出预测：法国队3∶1赢下比赛，莱万可能会进1个球，姆巴佩或者吉鲁也可能会进球，他们都希望创造历史。当然，法国队还会进第2个球，彻底终结比赛。

赛后回看马克龙的预测，他不仅猜对了比分，甚至将对阵双方的进球队员都说得一清二楚，精准度连"章鱼保罗"也只能甘拜下风。

身为政坛风云人物，马克龙对于足球也一向热衷，甚至此前姆巴佩拒绝转会皇马留守巴黎圣日耳曼，也是他出手亲自挽留。如今看来，对于姆巴佩，马克龙的确是真爱。接下来法国队走势将会如何，还得继续看马克龙的预测。

第15比赛日

第16比赛日　　亚洲球队优雅的全军覆没

📋 战况信息

1/8决赛
12月5日23:00　地点：贾努布球场

43' ⚽ 前田大然 　　⚽ 浅野拓磨	🇯🇵 日本队	1 : 1 点球 1 : 3	🇭🇷 克罗地亚队	55' ⚽ 佩里西奇 　　⚽ 弗拉西奇 　　⚽ 布罗佐维奇 　　⚽ 帕萨利奇

1/8决赛
12月6日03:00　地点：974球场

| 7' ⚽ 维尼修斯
13' ⚽ 内马尔
29' ⚽ 里沙利松
36' ⚽ 帕奎塔 | 🇧🇷 巴西队 | 4 : 1 | 🇰🇷 韩国队 | 76' ⚽ 白昇浩 |

⚽ 数说世界杯

0：孙兴慜以0进球告别世界杯。

1：日本队与克罗地亚队120分钟未分胜负，本届世界杯首场加时赛与点球大战诞生。

3：利瓦科维奇成为世界杯历史上第3位在点球大战三扑点球的门将。

4：日本队第4次冲击8强失败。

26：巴西队报名的26名球员在本届世界杯全部登场，成为世界杯历史首支球队。

38：38岁74天，蒂亚戈·席尔瓦成为本届世界杯最年长的助攻球员。

74：巴西队在世界杯总胜场数达到74场。

76：内马尔打入个人在国家队第76球，距离贝利的纪录仅差1球。

159：莫德里奇第159次代表克罗地亚队登场。

236：巴西队在世界杯总计打入236球，超越德国队，升至榜首。

鑫淼绿茵场

人人都爱桑巴

第16个比赛日，日本队的奇迹被终结，倒在了点球大战上；韩国队被巴西队轻松淘汰，"桑巴军团"的威力再一次让全世界折服。

巴西队一直有两个标签：五星巴西是荣耀的勋章，桑巴足球则是内在的风格。事实上也确实如此，提到足球王国，人们想到的唯一答案就是巴西；当哪个球星横空出世之时，如果不知道他的国籍，猜测的第一答案大概率也会是巴西。巴西的足球历史拥有至死不渝的浪漫主义，看巴西队球员踢球，仿佛就是在欣赏一段又一段的舞蹈。

本届世界杯之前的巴西队可能不再像当年那般"攻强守弱"，更加务实但又让人们感觉少了什么。当本届世界杯大名单出炉之时，我们似乎又感受到一支拥有强悍艺术细胞的巴西队即将诞生，最终巴西队也没有让球迷失望，不断带来震撼的表演。

在起初的小组赛中，人们对于巴西球员的"炫技"有过苛责，内马尔的彩虹过人、里沙利松的颠球杂耍、安东尼的原地转圈，这些都被无情地打上了"无用功""拉仇恨""缺乏体育精神"的标签。甚至有人质疑巴西队，如果到了淘汰赛，这一切都会成为巴西队华而不实的表现。

然而答案和结果呢？巴西队狠狠地抽了质疑者的嘴巴。

在这场世界杯1/8决赛中，面对以勤勉、拼搏、跑不死精神著称的"太极虎"韩国队，巴西队的天才球员们肆意地展现着自己的天赋，在让韩国队毫无还手之力的同时，也一次又一次跳起了最美丽的桑巴足球舞蹈。

维尼修斯绝妙地挑球过人后带着疑惑回头一瞥，他仿佛在说：就是这种级别的防守吗？内马尔如跳机械舞一般的点球主罚过程，轻松、惬意、自然，摧拜敌人的内心；里沙利松更是如海豹顶球一般戏耍韩国队后卫。这是绝对实力的碾压给予球员的足够信心，就连老将蒂亚戈·席尔瓦都能像艺术大师一样送出精准的直塞。这样的巴西队你怎能不爱？一个进球，一段舞蹈，韩国队彻底沦为配角。

刻在巴西队骨子里的浪漫，不仅是每一个进球后不重样的桑巴舞步，而且每个人都乐在其中，当61岁的老帅蒂特和自己的队员们一起翩翩起舞庆祝之时，这样的氛围感会让对手有一种无法言喻的窒息感。这流畅的进攻，这花哨的动作，这满满溢出的桑巴足球的味道真的太浓了。4：1韩国队，让我们看到了久违的桑巴足球风格。其实每个球迷心中都与桑巴足球有一段故事，因为桑巴足球永远年轻、永远充满活力、永不过时——这根纽带传了一代又一代。

看着内马尔、维尼修斯等球员的舞姿，多少往事涌到心头。五次世界杯冠军背后，是巴西队对足球这项运动的终极诠释，其渴望着缔造更完美的表现。

回到一开始，有人质疑巴西队进球后跳舞的庆祝动作。这有什么好质疑的呢？因为巴西队球员不仅仅是进球之后跳舞庆祝，他们的足球本身就是舞蹈。每个球员的每一个动作，就是他们小时候在街头巷尾、阳光沙滩上的绝技……从曾经的德贾明哈、德尼尔森、罗纳尔迪尼奥、罗纳尔多等球员，到如今的内马尔、热苏斯等球员，这是巴西足球骨子里的传承。

第 16 比赛日

正坤龙门阵

知己知彼　英雄出世

日本队 3-4-3 vs **克罗地亚队 4-3-3**

日本队首发：
- 3 谷口彰悟
- 5 长友佑都
- 15 镰田大地
- 13 守田英正
- 12 权田修一
- 22 吉田麻也
- 25 前田大然
- 6 远藤航
- 16 富安健洋
- 14 伊东纯也
- 8 堂安律

克罗地亚队首发：
- 9 克拉马里奇
- 10 莫德里奇
- 22 尤拉诺维奇
- 6 洛夫伦
- 16 佩特科维奇
- 11 布罗佐维奇
- 1 利瓦科维奇
- 20 格瓦迪奥尔
- 4 佩里西奇
- 8 科瓦西奇
- 3 巴里西奇

　　日本队与克罗地亚队的比赛其实并没有呈现一边倒的局势，双方的博弈可谓见招拆招、各有千秋。在残酷的点球大战面前，拥有英雄的那一方笑到了最后。这一战英雄的名字是利瓦科维奇——一位克罗地亚队门将。

　　利瓦科维奇此战的表现堪称属于他的"封神之战"，点球大战中，他诠释了什么是"一夫当关，万夫莫开"的霸气。当然，成就英雄的剧本需要完美的铺垫。点球大战前，双方主帅的斗法也值得注意。

　　日本队打出了其在本届世界杯最不保守的一场比赛，全场控球率与克罗地亚队四六开，射门数13∶17、射正数4∶4，均不相上下，甚至日本队有3次绝佳机会。从首发来看，双方都对彼此的强点和弱点进行针对性的部署：克罗地亚队选择撤下了之前一直担任主力左后卫的索萨，用年纪更大、踢球风格也更稳健的巴里西奇代替。

　　这释放出一个很强的信号——淘汰赛必须提高容错率。克罗地亚队可以牺牲边路进攻的犀利，但必须保证减少错误，尤其这一侧的伊东纯也是日本队绝对的爆点。另外一直作为替补后手的大中锋佩特科维奇首发出场，而且之后克罗地亚队陆续换上了布季米尔和利瓦亚，主打边路传中和身高压制的战术非常明显。

　　日本队教练组预判到这点，只是1.88米的板仓滉因累计黄牌数无法上场。森保一不得已派出了1.83米的谷口彰悟、1.89米的吉田麻也和1.88米的富安健洋坐镇后防。此前一直作为替补的富安健洋此役首发还有一重考虑，因为克罗地亚队的强点是左路的佩里西奇，便让富安健洋这样能中能右、在英超打拼的后卫来"兑子"。前场则由于久保建英身体不适，由堂安律代替其首发。

比赛刚开始，日本队就开始疯狂逼抢，而且并不是象征性地压上。日本队前锋前田大然甚至用飞铲逼得克罗地亚门将利瓦科维奇险些出球失误。这样做的目的是掐断克罗地亚队后场与中场的联系，其中场球员科瓦西奇、布罗佐维奇、莫德里奇个个都是欧洲豪门的主力，个个都能推进、能组织、能控球，让他们舒服地传导起来无异于"慢性自杀"。当我们看到克罗地亚队中后卫格瓦迪奥尔不止一次地带球过前场以及后场起大脚长传时，说明日本队的逼抢起效了。

但日本队的进攻主要也是靠两个边路发起的。前场的镰田大地和堂安律会内收到大禁区前，成为边中结合的桥梁，也为两个边路拉开空间。但本场比赛镰田大地状态出奇地差，一次禁区内的射门高出横梁，也经常丢失球权。堂安律则在开场的一次对脚后，尝到了克罗地亚队防守球员的硬度，有些"躲着踢"。这也让日本队边中结合不畅，只能通过传中来完成最后一击。

值得一提的是，两方在常规时间进球的方式都异曲同工：日本队战术角球给回到大禁区角的堂安律，克罗地亚队防守球员张开身体但并没有扑上去防，给了他从容起脚的空间，最终前田大然禁区内混战补射破门。而克罗地亚队的进球则是球队前场配合后，将球给到插上的中卫洛夫伦，日本队后卫没想到他会直接起脚传中，最终佩里西奇还是抓住了机会，一剑封喉。

其实双方的较量属于见招拆招，双方可谓知己知彼，于是正规的方式无法分出胜负，那只能走上点球大战的窒息决战，结果我们已经知晓，这就是点球大战的残酷。

黄博士课堂

12码点的天堂与地狱

今天世界杯16强战引人注目，日本队与克罗地亚队鏖战120分钟，却在点球大战中一泻千里，用令人难以接受的方式被淘汰出局，留下了无尽的遗憾。其实点球大战自从诞生那天起，就伴随着各种争议与遗憾，但有一点是无法否认的，那便是12码点独有的魅力始终支撑着球迷们的观赛热情。

事实上点球大战是自1978年世界杯才纳入规则体系的，在早年的世界杯上，如果双方战平，其实并没那么多好的抉择方式。在二战前的一些淘汰赛中，如果双方120分钟内打平则需要择日重赛，有时候间隔时间很短还会导致比赛质量严重下滑。

其实二战之后的很长一段时间，各类杯赛的平局依然没有好的解决方案，1968年欧洲杯甚至出现了掷硬币决定晋级名额的荒唐事。不过世界杯相对幸运，从1950年开始到第一次引入点球大战的1978年，单场定胜负的比赛都在120分钟内决出了高下，从而避免了很多争议。

世界杯上首次出现的点球大战，是1982年世界杯半决赛联邦德国队与法国队的经典对决。加时赛中法国队一度3：1领先，却被顽强的联邦德国队追平，双方被迫进入点球轮盘赌。联邦德国队似乎天生精于此道，顽强的意志力保证了球队的下限，球队也顺利胜出终结了普拉蒂尼这代人的梦想。

"德意志战车"就此成为世界杯点球大战的图腾，其40年来参加的点球大战居然保持全胜，其中不乏1990年半决赛击败英格兰队的经典之作。如今的德国队竟无消沉，连续两届无缘世界杯淘汰赛，如果真的面临点球大战，恐怕也没有前辈那般的定力了。不过，既然经历了辉煌，就要有足够的心理准备去面对低谷。

有了正面案例，就不得不提到反面典型，那便是受伤最深的英格兰队。从1990年败给联邦德国队开始，"三狮军团"经历了将近30年的点球噩梦，着实令人唏嘘。虽说英格兰队技术能力与心理素质都不出众，但在这个需要运气的赌局上，其拙劣的表现实在令人难以理解。

在英格兰队实力相对不错的1998年和2006年，球队都被视为夺冠热门，尽管有些比赛常规时间的发挥已经让球迷们看到了其短板，但最终的审判都在12码点前。1998年的英阿大战，以及2006年的英葡大战，成了球迷们心中永远的痛，"92班"与"双德"这代人，终究没能跨越岁月的诅咒。

直到2018年，索斯盖特治下的年轻一代终于冲破了命运的枷锁。英格兰队在世界杯16强比赛中点球淘汰了哥伦比亚队，28年来首次赢得世界杯的点球大战并闯入4强。如今的英格兰队如日中天，相信再面对点球的时候，球队的自信心会越来越足，不会重蹈前人的覆辙。

点球大战层面第三个值得讨论的球队，便是充满了忧郁气质的意大利队。虽说"三狮军团"是点球大战的负面代表，但其实早年间的"蓝衣军团"更配得上这个称号。而伴随20世纪90年代神之哀伤的，便是那个魅惑众生的男人罗伯特·巴乔。

从1990年到1998年，意大利队连续3届世界杯都是夺冠热门，无论是本土作战，还是远赴北美大陆，抑或是在近邻法兰西，球队看上去都生机勃勃，但最终决定命运的方式却出奇地一致。对于3届比赛都登场的巴乔来说，他的人生真的被12码点所左右，以至于让整个亚平宁半岛都患上了点球恐惧症。

到了2006年世界杯半决赛意大利队与德国队的生死战，加时赛中老帅里皮放手一搏，换上4前锋搏命就是为了避开点球大战。毕竟意大利队已经连续3次在点球大战折戟，120分钟内吃下东道主德国队，才是通往柏林的真正捷径。最终格罗索帮助球队做到了这一切，激进主义帮助"蓝衣军团"挣脱了枷锁，但宿命还需要在原地亲自解开。

2006年7月9日，柏林奥林匹克体育场，意大利队与法国队经历了波谲云诡的120分钟，马特拉齐的伎俩与齐达内的愤怒，最终又一次将比赛指向了12码点。尽管齐达内的离场增加了意大利队的胜算，但"蓝衣军团"的灵魂深处，恐怕还有一丝忧虑。

不过在新一代球员的加持下，意大利队终于突破了自己，6年前金球绝杀"蓝衣军团"的特雷泽盖犯下大错，球门横梁葬送了"高卢雄鸡"的前景。随着格罗索的一剑封喉，属于这个夏天的童话，由意大利队书写了浓墨重彩的最后一笔。"蓝衣军团"在点球点前捧起了大力神杯，从此魔咒告破，进入了新纪元。

赛场花絮

卡塔尔的12码点

《罗斯托夫的14秒》记录了日本队在上一届世界杯折戟16强，这届赛事再次未能"冲8"成功，或许这一次日本队回国后再拍纪录片，需要研究的内容也找到了：卡塔尔的12码点。

对于日本队来说，点球大战的确已经成了心中的痛。此前日本队3次晋级1/8决赛均败北——2010年世界杯，其就在16强战中和巴拉圭战至点球大战，最终失利。

本届世界杯，日本队对阵冠军球队全部取胜，但迎战非冠军球队却悉数落败。有人"甩锅"给了高桥阳一，因为《足球小将》中只画了日本队对战德国队和西班牙队，压根就没有哥斯达黎加队与克罗地亚队的戏份。

即便未能突破历史，一切也并非没有意义，日本队击败德国队、西班牙队的两场比赛已经让世界足坛看到了亚洲足球的崛起。

第16比赛日

第 17 比赛日　　球队不能没有大中锋

战况信息

1/8决赛
12月6日23:00　地点：教育城球场

⚽ 萨比里
⚽ 齐耶赫
⚽ 阿什拉夫　摩洛哥队　　0 : 0　　西班牙队
　　　　　　　　　点球 3 : 0

1/8决赛
12月7日03:00　地点：卢塞尔球场

17'　⚽ 贡萨洛·拉莫斯
33'　⚽ 佩佩
51'　⚽ 贡萨洛·拉莫斯
55'　⚽ 格雷罗
67'　⚽ 贡萨洛·拉莫斯
90+2'⚽ 莱奥　　葡萄牙队　　6 : 1　　瑞士队　58' ⚽ 阿坎吉

数说世界杯

1：贡萨洛·拉莫斯上演本届世界杯首个帽子戏法。

2：C罗第2次晋级世界杯8强，葡萄牙队历史首人。

4：贡萨洛·拉莫斯成为葡萄牙队第4名在世界杯上演帽子戏法的球员。

16：C罗与梅西同进世界杯8强，上一次是在16年前。

20：上一位首次首发即戴帽的球员是20年前的克洛泽。

22：上一次世界杯淘汰赛有球员戴帽是在22年前。

31：C罗连续31场国际大赛（世界杯与欧洲杯）首发纪录终结。

53：贡萨洛·拉莫斯上演世界杯历史上第53个帽子戏法。

60：21岁169天的贡萨洛·拉莫斯是60年来世界杯上演帽子戏法最年轻的球员。

195：C罗代表葡萄牙队出战195场。

鑫淼绿茵场

成名之时

世界杯1/8决赛最后两场尘埃落定。摩洛哥队点球大战3:0击败西班牙队，葡萄牙队6:1狂胜瑞士队。两场比赛过程不同，甚至胜利的姿态都不相同，但是这两场比赛有一个相同的故事，那便是替补球员一鸣惊人、一战成名。

先聊聊摩洛哥队的门将布努。

西班牙队的无效传控为其点球大战失败埋下了伏笔，而布努这个神奇的门将宣判了西班牙队的死刑，他将西班牙队的点球全部拒之门外，上演了一出"一夫当关，万夫莫开"的好戏，就此成就了摩洛哥队的世界杯黑马身份，并刷新了球队在世界杯的最佳成绩。

布努是个不喜欢担任替补的门将，从他在马竞担任第三门将时就是这样。他曾在一次球队会议中直接质问主帅西蒙尼为什么不让自己上场。因此布努之后便一直被球队外租，再也没有回到马竞。

经历多年的漂泊闯荡之后，2019年布努被租借加盟到西甲强队塞维利亚。彼时队内主力门将是捷克队国门瓦茨利克，但在布努替补出场的6场西甲联赛中，5场零封仅丢1球，这样的表现让塞维利亚决定留下他，并扶正成为主力门将。

机会总是留给有准备的人，布努没有辜负球队的信任，他在2021—2022赛季获得了西甲金手套"萨莫拉"奖，也就是当赛季最优秀的门将。而在摩洛哥队，阿姆西夫、兰亚格里、穆尼尔都曾力压布努成为摩洛哥队主力门将，这让2012年就入选摩洛哥队的布努只能通过努力去实现自己的价值，2018年的非洲杯他终于真正成为摩洛哥队主力。

最终布努也在今天的比赛中一鸣惊人，赛后布努微微一笑，仿佛在说：西班牙队的球员都是我西甲联赛里的老对手，兵不厌诈，我战胜了他们。

再聊聊这一夜震惊世界的另外一名球员贡萨洛·拉莫斯。

这位本菲卡的新人前锋，相信不少葡萄牙队球迷都不太了解。他在本菲卡也才仅仅踢了一个赛季的轮换主力，出战29场比赛，首发17场，打进7球，这样的数据在俱乐部也只是一个轮换前锋的角色。若不是因为有球员受伤，贡萨洛·拉莫斯都无法获得压哨入选葡萄牙队大名单的机会。在世界杯前的友谊赛上，贡萨洛·拉莫斯完成了国家队首秀，面对尼日利亚队1传1射的表现，让老帅桑托斯选择了这位21岁的小将成为锋线替补。

但是作为替补得到的机会少之又少。而在面对瑞士队的比赛中，葡萄牙队主帅桑托斯力排众议，让拉莫斯首发出战，他顶替的正是葡萄牙队的灵魂球员C罗。第一次首发亮相世界杯的舞台，就是在一战定生死的淘汰赛，况且还是以这样的身份出战，拉莫斯的压力可想而知。

但越是重压之下，越能展现一个人做事的含金量。拉莫斯面对的是以防守见长的瑞士队，镇守球门的更是曾让一众世界级前锋都难堪的门神索默。然而初生牛犊不怕虎，拉莫斯一记小角度爆射近角让索默毫无反应，瑞士队门神怎么也想不到这个角度对方居然会选择射门。贡萨洛·拉莫斯全场比赛打进3球并送上1次助攻，以一己之力碾压瑞士队防线，一战成名的同时刷新了数项纪录。拉莫斯直接登上媒体头条，被称为"C罗接班人"。

从替补到成名世界，贡萨洛·拉莫斯只用了一晚，谁曾想到本届世界杯的第一个帽子戏法会属于贡萨洛·拉莫斯呢？但这一切都是他应得的。

正坤龙门阵

传控的死胡同

摩洛哥队 4-3-3
- 3 马兹拉维
- 15 塞利姆·阿马拉
- 17 布法尔
- 6 赛斯
- 1 布努
- 4 阿姆拉巴特
- 19 恩内斯里
- 5 阿格尔德
- 2 阿什拉夫
- 8 欧纳西
- 7 齐耶赫

西班牙队 4-3-3
- 11 费兰
- 9 加维
- 6 略伦特
- 16 罗德里
- 10 阿森西奥
- 5 布斯克茨
- 23 西蒙
- 24 拉波特
- 21 奥尔莫
- 26 佩德里
- 18 阿尔瓦

　　冷风继续吹，摩洛哥队经过点球大战淘汰了西班牙队。此战开始之前，虽然摩洛哥队是以小组第一的身份出线，但大多数人还是看好西班牙队会挺进8强，毕竟西班牙队实力明显占优。然而摩洛哥队却继续创造了属于自己的奇迹。

　　从比赛进程来看，此战可能是本届世界杯踢到现在最"无聊"的比赛之一，常规时间以及加时赛共计120分钟，估计很多熬夜看球的朋友早已看得昏昏欲睡，直到点球大战才能提起精神。这样的比赛呈现形式其实已经成为西班牙队的"标配"。有言论戏称，西班牙队的比赛是助眠神器，因为超高的控球率却换不来进球，甚至有效的射门都少之又少。此役西班牙队的控球率达到了惊人的77%，然而120分钟的结果却是赤裸裸的0∶0。

　　据数据统计，本战是西班牙队连续第五场大赛淘汰赛进入到加时赛阶段，这样的结果其实早有先兆。本战首发出炉时就可以一窥端倪：阿森西奥出任首发中锋，而抢点能力极强的莫拉塔则坐在替补席上，这样的排兵布阵类似于欧洲杯上恩里克采取的方式，先通过小快灵的前场三人组去进行消耗，之后再换上莫拉塔以期待他可以完成最后一击。但是这样的阵容面对摩洛哥队的铁桶阵，注定会无功而返。

　　整个上半场西班牙队的进攻可以用浑浑噩噩来形容，45分钟比赛下来"斗牛士军团"只完成了一脚打门，此外的绝大多数时间西班牙队都在无效地控球和倒脚。如果说西班牙队在小组赛第一轮大胜哥斯达黎加队靠的是对手阵形切换时的顾此失彼，那么此后西班牙队的三个对手都吸取了哥斯达黎加队惨败的教训，在西班牙队控球的时候尽可能地回收，同时着重保护中路和肋部，让西班牙队难以打出其擅长的渗透配合。

因此面对摩洛哥队的铜墙铁壁，西班牙队就只能不断地在对手的防守阵线之外横传和回传，而面对这样的传导，摩洛哥队的球员在体能上也没有太多消耗，横向移动很短的距离就可以轻松跟上西班牙队的传控。

到了下半场，恩里克终于做了些许的调整，莫拉塔和尼科·威廉姆斯登场，一名高中锋加上一名爆点能力很强的边锋，但摩洛哥队主帅雷格拉吉见招拆招，用替补左后卫阿提亚特·阿拉尔对位撤下体能有下降的马兹拉维，正好对位西班牙队的尼科·威廉姆斯。因此尼科·威廉姆斯上场之后虽有几次突破形成了一些威胁，但与制造绝对的得分机会仍然是相去甚远。

一方是无效进攻，一方是专注防守。残酷的点球大战应运而生，然而这再次成为西班牙队的梦魇，萨拉维亚、索莱尔和布斯克茨这三名球员主罚的点球无一命中，最终西班牙队惨遭淘汰。但将比赛拖入点球大战的，又何尝不是西班牙队自己呢？77%的控球率将西班牙队带入了传控的死胡同。没有一支球队能够在120分钟之内压制得住西班牙队，但是相应地，西班牙队也没有把握在120分钟之内拿下任何一个对手。

"斗牛士军团"或许又走到了一个十字路口。

黄博士课堂

帽子戏法

今天世界杯的16强比赛迎来收官，最令人惊讶的莫过于葡萄牙队的比赛，C罗居然坐上了替补席。来自本菲卡的00后小将贡萨洛·拉莫斯取代了他的位置，这位新人在本赛季的欧冠中有所发挥，但是在世界杯首发之前，他依然不为大多数球迷所知。

然而世界杯就是这样的舞台，它可以让一个年轻人原地腾飞。贡萨洛·拉莫斯在本场比赛中上演了帽子戏法，帮助葡萄牙队6:1大胜瑞士队，历史上第三次闯进世界杯4强。而他本人也创造了无数纪录，成为32年来首位在世界杯淘汰赛戴帽的球员，也成为贝利之后最年轻的淘汰赛帽子戏法缔造者。

其实谈到世界杯的帽子戏法，笔者有很多想跟读者分享的内容，有王者登临的时刻，也有新锐出鞘的瞬间，这些一起构成了精彩至极的世界杯风云，令人感慨万千。

首先要说的自然还是球王贝利，1958年世界杯期间他还不满18岁，最开始也是作为替补登场。而且那时世界杯不允许比赛中途换人，如果拿不到首发位置可能长期枯坐板凳。不过巴西队前两场小组赛发挥一般，在变阵之后17岁的贝利与加林查一起拿到了首发机会，也就此开启了传奇旅程。

巴西队在1/4决赛中对阵威尔士队，贝利打进了制胜球帮助球队涉险晋级，自己也成为世界杯有史以来最年轻的破门球员。但是谁也没有料到，这只是个开胃前菜，他居然在同法国队的半决赛中上演帽子戏法，帮助球队5:2晋级决赛。你很难想象一个17岁的少年会有如此发挥，正如那时的人们很难想象他将有多么伟大。

第17比赛日

第二个要提及的帽子戏法，是在1982年世界杯意大利队与巴西队的比赛中，保罗·罗西那个改变足球历史进程的帽子戏法，这届比赛对于他和意大利队来说同样是一段不可思议的旅程。

1980年春天，受到"托托内罗"假球案的影响，意大利足球遭受重创，多支豪门受到降级及其他处罚，明星球员被禁赛也很普遍，其中就包括"蓝衣军团"的当家射手保罗·罗西。他由于不明不白的指控被禁赛3年，最终因为1982年世界杯的缘故提前1年解禁复出，但此时的他已经远离赛场长达两年之久。

因此在世界杯开赛的时候，罗西与意大利队的状态都非常低迷，球队不仅无法在第一阶段小组赛取胜，甚至连进球都是极其困难的事情。最终球队小组赛3连平仅打入2球，勉强依靠小分的优势晋级第二阶段小组赛。刚刚复出的罗西状态全无，根本看不到4年前那个金童的影子。

然而就是这样一名令人失望的球员，在后续的重要比赛中慢慢找回了状态。对阵阿根廷队的比赛时罗西就有回暖的迹象，但"偷猎者"的属性却在对阵巴西队的比赛中突然爆发。那是有史以来最为华丽的"桑巴军团"，中场4人组如丝般顺滑，却未想到罗西对于机会的把握如此精确，令人瞠目结舌。

最终罗西上演了职业生涯最关键的帽子戏法，帮助意大利队击败了万众瞩目的巴西队，最终闯进半决赛。他在后续两场比赛中再入3球，帮助"蓝衣军团"时隔44年重夺世界杯冠军，自己也成为1982年世界杯的最佳球员。

第三个令我印象深刻的帽子戏法，就是2018年"伊比利亚内战"中C罗天神下凡的表演。此时的他已经33岁，在前3届世界杯中一共只打进3球，整体表现与俱乐部的他无法同日而语。但在俄罗斯世界杯的首秀中，C罗震撼了世界。

得益于西班牙队腰位防守的空当，C罗一开场就制造点球，并且在半场结束前利用对手的失误梅开二度。不过"斗牛士军团"的反扑也很迅猛，一波操作之后居然3∶2实现了反超。眼看着比赛行将结束，葡萄牙队要遭遇"开门黑"。

就在千钧一发之际，C罗挺身而出，他的任意球画出了曼妙的弧线，用最惊艳的方式上演帽子戏法，拯救球队于水火之中。这不是世界杯上最重要的帽子戏法，但对于C罗的球迷们来说，此刻的克里斯蒂亚诺，就是上帝。

本届世界杯只剩下最后的8场比赛，期待后续还有惊为天人的帽子戏法，为这届杯赛增光添彩。

⚽ **聚焦C罗**

同是替补席　心情大不同

葡萄牙队迎战瑞士队，"五盾军团"率先变招——让C罗替补待命。这也是C罗自2008年欧洲杯以来，首次在国际大赛中（世界杯与欧洲杯）未能首发，连续31场首发的纪录就此终结。

眼看着队友们在场上砍瓜切菜，坐上替补席的C罗也心情大好，笑容一直挂在脸上。看来国家队的替补席与曼联的替补席，舒适程度显而易见。

扛着葡萄牙队走了这么多年，"总裁"终于可以享受享受——如今的葡萄牙也有了打"富裕仗"的资本。当然C罗也并未坐在场边从头看到尾，他在第73分钟披挂上阵，贡献了7次触球1次射门。

对于C罗来说，能够出场多长时间并不重要，重要的是葡萄牙队能够走得更远。但只要C罗在下一场比赛出战，就能追平足坛的国家队历史出场纪录（196场）。此后能不能再打破这一纪录，就看葡萄牙队能否更进一步了。

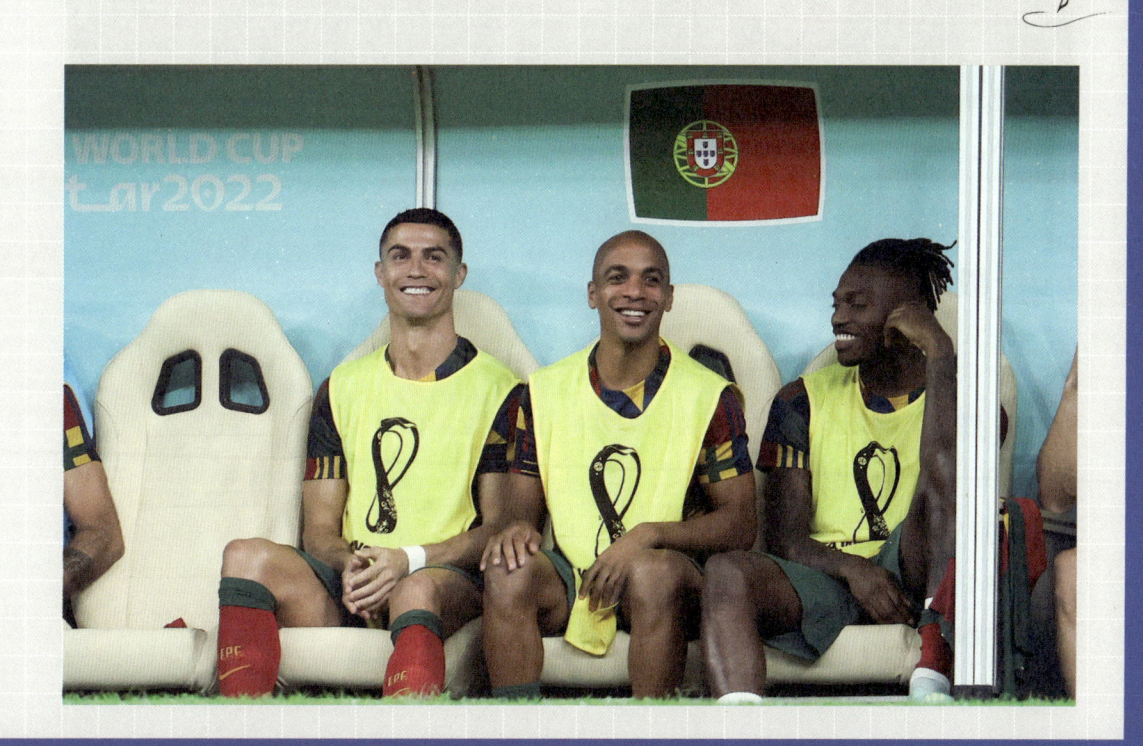

第17比赛日

第 1 休息日　　　小组赛总结

⚽ 小组赛最佳阵容：4-3-3

特奥 🇫🇷
格瓦迪奥尔 🇭🇷
布鲁诺·费尔南德斯 🇵🇹
加克波 🇳🇱
什琴斯尼 🇵🇱
马奎尔 🏴󠁧󠁢󠁥󠁮󠁧󠁿
卡塞米罗 🇧🇷
姆巴佩 🇫🇷
阿什拉夫 🇲🇦
德容 🇳🇱
齐耶赫 🇲🇦

⚽ 数说世界杯

24：48场小组赛中有24场上半场以0:0结束。

69：德国队以69次射门位列小组赛球队射门榜首位。

120：小组赛共计打入120球。

123：美国队小组赛场均跑动123千米，排名首位。

4831：莱万多夫斯基以4832米位列小组赛球员场均走动距离首位。

2450000：小组赛现场累计观众达2450000人次。

114

鑫淼绿茵场

初看最佳11人

卡塔尔世界杯比赛终于迎来第一个休赛日，48场小组赛以及8场1/8决赛全部结束。从比赛数量上来说，世界杯仅剩下最后12场比赛，但是从冠军之路上来说，残酷又精彩的世界杯即将到来。在这个难得的休息日，我们终究还是要复盘一下，一起聊聊前面56场比赛我心中的最佳阵容，也就是到目前为止表现最为出色的11名球员，我选择的是一套"433"阵形。

在门将位置上，小组赛阶段给我留下最深刻印象的是波兰队门将什琴斯尼，他在3场比赛中完成2场零封，并且在对阵沙特阿拉伯队和阿根廷队的比赛中两次扑出对手的点球，这在整个世界杯历史上都是难得一见的数据。另外摩洛哥队门将布努的发挥也非常出色，是我在门将位置的第二选择。

后防线上，两个边后卫球员是来自法国队的特奥·埃尔南德斯和荷兰队的邓弗里斯。身为两大豪门球队，边后卫在进攻端的贡献要大于防守端，而这两人也非常出色地完成了任务。当然摩洛哥队的阿什拉夫发挥也相当不错，身为球队的防守大闸，是球队杀进8强的第一功臣。中后卫位置上范迪克、蒂亚戈·席尔瓦等名将的发挥相当稳定，另外克罗地亚队的小将格瓦迪奥尔也展现了不错的天赋，三者算其二，范迪克只能屈居替补。

中场位置给我们留下深刻印象的球员太多了，3名球员的竞争非常激烈。我首先选择的是英格兰队的天才少年贝林厄姆，年仅19岁的他就颇具大将风度，即使用成熟球员的标准来要求他也依然非常出色，未来必将不可限量。

另外，同样年轻的阿根廷队中场恩佐·费尔南德斯也让人眼前一亮。阿根廷队能够成功从小组出线，球队首发的更替起到了关键的作用，恩佐·费尔南德斯进入首发成为阿根廷队中场是正确选择。第三名中场球员则是格列兹曼，虽然4场比赛没有进球甚至没有助攻，但是格列兹曼在中场的串联组织对于法国队来说至关重要。正是格列兹曼的游刃有余，才让法国队的前场"肆无忌惮"，在博格巴、坎特都缺席的情况下，格列兹曼还承担起防守的任务，中场全才当之无愧。

前锋线上同样有多位球员面临竞争，但是梅西和姆巴佩毫无疑问将占据两个名额。这两人的出色状态是两种极端。梅西属于老骥伏枥，志在千里；而姆巴佩则是青春无极限的代表。我此时甚至畅想：按照如今的赛程，梅西与姆巴佩是否会有会师决赛的可能性呢？让我们拭目以待。

除了这两位顶流球员之外，在热刺效率低下的里沙利松承担起了巴西队9号的责任，1/8决赛顶替C罗首发的贡萨洛·拉莫斯上演帽子戏法一战成名。但是这两位球员的表现与荷兰队的小将加克波相比还是稍微逊色些，"橙衣军团"顺利晋级8强，加克波厥功至伟。

接下来1/4决赛对这些在此前发挥出色的球员将会是更大的考验，很多强队到目前为止还没有碰到过真正强大的对手，某些球员的出色发挥也许只是在面对实力远不及自己的对手时顺风顺水的结果。想要真正成名，还需要在"高端局"发挥更加出色，1/4决赛面对强敌，将是我们提到的这些球星进一步证明自己的好机会。

正坤龙门阵

保守足球

世界杯1/8决赛战罢，第一个休赛日就这样到来，总共64场比赛已经踢完56场，32强也只剩下最后8支球队。踢到现在这个阶段，世界杯上发生的很多事情在大家的脑海中已经有了初步判断，比如哪支球队的表现超出预期、哪支球队的表现让人大跌眼镜。这种现实与预期之间产生的变化也正是世界杯的魅力所在。

积极与保守，这对反义词放在不同球队上其实存在着不同的判断标准。相同的一套战术，放在哥斯达黎加队身上可能就是积极，而放在德国队身上可能就是保守，因此每支球队在场上所对标的，不只是对手，还有其自身。就本届世界杯来讲，保守成了一种流行的风潮，无论是传统豪强还是世界杯新军，每支球队在场上所展现的都是对比自身更为保守的策略。

这个风潮的启示，来源于上届冠军法国队在世界杯开赛前的一场发布会，主帅德尚明确表示会在世界杯打回四后卫的体系。对于已经踢了一年"3412"阵形，并且靠着这个阵形拿下2021年欧国联冠军的法国队来说，做出这样的改变并不容易。但德尚很坚决，因为这是世界杯，因为在2018年法国队靠着这个保守的阵形拿下了世界杯冠军。

法国队因为保守而取得成功，但有的球队也可能因为保守而导致失败。德国队就是一个典型案例，在弗利克接手球队初期，德国队的四后卫是两翼齐飞的踢法，左侧劳姆，右侧霍夫曼，两侧都是更偏进攻型的边后卫。后来弗利克开始调整，科雷尔进入首发，这位可边可中的后场多面手打在边后卫位置，相应这一侧也会更加注重防守。而到了世界杯首战，右后卫的首发则换成了聚勒，但显然中卫出身的聚勒并没能胜任这个位置，不仅进攻端帮助有限，防守端甚至成了日本队重点进攻的对象，弗利克的保守尝试以失败告终。

再比如以进攻和双中锋著称的塞尔维亚队，主帅斯托伊科维奇在前两场比赛中也是尽可能地选择保守的策略，"3412"双中锋阵形是赛前很多人看好塞尔维亚队的原因，米特洛维奇和弗拉霍维奇两人状态都非常火热，但是在前两场小组赛中，塞尔维亚队却都选择了保守的单中锋"3421"首发阵形。弗拉霍维奇只能枯坐板凳，而第一场科斯蒂奇有伤，斯托伊科维奇在左边翼卫选择的替代人选也是防守最好的边翼卫姆拉德诺维奇。保守的阵形和人员配置，加上依旧激进的战术思路，一支自相矛盾的塞尔维亚队就这样离开了世界杯。

而类似的情况甚至也出现在了塞尔维亚队的对手喀麦隆队的身上，里格贝特·宋在阵容里带上了多达10名前锋，这本来就是按照"442"阵形双边锋+双中锋进行的选人，但前两场喀麦隆队都只选择了保守的单中锋"433"阵形，直到被塞尔维亚队逼入绝境，里格贝特·宋才派上阿布巴卡尔改打"442"，而也正是他的登场和阵形的调换让喀麦隆队起死回生，战平塞尔维亚队结束世界杯正赛8连败。

保守，这是很多教练在世界杯上首选的思路，比如伊朗队和加纳队的第一场都强行改打"541"，三中卫是这两支球队在世预赛中几乎没有使用过的阵形，保守的思路让主教练决定一试，但最终两支球队都输掉了比赛。或许这就叫作为了保守而保守吧，这样的案例在世界杯上屡见不鲜，但成功者可以说寥寥无几。法国队的做法可以说是借鉴成功的经验，而其他球队哪有这样的经验呢？

黄博士课堂

非洲足球发展史

本届世界杯的8强当中出现了新面孔,那就是最令人惊喜的摩洛哥队。作为1970年就代表非洲参赛的北非传统劲旅,其等待这一刻已经超过了半个世纪。而非洲足球的故事,需要将北非与撒哈拉以南非洲独立开来,这是一段交错又融合的历史。

相当于其他大陆来说,非洲球队登上世界杯历史舞台的时间最晚,甚至二战之前主权独立的国家都很少,埃及队在1934年代表非洲参加了世界杯,成为这片大陆的先驱。不过在1960年"非洲独立年"之前,非洲还没有成批量以独立国家的身份报名参加世预赛的球队,甚至连独立的非洲赛区也没有。

随着20世纪60年代大批非洲国家翻身做主人,这片大陆的球队终于开始得到世界足坛的关注。早些年非洲强势的球队多来自北非,尤其以摩洛哥队最为强势。当时非洲区预选赛常常几十支球队激战4轮,最终只有一个正赛名额,而摩洛哥队在1970年脱颖而出,成为二战后首支参加世界杯的非洲球队。

在此之后的20年,尽管扎伊尔(今民主刚果)队与喀麦隆队等撒哈拉以南非洲国家的球队都曾经入围正赛,但想取得突破还得看北非球队的造诣。1978年,突尼斯队击败墨西哥队拿下了非洲球队的首胜;1982年,新军阿尔及利亚队首战爆冷击败联邦德国队,震惊世界;1986年,摩洛哥队卷土重来,第一次杀进世界杯淘汰赛,又一次领非洲足球时代之先。

直到1990年,喀麦隆队才在"米拉大叔"等人的加持之下,历史性地闯进了世界杯8强。而正是从此时开始,国内的球迷开始接触到国际足坛,撒哈拉以南非洲球队强势的印象由此产生,并且绵延了20多年。

20世纪90年代,尼日利亚队诞生了以奥科查为首的一大批世界级巨星。球队不仅在世界杯中的表现令人印象深刻,更是拿下了1996年奥运会的男足冠军。之后随着喀麦隆队、加纳队、科特迪瓦队的崛起,撒哈拉以南非洲球队几乎成了非洲大陆球队的代言人,北非球队完全被遗忘。

最令人意外的是2006年,非洲区世预赛冷门频出,结果多哥队、安哥拉队、加纳队与科特迪瓦队逆势杀出,撒哈拉以南非洲4支新军挺进世界杯,而北非球队中只有突尼斯队孤独坚守,在角落中无人问津。在这段昏暗岁月中,1998年哈吉领衔的摩洛哥队给球迷留下了较为深刻的印象,结果却被神奇的挪威队逆转击败出局。至于在21世纪前10年取得非洲杯三连冠的埃及队,更是连世界杯的参赛资格都没拿到过。

这一切直到21世纪才开始好转,以阿尔及利亚队为首的北非球队连续两届世界杯奉献出令人惊艳的表现。特别是2014年世界杯16强战,阿尔及利亚队更是将巅峰期的德国队拖入加时赛,逼迫诺伊尔拿出了世界杯上最强的"门卫"表现,这才涉险过关。

2018年尽管阿尔及利亚队意外无缘世界杯,但是摩洛哥队、埃及队与突尼斯队一起回来了,北非球队时隔多年终于压过撒哈拉以南的非洲球队,重新燃起了北非的星星之火。尽管这届杯赛3支球队整体发挥相对一般,但量变引起质变,相信一切都会好起来的。

4年之后的卡塔尔,摩洛哥队与突尼斯队再度赴约,赛前并不被看好的摩洛哥队,从小组赛第一场便开始惊艳世界。尽管球队锋线锐度不足,但良好的中后场防守层次让各路豪门束手无策,从克罗地亚队到比利时队,再到西班牙队,三大劲旅都无法敲开摩洛哥队的大门。世人开始意识到这支球队的坚韧,以及其无与伦比的执行力,也许更大的奇迹还在后面。

非洲球队的第一次4强之旅不知何时能实现,我们期待这一天早日到来。

第1休息日

第2休息日　　1/8决赛总结

⚽ 1/8 决赛最佳阵容 4-3-3

（场上阵容）
- 邓弗里斯 🇳🇱
- 阿姆拉巴特 🇲🇦
- 梅西 🇦🇷
- 佩佩 🇵🇹
- 帕奎塔 🇧🇷
- 姆巴佩 🇫🇷
- 利瓦科维奇 🇭🇷
- 赛斯 🇲🇦
- 贝林厄姆 🏴󠁧󠁢󠁥󠁮󠁧󠁿
- 贡萨洛·拉莫斯 🇵🇹
- 阿齐兹·贝希 🇦🇺

⚽ 数说世界杯

14：巴西队14次晋级世界杯1/4决赛（包含本届），为8强球队最多。

28：本届世界杯8场1/8决赛中共出现28粒进球（不包括点球大战），是1986年重新引入16强战以来同阶段比赛进球最多的一届世界杯。

90.9：西班牙队在本届世界杯传球成功率为90.9%，为所有球队最高。

115.86：英格兰队对阵塞内加尔队，凯恩射门时球速为115.86km/h，为1/8决赛进球球速最快。

684：西班牙队球员罗德里4场比赛送出684次传球，创造了自1966年以来的单届世界杯传球总次数纪录。

鑫淼绿茵场

不靠谱预测

在1/4决赛开始前，聊一下我对4场1/4决赛的期待。由于大家在看到这本《世界杯笔记：2022》的时候，世界杯已经结束，所以我的预测难免会被"打脸"。但是这也无法阻止我预测的躁动之心，毕竟这样的机会4年才有一次，更何况这4场比赛注定都有自己的精彩桥段，会成为后世不断提及的经典。

第1场是克罗地亚队对阵巴西队。此战最大的关注焦点不是内马尔，也不是五星巴西队，全世界的镁光灯大概率都会聚焦到大师莫德里奇身上。上届世界杯率领克罗地亚队拿下亚军的"魔笛"，本届世界杯其实已经没有任何遗憾需要弥补。

此时此刻，大家对于本场比赛的看法就是"悬念不大"，克罗地亚队在1/8决赛与日本队鏖战到点球大战，巴西队则是早早地大比分领先打卡下班，克罗地亚队能否再创奇迹呢？我觉得将会非常困难。莫德里奇将迎来他在世界杯的最后一舞，大师的告别注定悲情。

第2场是荷兰队与阿根廷队的较量，这是一场令人难以预测的对决。荷兰队与阿根廷队都有明显的短板以及各自的优势。荷兰队的优势是拥有传奇主帅范加尔，他的执教经验和能力将是荷兰队最大的赢球资本。

而阿根廷队的优势是什么呢？那必然是梅西。拥有梅西，是让任何一支球队都羡慕阿根廷队的原因。也正是因为梅西的存在，每场比赛都充满了变数。范加尔如何去限制梅西会成为比赛的焦点。另外范迪克与梅西这两位在2019年金球奖评选时有过竞争的球员在攻防两端的对抗，也是一大看点。那么究竟谁会是胜利者？我给出的答案是势均力敌。

第3场是摩洛哥队对阵葡萄牙队。摩洛哥队在1/8决赛挑落的正是伊比利亚半岛的另外一支球队西班牙队，本轮对上与西班牙队地理位置距离极其接近的葡萄牙队，同样令人期待摩洛哥队能否继续创造历史。

本场比赛的另外一个看点就是C罗能否首发登场，贡萨洛·拉莫斯虽然在1/8决赛中完成帽子戏法，但是很难要求一个年轻人在连续的世界杯淘汰赛中能够发挥出顶级的表现，另外面对摩洛哥队赛斯领衔的老辣防线，贡萨洛·拉莫斯也将受到更多的关注。不过在我看来，贡萨洛·拉莫斯首发的概率还是更大，C罗很可能继续担任替补，就看老帅桑托斯能否稳定住那摇摇欲坠的更衣室关系了。当然我看好葡萄牙队晋级。

第4场是我个人最期待的，也是我将会解说的英格兰队与法国队的"英法对决"。双方的主教练都经历过质疑：德尚在2018年夺冠之前曾被质疑战术水平，索斯盖特虽然率领英格兰队打进上届世界杯4强和2021欧洲杯决赛，但是依然饱受诟病。纵观8强众队，把本场比赛看作提前的决赛也毫无问题，而且两队在世界杯历史上其实只有两次交手，此番可真是世界杯赛场上难得的盛宴。

当然这场比赛更大的看点还是两支球队年轻球员的对决，是姆巴佩、登贝莱、科曼等法国队青年才俊更胜一筹，还是福登、拉什福德、贝林厄姆等英格兰队年轻球员取得胜利呢？答案似乎变得不那么重要了。

正坤龙门阵

26人大名单的进步性

今天是世界杯的第二个休赛日，着重聊一聊26人大名单在本届世界杯战术当中的体现。在1/8决赛当中，蒂特率领的巴西队成为世界杯历史上第一支将26名队员全都派上场的球队，35岁的第三门将维福顿是最后一位上场的幸运儿。

相比于此前的23人，26人大名单为主教练增加了很多的选择空间。因为在原先的23人大名单框架下，主教练基本就是在主力11人的基础上，再在每个位置上安排一名替补队员，最后加上一位第三门将，这样就是23人大名单。除非阵容中有一些能够适应多个位置的多面手，否则主教练很难对阵容结构做出带有明显个人意愿的安排，因为这样的方式往往会有比较大的风险。

但在26人大名单的框架下，通过主教练的选人就可以很大程度地了解这支球队的阵形打法、战术思路等内容，这也是26人大名单带来的最大变化。因为对于多出来的3个名额，主教练可以完全自由发挥，将这3个名额用在任意的位置上，这就带来与以往23人大名单时代最大的变化。

这样的变化其实从2020欧洲杯上就初见端倪，主打三中卫的瑞士队、芬兰队以及苏格兰队都带上了超过10名后卫队员，这在23人大名单的时代是很难想象的。包括比利时队敢于带上欧洲杯赛前还没有伤愈的维特塞尔，是在名单人数扩充的条件下做出的合理尝试。而考虑到当时每场比赛的球员名单还是限制在23人，因此26人大名单所带来的冲击还没有那么明显，超过半数的球队将这3个名额平均分给了后卫、中场和前锋。

但是到了世界杯，当15名替补队员均可以坐上替补席时，很多主帅大展拳脚的机会就来了。先来说两支很典型的将3个额外名额全部用在锋线上的球队：巴西队和喀麦隆队。巴西队主打"4231"阵形，但在左右边锋以及中锋的位置上各有3个人选供蒂特选择，这种在5次换人时代的轮番冲击正是蒂特希望达到的效果。而喀麦隆队更甚，10名前锋赫然出现在名单当中，4名中锋加上6名边锋，哪怕是打"442"阵形，这样的配置也显得有些"臃肿"，但正是多名前锋的轮番冲击，让喀麦隆队时隔20年再度在世界杯正赛舞台上收获了胜利。

有着重锋线的球队也就有着重防线的球队，本届世界杯有三支球队带上了第四门将，分别是伊朗队、突尼斯队和瑞士队。2018年世界杯，突尼斯队就曾经在小组赛前两场连伤两名门将，最后一场比赛仅剩一名门将。所以在这三支球队当中，突尼斯队可能是对第四门将执念最深的。虽然本届世界杯没有出现这种情况，但或许在未来我们有机会看到世界杯上同一支球队的四名门将都有登场记录的神奇场景。

还有很多球队将多出来的3个名额分配到了一些人员储备丰富的位置，比如塞内加尔队就带上了9名可以踢后腰的球员，但这势必意味着有些球员会一直枯坐板凳，像替补后腰马马杜·卢姆，在他从2020年到如今近20次进入国家队名单的比赛当中，仅在2022年初的非洲杯上登场1次。他的实力确实配得上国家队，主帅阿利乌·西塞在世界杯26人大名单的背景下也将他征召入队，但这或许只是一种"奖励性"的征召，对于卢姆来讲，可能他自始至终都知道，在竞争如此激烈的后腰位置，自己几乎不可能获得什么机会。

每个人心中都有一个哈姆雷特，对于26人大名单，每位主帅都有着自己的别样解读，这份名单给了主帅们更多的遐想空间，也给了更多球员去感受世界杯的机会。

黄博士课堂

成也传控 败也传控

西班牙队止步16强之后，球队主帅路易斯·恩里克今日正式离任，此事并没有掀起太大波澜。他本人几乎要为这次失败负全责，在选人及战术的问题上，恩里克已经被无数次"鞭尸"。不过笔者想从更宏观的角度聊聊"斗牛士军团"的这次溃败，以及黄金一代落幕近10年之后，西班牙足球该何去何从。

首先要明确一点，西班牙队虽然拥有一众新星，但真正能在大赛上解决问题的人很少。特别是基于多年的传控体系，纵向的输出以及能够破门得分的球员少之又少。所以西班牙队带不带蒂亚戈、选不选德赫亚，乃至比赛中到底用谁首发，倒不是那么重要的问题。球队的问题是根上的顽疾，恩里克因为在一些细枝末节上较为偏执的做法背负了太多骂名，这固然是他自己造成的，但我们也不能够一叶障目。

在2008年西班牙队黄金一代成功之前，球队也走过很多弯路，甚至在1994年尝试过力量型足球，21世纪初还执迷于所谓的两翼齐飞，即便是2008年欧洲杯夺冠，西班牙队对于快速进攻理念的推崇也很明显。最终是瓜迪奥拉的究极传控理念搭配无与伦比的一代天才，成就了空前的"斗牛士王朝"。

西班牙队在取得不可思议的成功之后，总想着复制辉煌，这也为之后数年西班牙足球的青训指明了方向。这几年涌现的西班牙小将，脚下技术不可谓不好，即便是斗牛犬风格的金童加维，脚下能力也是完全够用。不过在极端传控指导思想的影响下，人员结构过于单一的弊端还是显现出来。

传控从来都是手段不是目的，巅峰期西班牙队最强的攻坚能力便是在慢节奏中突然提速。球队拥有伊涅斯塔与大卫·席尔瓦这种纵向突击能力较强的球员；在临门一脚方面，先有托雷斯后有比利亚，哪怕是后来的迭戈·科斯塔也能凭借身体素质打开局面。而如今西班牙队的传球次数有过之而无不及，但根本找不到主要的突击方向。第一场比赛7：0战胜哥斯达黎加队只能说是对手较弱，而西班牙队的真实水平在后面的比赛中才完全暴露出来。

不过西班牙队的球迷不应太过悲观，球队在世界足坛本就不是什么一线强队，甚至长期被戏称为预选赛之王。2008年到2012年的国际大赛（世界杯和欧洲杯）三连冠拔高了这一代球迷的预期，但回落之后跌到过去的水平，也是很正常的事情。

对于西班牙队来说，在世界杯这等高级别的赛事中，稳定地保持小组出线其实就完成了任务。闯入4强甚至8强，对于球队来说都不是必须完成的目标。

在如今这个多元化的足球时代，如果只靠自身的青训，球员能力天花板是可以预见的。哈维、伊涅斯塔这种绝世天才球员，几十年只能出一批，可遇而不可求。像法国队、英格兰队已经开始走种族融合的路线，多种背景球员的加入可以弥补本土人才的弊端，最大化跟上时代的节奏。

西班牙队十分稀缺的球员类型，比如"攻城锤"和硬派中场，在此前都有过成功的归化球员。之后在青训层面就应该着重考察类似的苗子，如果到了大赛仅有一个莫拉塔可以充当中锋，打不开局面大概率就是板上钉钉的事情了。

其实英格兰队就是很好的范本，球队花了10余年的时间彻底走出了半个多世纪的桎梏。现在的"三狮军团"人员搭配非常合理，年龄结构也在可控范围内，西班牙足球的青训造血能力世界闻名，只要认准了一条正确的路，10年之后应该就能取得初步的成果，作为球迷我们不妨慢慢等待。

第18比赛日　梅西跳舞　内马尔回家

战况信息

1/4决赛
12月9日23:00　地点：教育城球场

116' 佩特科维奇
　　 弗拉西奇
　　 马耶尔
　　 莫德里奇
　　 奥尔西奇

克罗地亚队　**1 : 1**　巴西队
　　　　　　点球 4 : 2

105+1' 内马尔
　　　 卡塞米罗
　　　 佩德罗

1/4决赛
12月10日03:00　地点：卢塞尔球场

83' 韦霍斯特
90+11' 韦霍斯特
　　　 科普迈纳斯
　　　 韦霍斯特
　　　 卢克·德容

荷兰队　**2 : 2**　阿根廷队
　　　　点球 3 : 4

35' 莫利纳
73' 梅西
　　 梅西
　　 帕雷德斯
　　 蒙铁尔
　　 劳塔罗

数说世界杯

4：梅西在本届世界杯已打入4球，排在射手榜第二位。

8：内马尔打入个人世界杯第8粒进球，追平马拉多纳与C罗。

10：梅西在世界杯已经打入10球，追平托马斯·穆勒，两人并列现役第一，并且追平巴蒂，并列阿根廷队世界杯射手王。

17：梅西第17次在世界杯中以队长身份出场，追平墨西哥队传奇后卫拉斐尔·马克斯，并列赛事历史第一。

23：梅西在国际大赛（世界杯与美洲杯）已打入23球，反超C罗的22球。

24：梅西在世界杯中出场24次，与克洛泽并列第二，仅次于25次的马特乌斯。

77：内马尔打入个人在巴西队的第77球，追平贝利，并列巴西队队史射手王。

790：梅西生涯进球数达到790球。

1001：梅西迎来个人生涯第1001场比赛。

鑫淼绿茵场

骄傲的巴西队 痛哭的内马尔

这是一个奇迹的夜晚！两场比赛注定都将被球迷永久铭记。荷兰队创造奇迹只用了几秒钟，但是距离完成最终的奇迹，他们也仅仅差了一小步。强大的巴西队距离奇迹只有咫尺之遥，可是不服输的克罗地亚队还是让巴西队低下了骄傲的头颅，让内马尔流下了伤心的泪水。

两场比赛，我选择将更多的笔墨留给巴西队与克罗地亚队的比赛。毕竟巴西队作为本届世界杯夺冠最大热门球队，以如此方式出局，着实让人捉摸不透，又不得不感叹：在足球赛场就没有绝对的强者。

比赛开始之前，我们都为克罗地亚队担忧，对其晋级前景普遍看衰。毕竟克罗地亚队在1/8决赛消耗太多，与巴西队更是有天然的实力差距。然而当比赛结果尘埃落定之后，我们不得不开始送别巴西队。

巴西队的出局，我愿意用"自杀"来形容。小组赛晋级顺风顺水，淘汰赛第一场对阵韩国队更是早早地让比赛失去悬念。此时的巴西队是强大到无与伦比的存在，"桑巴军团"面对任何对手都是予取予求，收放自如。于是与克罗地亚队的比赛，我们看到的是这样一支巴西队：进攻端随意无序、失误频频，球员跑动毫无积极性可言；防守端略显拖沓、盯人不足，不够重视对手。

但即便是这样一支巴西队，在场面上还是占据绝对优势。此时你不得不感叹巴西队强大的实力，其有着骄傲的资本，甚至不用完全投入比赛也可以随时终结悬念。

90分钟被克罗地亚队0：0逼平又如何？此时的克罗地亚队已经无力奔跑，巴西队加时赛可以随时收割比赛。事实上也是如此，低调甚至低迷了一整场的内马尔，只需要灵光一闪便让巴西队取得进球，无限接近晋级。此时巴西队散漫的防守又一次展现出来，本可以守住比赛胜利，却迷失在了自我的进攻之中。

此时的巴西队或许忽略了其对手是上届世界杯的亚军球队，是一支打不死的"小强"。37岁的莫德里奇率领的"格子军团"经历过太多大风大浪，怎么会轻易缴械投降？裁判的哨声如果不响起，克罗地亚队就不会和这个赛场说再见。于是克罗地亚队奇迹般地扳平比分，接下来是属于克罗地亚队最为熟悉的点球大战。

点球大战的过程不用赘述，年轻的巴西球员怎能经受如此残酷的考验？就这样，才华横溢的巴西队低下了骄傲的头颅，落寞地走出赛场，草草地结束了世界杯之旅。对于巴西队球迷来说这是沉重的打击，对于当家球星内马尔更是如此。

本届世界杯本是内马尔冲击更高地位的最后机会，没想到他会以这样的方式告别赛场。这是内马尔的第三届世界杯征程，他还没有踢过一次半决赛。下一届世界杯，他还有机会吗？又或者，那让球迷心疼的泪水，将成为他在世界杯上最后的瞬间。

第18比赛日

正坤龙门阵

骨子里的悲情

荷兰队 3-4-1-2
- 5 阿克
- 17 布林德
- 21 弗伦基·德容
- 7 贝尔温
- 23 诺珀特
- 4 范迪克
- 8 加克波
- 15 德容恩
- 10 德佩
- 2 廷贝尔
- 22 邓弗里斯

阿根廷队 5-3-2
- 7 德保罗
- 26 莫利纳
- 10 梅西
- 13 罗梅罗
- 24 恩佐
- 19 奥塔门迪
- 23 马丁内斯
- 9 阿尔瓦雷斯
- 25 利桑德罗
- 20 麦卡利斯特
- 8 阿库尼亚

　　不知道用怎样的心情去描述荷兰队与阿根廷队的这场1/4决赛，荡气回肠、一波三折这样的字眼显得过于平庸。只能说，这将是一场载入世界杯史册的经典之战，必定让球迷铭记在心。我们可以记住属于阿根廷队的雄鹰激情，当然荷兰队那骨子里的悲情，更是让人心生怜悯。

　　毫无疑问，这是一场大起大落的比赛。阿根廷队在战术方面的突然提速让荷兰队反应不及，同时荷兰队的高度压制让阿根廷队叫苦不迭，双方战术压迫到彼此都无法喘息。而在裁判的"推波助澜"下，这场比赛早早地达到了高潮，最终在最残酷也最公平的点球大战上分出了胜负。

　　荷兰队的首发依然没有太多变化，无非是前场三人组的换位。但阿根廷队抛弃了之前一直主打的"433"阵形，而是打起了"532"阵形。一是将阿尔瓦雷斯移回中路，替换此前屡失良机的劳塔罗；二是解放两个边翼卫阿库尼亚和莫利纳的上下奔跑能力，拉开空间；另外用前两场替补的利桑德罗·马丁内斯打左中卫，用他的灵活性与阿库尼亚一起封锁荷兰队的最强点邓弗里斯。中场的三个人则夹抢对手的中场核心德容，让他从容接球都变得困难。

　　可以说阿根廷队的开场战术是非常成功的：上半场荷兰队只有1脚射门，虽然控球率领先，但多是在中后场的横传倒脚。我们不止一次看到荷兰队的中后卫带球到中场甚至更往前的画面，最后只能以长传发起进攻。但前场三人组是德佩、贝尔温、加克波，如果让1.93

米的加克波去争抢第一点，那就浪费了他脚下技术和前场策应组织串联的能力，所以荷兰队的进攻非常别扭。

而阿根廷队这边踢得很聪明，用三个攻守兼备的中场"托起"梅西，通过跑动给他提供传球线路，为他保驾护航。这并不是帮助梅西单干，而是让梅西吸引荷兰队后防的精力，然后主要冲击三后卫的肋部。从阿根廷队第一个运动战进球就可以明显看出：当梅西在前场拿球时，荷兰队所有防守人的注意力都在他身上。中后卫阿克上抢封堵梅西球路，但在边翼卫布林德只顾着看梅西，身前一个大活人沿肋部插上愣是没看到。最终前插的莫利纳单刀直入，首开纪录。

而在邓弗里斯因为鲁莽的防守习惯送点后，荷兰队也开始了背水一战。先是在第64分钟换上了1.88米的卢克·德容，丢球后第78分钟又很快换上了1.96米的韦霍斯特，而且以范迪克为首的这些中后卫还时不时插上参与进攻。这对于后卫球员身高没有一个到1.85米的阿根廷队来说是摧毁性的。两个大中锋频繁在前场抢到第一点，在阿根廷队禁区前的黄金位置制造任意球就至少2—3次。而这也是荷兰队两记扳平球的进球方式：一个禁区内抢点头球，一个禁区前沿任意球战术配合。

从结果上来说，荷兰队老帅范加尔开场的布置被阿根廷队主帅斯卡洛尼应对得很好，老帅比赛后半段的调整也是彰显功力的。但换人的时间还是略晚，如果早点儿给阿根廷队后防以高空威胁，也许还有逆转的可能。最终点球大战的结果也较为公平地反映了双方场上局面。只能说荷兰队的悲情属性是骨子里的，尽管其在比赛读秒阶段还在散发着无限的想象力，但结果却总是那么残酷。

黄博士课堂

球场上的战争

今天阿根廷队与荷兰队联袂奉献了一场经典对决，除了扣人心弦的剧情之外，双方的火药味也令人印象深刻。主裁判全场共出示了16张黄牌、1张红牌，可以与16年前"橙衣军团"另一场红黄牌大战相提并论，令人唏嘘不已。今天借着这个机会，笔者就跟大家聊一聊世界杯历史上最著名的4场大混战，其都被冠以"Battle"的专有名词，也算是反向载入史册了。

二战之前的1938年，那届杯赛本身就因为国际环境的动荡显得风声鹤唳，巴西队与捷克斯洛伐克队在法国波尔多上演的武斗，更是将不安的气氛推向高潮。两队的比赛发生在8强阶段，从实力上来说没有档次上的差距，但双方似乎没有把心思放在比赛上。

根据当时的文字记载，双方扭打的程度令人震惊，胳膊断了或者腿折了都属于正常，一点儿皮外伤根本不值得占用医疗资源。有些人还受到了精神创伤，最终裁判一共将3人驱逐出场。更为离谱的是，双方最后1：1战平，由于那时没有点球大战制度，这对冤家居然还要择日重赛。

重赛中巴西队换了9个人，捷克斯洛伐克队换了6个人，双方的数名核心球员都无缘出战，最终"桑巴军团"技高一筹淘汰了对手，但这样的胜利，即便对于彼时萌芽中的巴西队来说，也不值得对外炫耀，毕竟其在大众眼中是全武行的缔造者。两队的第一回合比赛，因为是在波尔多进行的，也被后世称为"波尔多混战"。

第二次有名的世界杯大混战，发生在1954年，由于当届奇葩的赛制，匈牙利队与巴西队这两个小组第一，在淘汰赛第一轮就相遇了。当时的马扎尔人所向披靡，巴西队也无力招架，全场都处于落后状态，南美人小动作多的本性在下半场暴露了出来，双方厮打在一起，场面混乱不堪。

　　最终巴西队的尼尔顿·桑托斯与匈牙利队的博日克一起被驱逐，赛后双方还爆发了激烈的冲突。据称本场因伤缺阵的普斯卡什，也在替补席上对巴西队球员大打出手，不过已经无从考证。由于这场比赛是在瑞士首都伯尔尼进行的，因此也被称为"伯尔尼混战"。

　　第三个要介绍的大混战，恐怕是世界杯历史上最不堪回首的比赛，甚至没有之一。1962年世界杯，东道主智利队与意大利队分在一起，赛前部分意大利记者抹黑主办国，引起了智利队球员与球迷的不满，比赛本身的意义已经超越了竞技体育的范畴。

　　这场球一开始，双方基本就冲着废掉对手而去，好好踢球不在考虑的范围之内。而当值主裁判肯·阿斯顿极其偏袒智利队，他不仅在上半场就驱逐了意大利队的两名球员，而且对智利人的暴力犯规视而不见。很多放在今天各打五十大板的动作，当时却只有意大利队球员挨了打。

　　随即比赛就完全失控了，根本没人在意智利队2：0取胜的结果，无论你是哪边的球迷，都希望用拳头而不是球技来终结双方的恩怨。这就是臭名昭著的"圣地亚哥混战"，也成了世界杯历史上最大的黑历史，令人难以释怀。

　　第四个有名的大混战，国内的球迷可能就比较熟悉了，那便是2006年世界杯16强战，荷兰队与葡萄牙队的比赛。本场比赛的问题主要出在主裁判伊万诺夫身上，他的哨子偏软，博拉鲁兹等人对C罗的严重侵犯，他给的惩罚力度不够，随意引爆了双方的情绪。

　　这种"软哨"有时候就是业务能力问题，裁判无法给到果断精准的判决，就无法安抚场上的球员，球员在场上的动作越来越大，红黄牌开始满天飞。而严谨一点儿来说，如果他早点儿选择下狠手，比赛也不会失控。最终这场球伊万诺夫送出了15张黄牌和4张红牌，这场在德国纽伦堡进行的比赛，也被后世称为"纽伦堡混战"。

　　作为球迷，比赛对抗激烈自然是我们喜闻乐见的，但任何事情都要有个度。经典的比赛，最好还是用竞技水准打动人，希望暴力远离球场，还球迷们一片净土。

聚焦梅西

一千零一夜

梅西一向以憨厚示人，却在与荷兰队的1/4决赛中变成了暴脾气：嘲讽范加尔、对着韦霍斯特狂飙脏话、炮轰当值主裁拉奥斯。但最终梅西在他的第1001场比赛里，率领着阿根廷队继续前进，并且刷新着多项纪录，接受着球迷的顶礼膜拜。

以超过35岁的"高龄"参加世界杯，梅西对大力神杯的渴望达到了极致，现在他距离自己的梦想只差两场胜利。梅西只要再出战两场，便可以超越马特乌斯，以26次独占世界杯出场数榜首。

2014年巴西世界杯，阿根廷队在决赛中遭到德国队绝杀，与冠军失之交臂。在8年后的卡塔尔，更加年轻的阿根廷队再次闯入4强，渴望完成夙愿。

梅西在赛后采访中说："马拉多纳在天堂保佑着我们。"但强者的命运永远掌握在自己手里。这一点，梅西和他的阿根廷队早已烂熟于心。

第18比赛日

第19比赛日　　后会无"7"

战况信息

1/4决赛
12月10日23:00　地点：阿图玛玛球场

42' ⚽ 恩内斯里　　　　　1 : 0
90+3' 🟥 谢迪拉　　摩洛哥队　　　葡萄牙队

1/4决赛
12月11日03:00　地点：海湾球场

　　　　　　　　　1 : 2　　　　17' ⚽ 琼阿梅尼
54' ⚽ 凯恩　英格兰队　　　法国队　78' ⚽ 吉鲁

数说世界杯

1：摩洛哥队成为世界杯历史上第1支打入4强的非洲球队。

7：法国队第7次闯入世界杯半决赛。

13：英格兰队在本届世界杯打入13球，刷新球队单届世界杯进球纪录。

16：葡萄牙队上一次跻身世界杯4强是在16年前。

22：C罗总计在世界杯出战22场。

27：格列兹曼在法国队送出第27次助攻，超越齐达内，与亨利并列球队助攻王。

143：洛里第143次为法国队出场，成为法国队出场次数最多的球员。

196：C罗第196次代表葡萄牙成年国家队出场，追平科威特队球员穆塔瓦，并列成年男子足球国家队出场次数最多的球员。

200：吉鲁打进法国队在世界大赛（世界杯与欧洲杯）第200球。

570：C罗8次世界杯淘汰赛（含三、四名决赛）总计出场570分钟，27次射门0进球。

鑫淼绿茵场

一段英雄式的独白

摩洛哥队的奇迹之旅还在继续着，可是那个永不服输的男人却停止了前进的步伐。这一夜我的心情是复杂的，确切地说是有点儿悲伤的。我们不得不佩服摩洛哥队的黑马本色，可是我们又怎样和C罗诉说离别的话语呢？

在解说这一场比赛时，我略感身体不适，有些新冠症状的前兆。但是随着比赛的深入，我忘却了身体上的不适，而是在揪心场上的每一分钟。如赛前预测的一样，葡萄牙队对阵摩洛哥队，C罗没有首发出场，贡萨洛·拉莫斯继续首发。但是后者未能延续神奇，葡萄牙队在上半场就处在落后的局面。

于是下半场开始不久之后，C罗领命出征。37岁的他，曾经多少次面对球队落后的局面，都可以力挽狂澜，凭借一己之力成为葡萄牙队的救世主。这一次他来到赛场之后，我相信除了摩洛哥队的球迷，所有人都会认为C罗可以拯救葡萄牙队，这当然也包括我自己。因为在冥冥之中，我们总相信这个无所不能的男人，还会继续他的世界杯之旅。止步1/4决赛，是不该发生的故事。

于是我们看到C罗一次次抢点，一次次去争取机会，然而又一次次无功而返。时间一分一秒流逝，似乎悲情的故事正无限接近上演。全世界深爱C罗的球迷都在翘首等待着奇迹的发生，然而当那脚近在咫尺的准单刀球被门将扑出之后，我开始意识到今夜即将迎来的告别，将是怎样的一段英雄式的独白。

结束哨音响起，摩洛哥队成为世界杯历史上第一支晋级4强的非洲球队。

结束哨音响起，葡萄牙队黯然神伤，年轻的菲利克斯眼睛里满是不甘，他或许在想，4年之后一定会再回来。

结束哨音响起，37岁的C罗落寞了，他一步步走出场外，摄像机镜头便一步步跟随着他。这个永不服输的男人低着头，通往更衣室的距离很短，对于此时的C罗来说，却是一段无比漫长的告别。终于，他再也难以忍受内心的悲痛，泪水从湿润的眼角滑下，一滴又一滴。C罗在想什么？这就是我的世界杯最后一战吗？我的世界杯之旅就这样结束了吗？

诸神黄昏的背景中，C罗的列车驶入进站，这让我的解说有点儿措手不及，我们在祝贺摩洛哥队的同时，又不得不惋惜C罗。其实说句最真诚的话，我不是C罗的球迷，但我真的想在世界杯上多看他踢几场比赛。

然而，没有如果。

当打开微信朋友圈之后，我才知道几乎所有的人都在和C罗诉说着告别。这是一段有关青春的告别，是一段有关英雄的告别，是一段有关传奇的告别。每个人都有着自己的故事，有关这个叫作C罗的男人；每个人都有着自己的诉说，用着不同的文字，然而这些文字却拥有同样的内核——后会无"7"！

是的，4年之后，41岁的C罗，我们还能在世界杯的赛场上再见到他吗？我们不得不接受现实：难了！真的难了！

正坤龙门阵

高位防守的致命性

摩洛哥队 4-3-3
- 25 阿提亚特·阿拉尔
- 15 塞利姆·阿马拉
- 17 布法尔
- 6 赛斯
- 1 布努
- 4 阿姆拉巴特
- 19 恩内斯里
- 18 亚米克
- 2 阿什拉夫
- 8 欧纳希
- 7 齐耶赫

葡萄牙队 4-3-3
- 8 费尔南德斯
- 10 席尔瓦
- 2 达洛特
- 3 佩佩
- 26 贡萨洛·拉莫斯
- 18 鲁本·内维斯
- 22 迪奥戈·科斯塔
- 4 鲁本·迪亚斯
- 11 菲利克斯
- 25 奥塔维奥
- 5 格雷罗

摩洛哥队爆冷1:0击败葡萄牙队晋级4强,刷新了非洲球队的世界杯最好成绩。而葡萄牙队则在形势大好的情况下,意外地结束了本届世界杯征程。

其实从赛前分析来看,局势对摩洛哥队很不利:上一场对阵西班牙队经历了120分钟鏖战以及点球大战,球队体能几近枯竭;球队主力左后卫马兹拉维和主力中卫阿格尔德均因伤缺阵。葡萄牙队则在对阵瑞士队的比赛中试出了自己的锋线答案——21岁的贡萨洛·拉莫斯,全队在一场6:1的大胜后士气高涨,且仅看纸面实力来说葡萄牙队更是胜出一筹。

但是足球比赛永远充满了意外,最终外界并不看好的摩洛哥队1球小胜葡萄牙队。比赛中摩洛哥队制造的威胁更是比葡萄牙队的看起来更加危险。

究其原因,首先是摩洛哥队在两场淘汰赛防守策略上的不同。西班牙队前场攻击群喜欢以精密传导控球,摩洛哥队主帅雷格拉吉的应对策略是放任对手控球传球,把防守落到低位。两个顶级边后卫马兹拉维和阿什拉夫非常注意对两侧肋部的保护,中路的赛斯搭档阿格尔德更是给关上的大铁门又上了一把锁。西班牙队空有控球传球,却没有攻破铁门的"攻城锤"。换上莫拉塔以后场面有所改观,但摩洛哥队的门将布努成了影响比赛走势的因素,最终成功守来一场胜利。

对阵葡萄牙队,摩洛哥队则改为在高位防守:既然缺乏了两员防线上的大将,索性整体阵线前移,在中场部分甚至中圈附近就限制

130

葡萄牙队中场的出球。从进攻的发起点开始掐断，凭借前场的人数优势来保护后场防守。

这样做的好处是减少葡萄牙队整体进攻的威胁，但发展到前场区域的葡萄牙队球星的个人发挥还是很有威胁。纵观全场，菲利克斯和B费联手搅得摩洛哥队后防线风声鹤唳，但上一场闪光的拉莫斯本场却有些沉寂，在错失一次机会之后懊恼地怒吼发泄，足以显现他本场踢得有多么不顺。

摩洛哥队这样的防守战术还有一个资本，那就是门将布努。除了菲利克斯一次射门打在防守球员身上，球的变线让布努实在反应不及，剩下的无论是菲利克斯的冲顶还是C罗的低射都无法洞穿他的十指关。甚至运气也站在了他这一边，B费的世界级弹射已经越过了布努，却被横梁无情拒绝。

如果一支主守的球队在防守端做到极致，那么其在进攻端的任何收获都是致命的。摩洛哥队一次前场得球分到边路，左边后卫阿提亚特·阿拉尔助攻上来。葡萄牙队的退守太过于右倾，对于传球一侧的防守人数和注意力都太重了。这球的确是葡萄牙队门将迪奥戈·科斯塔的失误，让恩内斯里头球破门。但即便阿拉尔传的球距离再远一点儿，后点包抄的阿什拉夫同样是无人防守的情况，彼时葡萄牙队的左后卫格雷罗已经不在其身边。

因此迪奥戈·科斯塔的失误是这个球的直接原因，而葡萄牙队防守阵形和人员失位是间接因素。而且在恩内斯里起跳时，中卫迪亚斯完全没起跳。这应该是门将迪奥戈·科斯塔呼喊说自己能够拿到球，为了不妨碍门将的运动轨迹，所以迪亚斯没有起跳。最终在一系列失误之中，恩内斯里一头将摩洛哥队撞进了世界杯4强。

黄博士课堂

C罗与黑暗时代

今天C罗出局了，一些渲染情绪的话题笔者不想多谈，既然一代巨星永远失去了捧得大力神杯的机会，那今天我们就来复盘一下，C罗的5届世界杯究竟有多少遗憾，何时的他与葡萄牙队具备争冠实力。在情怀的滤镜之外，理性的分析是必要的，失败已经无可挽回，就当是用细节去追忆青春。

一名巨星冲击世界杯冠军最理想的状态，自然是本人处在生涯巅峰期，各方面状态拉满且没有伤病困扰，同时他的团队也处在同频状态，这样肯定是最完美的。C罗距离这样的完美状态自然差了很多，那我们就来逐届分析一下，问题究竟出在哪。

2006年世界杯的时候，C罗21岁且已经是曼联的主力球员，虽然距离2007年真正开窍还有时日，但他当时的运动能力颇具威慑力，早在2004年欧洲杯上就靠着边路突破威震四方。所以当时的他个人情况良好，虽未到巅峰，但观感上与2018年世界杯赛前的姆巴佩并未有太大差距。

那时的葡萄牙队其实情况尚可，外界总是说C罗只赶上黄金一代的尾巴，事实上黄金一代的世界杯履历惨不忍睹，像鲁伊·科斯塔、若奥·平托、费尔南多·库托和老大菲戈，根本不足以成为C罗可以依靠的力量。反而是2006年这个节点上，中场有德科这样的真核坐镇，防线上里卡多·卡瓦略等人也处在巅峰，这是一套稍加打磨即战力就会不错的阵容，黄金一代已经淡出的那几个人，在这几位新核心面前显得黯淡无光。

131

最终这届世界杯，葡萄牙队与C罗的发挥也达到了预期，球队整届比赛虽然受到伤病与停赛的影响，但整体的发挥在合格线以上。主帅充分发挥了C罗与菲戈的作用，不只是边路的直线冲击，在边中结合与渗透方面也有建树。至于半决赛因为点球输给法国队，这是命运中不可捉摸的事情，没有太多可遗憾的。21岁的C罗在本届杯赛收获了处子球，虽然因为"眨眼"事件成了英格兰球迷的公敌，但就杯赛本身而言，还算是一段愉快的旅程。

2010年世界杯，C罗已经是当时足坛历史身价第一人，尽管皇马一直被"梦三"巴萨压制，他在个人竞争中也被梅西反超，但到了世界杯依然是顶流中的顶流。而且此时25岁的他身体状态处在巅峰，经验层面比4年前也有大幅度提升，只需要好的团队来辅佐他。

可惜的是这届世界杯葡萄牙队因为新老交替实力受到严重影响。纳尼与德科还因为伤病无法出战，这就导致C罗成为"光杆司令"，场面表现一言难尽。最常见到的画面就是，C罗个人持球推进，距离禁区40米就一脚抡射结束战斗，根本不注意队友在什么位置，仿佛陌路人一般。

这样的比赛态度反映出C罗焦躁的心态，个人的巅峰期与队友无法匹配，能力不足之外默契度也不够，最终被西班牙队碾压出局也就在情理之中了。这届世界杯算是葡萄牙队所谓"黑暗时代"的开端，毕竟球员的成色与过去相比确实一般。

2014年上半年，C罗饱受膝盖伤病的困扰，最终打封闭坚持参加世界杯。那时的葡萄牙队中后场水准在线，就是锋线上无人可用，

C罗这一伤等于天崩地裂，球队小组出局也在情理之中。这届世界杯结果惨淡，也真的没有过多可以去讨论的。

至于2018年世界杯是C罗经历膝盖大伤转型后的第一届世界杯，其间他因为增重转型踢过中锋，持球能力下降，更多是化身禁区射手，世界杯前又减重恢复了部分机动性，但在复杂的过程中始终保持着不错的效率。

到了这个阶段，葡萄牙队的新人也开始冒尖，如果说2016年欧洲杯意外夺冠是老帅桑托斯的用人得当，那到了2018年可以称得上人才井喷了。不过桑托斯的问题也随之暴露，他对于精细化的进攻调教并不擅长，坐拥贝尔纳多·席尔瓦与布鲁诺·费尔南德斯这样的球员，却无法发挥出他们的最大潜能，反而在尝试之后不断增强中场硬度，减少技术流球员的出场时间，最终导致球队看起来四不像。

C罗在这届世界杯状态倒是不错，第一场的帽子戏法宛若天神下凡，不过后续的比赛也随球队一起慢慢陷入沉寂。最终16强出局虽对不起这么好的阵容，却也只能叹息。毕竟老帅曾带领球队取得成功，他的局限性也要被接受。

至于2022年的世界杯，葡萄牙队的90后甚至00后球员都已经成长起来了，但C罗是真的老了，甚至不具备在俱乐部踢首发的能力了。最终在淘汰赛中坐上了板凳席。这是一届对他来说很残酷的世界杯，时间的魔力无人可以抗拒，也许未来的球队换了教练，天才们更进一步，终是会拿到大力神杯的，但这也终究与克里斯蒂亚诺没有了关联。只是真到了那一天，他也会很开心的吧！

聚焦C罗

第19比赛日

英雄迟暮！时间你别催

2006年世界杯半决赛，21岁的C罗在输球后眼角泛红，那时的他还只是球队的新人。

2022年，世界杯1/4决赛，37岁的C罗在输给摩洛哥队后泪洒绿茵场，作为球队老大哥，他只能独自承受憾别世界杯的悲伤。

在这样一个注定被世界杯历史铭记的夜晚，摩洛哥队写下了非洲足球的崭新篇章，迟暮的英雄也离开了屡屡折戟的赛场。

外界期待的"梅罗对决"终究未能在世界杯上演，在C罗连续两场无缘淘汰赛首发名单时，人们意识到，属于C罗的时代，已经接近终点。

自古美人叹迟暮，不许英雄见白头。C罗的5届世界杯，一次4强，一次8强，两次16强，一次小组出局，共打进8球。对于超级巨星来说，这样的数据或许不算完美，但那又怎样呢？196次国家队出场，118个国家队进球，连续10届大赛进球，已然是岁月留下的证明。

第3休息日　　　　　1/4决赛总结

⚽ 1/4 决赛最佳阵容： 4-3-3

亚米克
阿姆拉巴特
梅西
尤拉诺维奇
利瓦科维奇
欧纳希
格列兹曼
格瓦迪奥尔
莫德里奇
恩内斯里
阿提亚特

⚽ 数说世界杯

10：4场1/4决赛总计打入10球（不含点球大战）。

18：阿根廷队对阵荷兰队的比赛，当值主裁拉奥斯出示18张黄牌，创下世界杯单场黄牌纪录。

19：4强球队共有19人迄今0出场。

158：1/4决赛结束后，本届世界杯共计打入158球（不含点球大战）。

485：莫德里奇在512分钟的可能出场时间里，登场485分钟，是本届世界杯至今35岁以上球员中出场时间最多的球员。

鑫淼绿茵场

迟到的掌声

借着休息日的机会，我想特别聊聊那场已经结束的"英法大战"。法国队的晋级已经是无法改变的事实，但是这支英格兰队值得我们用更多的文字去描述。这是一支非典型的英格兰队，踢出了属于自己的足球风格，是虽败犹荣式的告别。我个人也认为这场"英法大战"是本届世界杯到目前为止最精彩的一战。

说起英格兰队，留给球迷的好印象并不多。我在《世界杯风云》中写到英格兰队的时候，总是把其比作世界杯历史上的谐星。虽然"三狮军团"一直以来都拥有强大的阵容，但是实际表现总不能达到预期。"欧洲中国队""足坛三大错觉之英格兰队很强""三喵军团"这些蔑称时刻笼罩在英格兰队之上。

以2006年世界杯为例，那支首发11人全是名将的英格兰队，实际的发挥却只能说是糟糕，甚至在小组赛和1/8决赛都需要贝克汉姆的任意球才能勉强赢球。可以毫不夸张地说，若是没有贝克汉姆的一次次力挽狂澜，英格兰队会早早被淘汰。但是除了贝克汉姆之外，杰拉德、兰帕德等明星球员都失去了状态。这样的球队虽然群星云集，但是被淘汰却不会让人意外。

而今年的英格兰队不同于以往，与2006年相比，虽然同样止步8强，但是我觉得可以为这批年轻球员说几句公道话。本届世界杯小组赛阶段没有3战全胜的球队，英格兰队是8个小组里仅有的3支2胜1平的球队。1/8决赛对阵防守出色的塞内加尔队也展现出了自己在进攻端的天赋。而"英法大战"中，英格兰队更是爆发出了极大的能量。

法国队的战术打法和人员配置堪称本届世界杯中的完美级：防守阵容固若金汤，前场进攻组合让对手胆寒，主教练德尚又能够放得下身段打防守反击战术。因此在淘汰赛阶段面对这样一支法国队，英格兰队注定困难重重。

然而英格兰队依然踢出一场优势很大的比赛，这种优势不仅仅体现在控球率的领先上面。在制造机会次数的对比上，英格兰队本场完成16脚射门，其中8次射在门框范围之内，而法国队只有8次射门和5次射正。在射门次数上法国队落后8次却赢下比赛，这是1966年世界杯有数据统计以来差距最大的一次。由此可见英格兰队的发挥已经让法国队惊出一身冷汗，或许要是当时凯恩的点球罚进了，比赛结果就另当别论了。

英格兰队在防守方面也做得非常出色，尤其是赛前"三狮军团"放出豪言，已经找到了防守姆巴佩的办法。最终英格兰队也把姆巴佩的期待进球和期待助攻两项数据都压制到了0.00，姆巴佩的4次盘带仅有2次成功，要知道姆巴佩在世界杯赛场上的场均盘带尝试是能达到9次的，由此可见英格兰队的努力起到了成效。

所以我们可以毫不夸张地说，英格兰队在本届世界杯是昂首离开。英格兰队阵容年轻合理，19岁的贝林厄姆未来不可限量，福登、芒特、赖斯等球员也积累了宝贵的世界杯经验，未来的英格兰队依然值得期待。此时我们也不应该继续用老眼光看待英格兰队了，应该对其表现送上掌声。

第3休息日

正坤龙门阵

瞬息万变的调整

调整是每个主教练都会采用的策略，但到了世界杯的舞台上，主教练的每一个调整都会被数亿双眼睛聚焦，他们的由"圣"转"嗨"和由"嗨"转"圣"，也都是在一念之间，今天的这个休赛日，我们就着重来聊一聊世界杯上那些主帅做出的调整。

之前在休赛期的总结性内容里提到了本届世界杯的保守倾向，很多主教练都用更为保守的阵形取代了之前纯熟掌握但是更偏向进攻的阵形。这其实就是调整的一部分，但在调整并没有达到预期效果之后，很多教练就又开始往回调，而这种来回来去的调整，正是最考验一名主教练的地方。一届世界杯，一支球队最多也只会踢7场比赛，一半的球队更是只能踢到3场比赛，因此对于主教练来说，这种调整最需要稳准狠。

这种稳准狠，以及调整所带来的反噬，日本队体现得最为淋漓尽致。小组赛首战日本队面对德国队，森保一在上半场极度保守，但日本队仍然没能阻止比分落后。到了下半场，比赛场面却风云突变，世界杯赛场上的调整来得就是这么快，因为短短3场比赛270分钟，任何的迟疑都可能让球队无力回天。大胆变阵三中卫，以及让三笘薰和伊东纯也两名边锋打边翼卫都收到了非常突出的效果，日本队起死回生逆转击败德国队。

那场比赛之后，森保一的调整被传为佳话，但是短短4天之后，同样还是森保一，同样还是他的调整，却带来了天差地别的改变。面对纸面实力稍逊一筹的哥斯达黎加队，日本队采取了激进的轮换策略，相马勇纪以及上田绮世等球员轮换登场。在森保一看来，这样的配置似乎更适合阵地战，这些球员今年在J联赛效力更多，可能会更适应这样的比赛节奏。但事与愿违，不仅日本队的阵地战没能打开，反倒是最后被哥斯达黎加队完成绝杀。

这场比赛之后，森保一痛定思痛，第3场比赛之前再度做出调整。日本队这样一支终其18场世界杯预选赛从未使用过三中卫阵形的球队，终于将三中卫摆成了自己的首发阵形，当年在J联赛以三中卫阵形打出名堂的森保一终于祭出了自己压箱底的宝贝。虽然这样的调整冒着极大风险，但是最终却收到了极好的效果，日本队再一次上演逆转，以小组第一挺进16强。

每场比赛、每个半场，乃至每10分钟、20分钟，世界杯赛场上的每一次调整就是这么瞬息万变，因为没有球队想要提前回家。无论此前的阵容打法在世界杯预选赛和热身赛上试验得多好，到了世界杯只要出问题就可能随时被换掉。而对于那些此前踢得并不多的轮换队员来说，这就是主教练带他们来的意义。像胡利安·阿尔瓦雷斯和贡萨洛·拉莫斯这样的球员，在世界杯前连他们自己可能也不会想到能在世界杯上大放异彩，这就是调整带来的变化。

回想之前走到最后的冠军球队，也都在比赛进程中伴随着调整。2018年世界杯法国队放开无锋阵使用吉鲁，2014年世界杯德国队最终重新起用克洛泽首发，2010年世界杯西班牙队开用席尔瓦扶正佩德罗，都是不断在比赛进程中做出的调整，打法纯熟固然是好事，但会随机应变的主帅才能率领球队走得更远。

黄博士课堂

无限可能的"三狮军团"

今天是8强战后的第一个休赛日，笔者想来聊一聊遗憾出局的英格兰队。即便本届赛事还没有结束，但英法大战已基本坐实了本届最高水平的对局，舆论甚至还出现了"谁赢谁夺冠"的口号。相较于近几年非常强势的"高卢雄鸡"，笔者更倾向于支持终于见到曙光的"三狮军团"，可惜在针尖对麦芒的厮杀之后，索斯盖特治下的青年军还是倒在了圆梦的路上。

自从2016年瓜迪奥拉来到英超之后，这片土地上的足球已经发生了翻天覆地的变化，伴随着2009年青训改革结出的累累硕果，确实该在2022年迎来丰收了。英格兰也确实在与法国队的较量中展现出了足以问鼎世界杯的水准，只可惜在球星成色上略逊一筹，最后功败垂成。

很多人总会说这支球队太过年轻，像赖斯、芒特、福登、萨卡、贝林厄姆等人都是标准的U23球员，未来是属于他们的，其实笔者对此并不认同。英格兰队真正的大赛争冠周期，并不取决于以上几位年轻的核心，而是跟其他两个要素有关。

其一就是瓜迪奥拉还能在英超执教多久，目前他跟曼城基本上是两年一签约的节奏，如果快速拿到欧冠冠军，功成身退也是有可能的。虽说瓜帅的执教理念早已渗透到英格兰足球的土壤之中，也栽培出众多拥趸，但当一代宗师真正离去的时候，未来将会充满不确定性。

其二就是哈里·凯恩的巅峰期还能持续多久，在"三狮军团"的框架中，凯恩是带动其他所有攻击手的主轴，如果离开了他的策应，前场的攻击结构就将土崩瓦解。考虑到英系球员的固有属性，即便引入再多的混血球员，也很难诞生博比·查尔顿与加斯科因这个级别的持球核心，哪怕再复制一个凯恩也是难度极大的事情。

所以英格兰队就得珍惜瓜迪奥拉与凯恩同在的这段时光，考虑到如今球员的巅峰年限，凯恩如果不遭遇重大意外的话，未来4年应该还处在争冠周期以内。随着时间的推移，队内一大批20岁左右的年轻球员也能取得长足的进步，因此下一届的欧洲杯与世界杯还是非常值得期待的。

此外笔者还想谈论一个有些争议的话题，便是这代英格兰队的水准定位。从名气上来说，其无法与"92班+双德"一代相提并论，但从大赛的成绩以及场上表现来看，这代球员早已取得完胜，甚至是对前辈毫不留情地碾压。

先从成绩层面来说，这批球员先后拿到了一次世界杯第4名和欧洲杯亚军，连续两届大赛闯进4强，这是博比·摩尔与博比·查尔顿那代人才做到过的事，而且他们也与最强前辈一样，跟当届赛事最强球队杀得天昏地暗才最终遗憾败北。

至于比赛场面，其实从1998年到2006年世界杯，英格兰队几乎没有一场拿得出手的代表作。真正拿得出手的球星，特别是攻击端的球星，也只有贝克汉姆与欧文两人。

比较典型的比赛如2006年世界杯16强英格兰队对阵厄瓜多尔队，打不开局面的时候只能靠贝克汉姆的直接任意球续命，这也是那届世界杯"三狮军团"的主旋律。至于在俱乐部层面获得很高赞誉的兰帕德、杰拉德与斯科尔斯等人，到了这种"全英班"出战的赛场上却完全无法证明自己。

而如今这代球员的比赛流畅度提升了很多，前场技术流球员批量涌现，中场也发掘了贝林厄姆这样的大场面先生。他们拿球从容，在比赛中敢于寻求配合，将地面流与传统的冲击流很好地结合，打出了6:2狂屠伊朗队的名局。这样的比赛在英格兰队征战世界杯70年的历程中，都是难得一见的。

最后也希望英格兰队及时调整心态，在未来4年最后的争冠周期中，收获属于这代人的奖杯。

第3休息日

第4休息日　　　　1/4决赛总结

⚽ 1/4 决赛最失意阵容：4-3-3

阵容位置：
- 达尼洛 🇧🇷
- 弗伦基·德容 🇳🇱
- C罗 🇵🇹
- 蒂亚戈·席尔瓦 🇧🇷
- 皮克福德 🏴󠁧󠁢󠁥󠁮󠁧󠁿
- 佩佩 🇵🇹
- 布鲁诺·费尔南德斯 🇵🇹
- 凯恩 🏴󠁧󠁢󠁥󠁮󠁧󠁿
- 凯尔·沃克 🏴󠁧󠁢󠁥󠁮󠁧󠁿
- 贝林厄姆 🏴󠁧󠁢󠁥󠁮󠁧󠁿
- 内马尔 🇧🇷

⚽ 数说世界杯

71.8：有71.8%的葡萄牙人观看了葡萄牙队与摩洛哥队的比赛。

37130000：英格兰队对阵法国队，两国共计有37130000名观众通过直播观看比赛。

1030000000：4强球队中，法国队以总身价1030000000欧元居首。

鑫淼绿茵场

越老越妖

经历了几天的新冠感染之后，我的身体得到了快速恢复，这保证我不会耽误世界杯半决赛的解说工作。我不想错过接下来的半决赛，这将是我在本届世界杯的收尾工作，同时也将是本届世界杯最精彩的阶段。虽然身体还有一点儿不舒服，但是从我自身的角度来说，我已经完全沉浸在本届世界杯的工作当中，工作状态越来越好。我希望后面的世界杯比赛能够更加精彩刺激。

第一场半决赛是阿根廷队与克罗地亚队的较量。最让人期待的看点无疑就是两位老将的对决，37岁的莫德里奇和35岁的梅西将继续给我们奉献最为华丽的篇章。如果世界杯开赛前让我预测，可能一万次也不会成功预测到这两位老将可以会师半决赛。莫德里奇与梅西的表现，让我深刻明白了球场上"越老越妖"的道理。

这场半决赛，37岁的莫德里奇将迎来历史性的一刻。不出意外会继续首发登场的他，将成为世界杯历史上第4位在37岁之后还能首发登场6次的老将，此前3位分别是1962年巴西队的边后卫尼尔顿·桑托斯、1982年意大利队门将佐夫和1990年英格兰队的门将希顿。我们从位置上也能够看出，此前3位都是偏向于防守端的球员，这一点也体现了莫德里奇的伟大之处。

而对于梅西来说，他在本届世界杯已经缔造了太多纪录，也创造了诸多神迹。如此情形下，无论他在半决赛交出多么伟大的答卷，我们都不需要惊讶。对于35岁的梅西来说，我们看不到任何他状态下滑的迹象，反倒看到了他在不断地提升自己。

我已经经历了好几届世界杯，但是像这届世界杯上老将集体发挥出色的情况并不多见。2006年世界杯，齐达内以近乎完美的表演和大师级的发挥率领法国队晋级决赛，而当时齐达内的年龄也不过34岁。再看现在37岁的莫德里奇和35岁的梅西，你不得不感叹这两位球员的神奇。

有人说这场半决赛，阿根廷队是实力占优的一方；也有人认为，如果比赛进入点球大战，克罗地亚队占有绝对的优势。但其实我想说的是，从旁观者的角度来看，这场比赛的胜负已经变得不再那么重要。我们应该更加期待的是一场精彩的对决，或者说是一场最为华丽的演出。

莫德里奇无缘决赛？梅西无缘决赛？无论哪一个发生都会让人非常遗憾。当世界杯的比赛进行到这样残酷的阶段，已经无法逃避悲情的戏份。那么在这种情况下，享受比赛、欣赏比赛，将是我们最大的收获。更何况还有两位越老越妖的传奇巨星联袂出演，何乐而不为呢？

当然对于另外一场法国队与摩洛哥队的半决赛，我也持这样的观点。我希望摩洛哥队继续创造历史，但是我也希望继续欣赏姆巴佩的精彩表现。这就是足球带来的矛盾点，因为它实在太有魅力了。

正坤龙门阵

黑马不是一天炼成的

明天世界杯就将进入到半决赛的争夺，而4强当中最令人意外的毫无疑问就是大黑马摩洛哥队。回望摩洛哥队的晋级之路，豁然发现这支球队几乎具备成为黑马的全部潜质，而世界杯开赛前3个月的换帅，此时此刻看来更是"妙笔"。

摩洛哥队的主教练雷格拉吉是32强当中执教球队时间最短的一位主帅，虽然伊朗队主帅奎罗斯上任时间更晚，但毕竟他曾经执教过伊朗队，有丰富的旧部和嫡系可以使用。但对于雷格拉吉来说，8月底接手摩洛哥队，要面临的完全是全新的挑战。此时距离世界杯开赛只有3个月的时间。这仿佛犯了兵家大忌，但是雷格拉吉的连续妙招，成就了今日奇迹。

首先是稳定更衣室。

雷格拉吉上任后，首先做的就是召回进攻核心齐耶赫和后防悍将马兹拉维，与齐耶赫不合是前任主帅哈利霍季奇下课的直接原因。雷格拉吉作为摩洛哥队前国脚在团结球队方面做得非常出色，齐耶赫和马兹拉维这两位一度宣布退出国家队的球员，在雷格拉吉上任之后都重新在国家队扮演了重要角色，并且在本届世界杯都有着非常突出的发挥。

其次是"萧规曹随"。

上任之后，雷格拉吉没有大幅更改前任主帅哈利霍季奇的战术，反而是取其精华，继续精炼。"433"阵形是摩洛哥队在世界杯预选赛使用最多的一个阵形，但是从2022非洲杯开始，哈利霍季奇开始更多地去使用三中卫的体系，此时的战术打法有点摇摆不定。

雷格拉吉接手之后，经过试验，他还是使用了更具冲击力的"433"阵形，让齐耶赫和布法尔两名边锋可以更有效地形成反击。相比于哈利霍季奇时代的打法，这样的安排可以减轻两名边翼卫身上的压力。毕竟摩洛哥队在本次世界杯只带了3名边后卫，马兹拉维也出现过受伤的情况，如果再强行将三中卫阵形作为主打，势必会将阵容结构的弱点暴露出来，所以说雷格拉吉的执教能力在这一点上也可以体现出来。

不全盘否定前任的战术，这是非常难得的一点。对比类似的几位在2022年上任成为世界杯球队主帅的教练员，他们无一不很快地为球队带来大幅度的改变，给球队印上了自己的标签。值得一提的是，球队首发11人中，除了回归的齐耶赫和马兹拉维，剩余9人都是哈利霍季奇时代常规的主力轮换。

最后就剩下将帅同心了。

在雷格拉吉治下，全体队员众志成城，众多的主力队员都百分之百甚至是超水平地在世界杯上发挥出他们的实力。现任主力中场欧纳希曾经只是作为卢扎的轮换，但由于卢扎因伤无缘世界杯，欧纳希在世界杯上一鸣惊人；再如居中拖后的后腰阿姆拉巴特，他近乎成为本届世界杯表现最好的后腰。而我们也不难发现，这些表现突出的球员基本也都是雷格拉吉从哈利霍季奇时代继承的遗产。

综合来看，黑马不是一天炼成的，在足球赛场上也是如此。雷格拉吉这名只带队短短3个多月的主帅可以一鸣惊人，他背后的能力和努力无法忽略。

黄博士课堂

半决赛名局

今天世界杯的4强产生，由于此前传统豪门频出意外，最终摩洛哥队与克罗地亚队挤进了前4，多少让人感到意外。另外还有部分球迷表示，这个4强组合可能是世界杯历史上较差的一档，在新世纪更是反向拔尖，对此笔者有不同的看法。

关于前4名球队的成色，我们不应该只看名气而忽略其实力和发挥，这4支球队中克罗地亚队可能是靠着力撑过来的，但摩洛哥队展现出了令世人惊叹的攻防能力。球队在与强队周旋的时候，不仅防守层次及到位率堪称历史级别，在压迫中反弹出球的能力更是极其罕见。

下面再聊聊笔者印象深刻的世界杯半决赛，首先当然是2014年那场著名的7∶1。笔者是克洛泽多年的粉丝，一直期待他能打破罗纳尔多的世界杯进球纪录，却没想到发生在这样的场合，以这样一种戏剧性的方式。

多年之后，媒体喜欢用内马尔与蒂亚戈·席尔瓦的伤缺来渲染这场比赛，实际上如此溃败显然不是两个人能够决定的。巴西队主场作战不能选择紧缩阵线，结果防守端特别是后腰位置频频爆雷，前30分钟腰线就被对手多次打穿，胡梅尔斯的一条龙更是如入无人之境，这才是造成大溃败的根本原因。

其实斯科拉里是一个奉行保守主义的教练，在中后场堆人也是他的一贯思路，但巴西球迷是苛刻的，在家门口作战就不能选择那种方式，必须以愉悦的形式进行比赛，没承想却换来了崩溃的结果。这场比赛过去是，现在是，未来也会一直是世界杯历史上最不可思议的半决赛。

第二场令笔者印象深刻的半决赛，是2006年那场著名的德意之战，尽管双方90分钟打成0∶0，但这应该是笔者见证过的最让人血脉偾张的0∶0。在这种比赛中，场面极其开放，双方的攻防节奏很快，几乎全程没有喘息的空间。然而令人意外的是，这样的比赛居然以0∶0进入了加时赛。由于当年意大利队非常惧怕点球大战（1990年、1994年、1998年连续三届在12码点败北），于是里皮选择放手一搏。

他在加时赛中组成了四前锋神阵，通过各种方式一直给德国队的球门施压，以求在120分钟内结束比赛。虽然最终解决问题的是后卫格罗索，但里皮显然是赌对了。德国队万万没想到，居然在自己家门口被保守的意大利队当头棒喝。不过两队共同为足球世界留下了宝贵的财富，值得后人永久铭记。

第三场便是1982年著名的德法对决，这场比赛的水准堪称近代之最，只可惜普拉蒂尼这代人最终饮恨。当时法国队刚刚确立所谓的"中场铁三角"体系，而且主力班底基本上都能出战；联邦德国队的鲁梅尼格遭遇伤病，整体的战斗力受到影响。

从常规的90分钟时间来看，前半场双方互有攻守，但到了下半场法国队明显占据上风。普拉蒂尼拿球之后的威胁很大，他可以在任意位置通过传球或者自己攻门威慑对手。不过德国队的门将舒马赫使出了恶意犯规，将法国队球员巴蒂斯通撞倒在地，也浪费了"高卢雄鸡"宝贵的换人名额。

正是这一系列意外导致了加时赛中的神仙剧情。法国队开始是3∶1领先，随后德国队的替补连续发炮，将比分追成了3∶3。但是法国队过早地被迫用完了换人名额，在没有后手的情况下只得进入点球大战。虽然这是世界杯首次出现12码轮盘赌，但基因中无敌的德国队还是淘汰了普拉蒂尼的球队，留给后者一声叹息，日耳曼人昂首挺进决赛。

第 4 休息日

第20比赛日　　　一步之遥

战况信息

半决赛

12月14日03:00　地点：卢塞尔球场

阿根廷队　3 : 0　克罗地亚队

34' ⚽ 梅西
39' ⚽ 阿尔瓦雷斯
69' ⚽ 阿尔瓦雷斯

⚽ 数说世界杯

2：梅西成为在单场世界杯淘汰赛既有进球又有助攻第2年长球员。

4：梅西4次在世界杯单场传射建功，是自1966年世界杯有统计以来最多的球员。

5：梅西打入个人在本届世界杯第5球，与姆巴佩并列榜首。

6：阿根廷队第6次打入世界杯决赛，追平巴西与意大利队，仅次于德国队的8次。

6：梅西在世界杯淘汰赛共送出6次助攻，与贝利并列世界杯历史第一。

6：自1986年世界杯引入16强后，梅西是第6位在单届世界杯淘汰前3轮都有进球的球员。

6：莫德里奇在单届世界杯6场首发，是自1990年以来首位达成此成就的37岁以上球员。

8：梅西时隔8年再次打进世界杯决赛。

9：梅西在世界杯共有9次助攻，是现役世界杯助攻王。

10：梅西第10次当选世界杯全场最佳，刷新赛事纪录。

11：梅西在世界杯打入第11球，成为现役世界杯射手王，同时成为阿根廷队世界杯射手王。

16：梅西2022年为阿根廷队打入16球，继续刷新个人自然年国家队进球纪录。

16：梅西已经在世界杯取得16场胜利，距离克洛泽保持的纪录仅差1场。

18：梅西第18次以队长身份出战世界杯，创造赛事历史新纪录。

20：梅西在世界杯制造20球（打入11球和9次助攻），独居世界杯历史第一。

25：梅西在世界杯出场25次，与马特乌斯并列世界杯历史出场王。

27：梅西与莫德里奇各项赛事共交手27次。

30：梅西在2022年已送出30次助攻，生涯第3次自然年助攻30次以上（2011年36次、2016年31次），成为历史首位。

35：35岁172天，梅西是单届世界杯打进5球最年长球员。

71：梅西在本届世界杯平均71分钟参与一次进球。

第20比赛日

鑫淼绿茵场

一步之遥与"一步之遥"

一场属于阿根廷队的标志性胜利，时隔8年再度进入世界杯决赛，"潘帕斯雄鹰"距离翱翔天空还有"一步之遥"；一场属于梅西的世界杯精彩表演，时隔8年他再次向大力神杯发起最后的冲击，距离正式加冕球王同样还有"一步之遥"。

一步之遥，比喻离成功很近。如果这个成语是一个结果性的描述，那么这注定是一个悲情的词；如果这是一个展望性的描述，那么这个词就充满了无限遐想的空间。此时的阿根廷队和梅西，就是在一种展望性的期待中，其距离最后的荣誉，仅有一步之遥。

其实这样的画面对于阿根廷队和梅西来说都不陌生。2014年世界杯上，梅西与阿根廷队就曾经征战到决赛。但是最终格策的一锤定音成就了德国队的四星之梦，却在阿根廷队的世界杯历史上平添了一丝悲情。当时梅西驻足大力神杯的经典一刻，成为全世界媒体的头条，那一幕被媒体和球迷用一个词语形容——一步之遥。

我们感慨命运的神奇，也惊叹足球的美妙。用了8年的时间，阿根廷队和梅西又回来了。我们不得不向时间说一声谢谢，在大浪淘沙的残酷竞争中，阿根廷队和梅西这一次战胜了对手、战胜了时间，前方还有最后一道征程，就将让梦想照进现实。

3∶0战胜克罗地亚队，这是一场有着特殊意义的胜利，也是一种复仇。2018年世界杯，正是克罗地亚队用一场3∶0将阿根廷队逼入绝境，也间接导致阿根廷队过早地被淘汰出局。此番半决赛的狭路相逢，梅西和阿根廷队没有让同样的戏码再次上演，而是选择终结克罗地亚队的又一次奇迹之旅。

终结克罗地亚队的两大功臣，一个是少帅斯卡洛尼，另外一个就是梅西。克罗地亚队最强的地方在哪里？毫无疑问就是布罗佐维奇、科瓦西奇、莫德里奇组成的顶级中场三人组。而针对克罗地亚队中场能力突出的特点，斯卡洛尼在本场比赛祭出四中场的站位。帕雷德斯和恩佐·费尔南德斯站在中路靠后的位置，麦卡利斯特和德保罗虽然在官方阵形中是两个边前卫，但实际站在中路靠前的位置上，斯卡洛尼在中场中路打出了四张牌去对抗克罗地亚队的三中场，这不得不说是一个巧妙的设计。

至于梅西，本届世界杯上他的无所不能已经不用赘述，因为他带来的惊喜已经属于"例行公事"。1978年世界杯，阿根廷队获得冠军，39岁的少帅梅诺蒂和天才球员肯佩斯的搭档是球队夺冠的重要保障；1986年世界杯，阿根廷队拿到队史第二座冠军奖杯，47岁的年轻教头比拉尔多和球王马拉多纳是球队的王牌；而到了2022年，则是44岁的少帅斯卡洛尼搭档7次金球奖得主梅西，那么前两次的结局还会重演吗？

我们回望8年前的一步之遥充满遗憾，如今更多的阿根廷队球迷开始期待现在的一步之遥在不久的将来照进现实。

正坤龙门阵

第20比赛日

礼貌防守的致命性

阿根廷队 4-4-2
- 3 塔利亚菲科
- 20 麦卡利斯特
- 19 奥塔门迪
- 24 恩佐·费尔南德斯
- 9 阿尔瓦雷斯
- 23 马丁内斯
- 13 C·罗梅罗
- 5 帕雷德斯
- 10 梅西
- 26 莫利纳
- 7 德保罗

克罗地亚队 4-3-3
- 15 帕萨利奇
- 10 莫德里奇
- 22 尤拉诺维奇
- 6 洛夫伦
- 9 克拉马里奇
- 11 布罗佐维奇
- 1 利瓦科维奇
- 20 格瓦迪奥尔
- 4 佩里西奇
- 8 科瓦西奇
- 19 博尔纳·索萨

　　时隔8年,梅西率领的阿根廷队再一次杀进世界杯决赛,向着心中的最高目标前进;而莫德里奇率领的克罗地亚队终止了自己神奇的步伐。本场半决赛堪称经典,3:0的比分看似是阿根廷队兵不血刃,但是比赛的过程远没有那么简单,因为足球比赛的精彩程度,并不由比分直接体现。

　　这场半决赛看似阿根廷队赢得轻松,然而纵观全场比赛,克罗地亚队却是主要掌控局面的一方。全场比赛克罗地亚队的控球率达到61%,传球数也比阿根廷队多了200多次,阵地战防守方面也没有太多问题。

　　但阿根廷队抓住了机会,其3个进球都是由反击获得的。每一次反击阿尔瓦雷斯和梅西的"双鬼拍门"战术都能起到不错的效果,也

正是上述两人的珠联璧合,给予了克罗地亚队致命的打击。换言之,在这样极致的个人能力面前,团队足球即便发挥到极致,最终还是会被碾压。

　　克罗地亚队控制场面的战术的确有一定可取之处。后腰布罗佐维奇一度回撤到双中卫身后拿球组织,中场向前带球突进的任务完全交给科瓦西奇,这两个人为莫德里奇分担了更多的职责。之前克罗地亚队的问题是拥有世界级中场却只能由后卫出球,这个问题在本场得到了很大程度的解决。

　　我们也能看到克罗地亚队此役打得比之前两场淘汰赛积极得多,场面很有主动性。但是阿根廷队的中场群很有层次,而且每个人都活力十足,兼具速度和技术。克罗地亚队的进攻

145

想通过中场比较困难，于是阿根廷队将战火全都留在了中场范围。

可以说阿根廷队的后防都没有受到什么重大考验，且意大利主裁判奥尔萨托本场力求比赛流畅性，吹罚尺度较为宽松，这对于阿根廷队中场来说也是个好消息。比赛中经常能看到科瓦西奇凭借速度和变向过掉两名阿根廷队球员一路带球，然后在中场被第三名阿根廷球员放倒的画面。

而相比起荷兰队，克罗地亚队在防守方面对阿根廷队球员过于客气了：第一个点球判罚之所以有争议，是因为利瓦科维奇仅仅只是正面的阻挡，没有横移也没有多余动作；第二个丢球克罗地亚队的退防都已经到位，但是几个后卫却非常离谱地纷纷解围失误，被阿尔瓦雷斯"杀出一条血路"；第三个丢球则更加明显，格瓦迪奥尔一路"护送"着偶像梅西突入禁区送出致命助攻，锁定比赛胜局。

虽然比赛中不鼓励粗野的、恶劣的犯规，如果能用优雅的防守动作守住球门自是一件好事，但太过礼貌只能拱手将球门送给对手。

最后必须称赞阿根廷队主帅斯卡洛尼的排兵布阵和临场调整。对阵荷兰队他排出三中卫，用居右的阿库尼亚和利桑德罗·马丁内斯封锁了荷兰队最强点邓弗里斯；对阵克罗地亚队他又排回四后卫阵形，放弃控球采取中场绞杀，让克罗地亚队空有控球率和场面领先的同时，阵形压上导致后防露出了破绽。

且本场斯卡洛尼的5个换人名额很有讲究：尽管上半场39分钟就2:0领先，但他没有轻易换上后卫来做防守，最终在第69分钟梅西和阿尔瓦雷斯合力打入第3球。而5个换人名额中有3个换在了中场位置，用利桑德罗·马丁内斯和帕拉西奥斯这些生力军保持住中场绞杀的活力和体力，熄灭克罗地亚队最后的反扑气焰。

这支阿根廷队正走在创造历史的道路上。

黄博士课堂

用极限叩开完美世界

今天世界杯半决赛第一场结束，阿根廷队3:0轻松击败了克罗地亚队。不过客观来说，"格子军团"6次参加世界杯3次取得前4名的战绩，实在是令人刮目相看，而考虑到前几十年南斯拉夫队的世界杯成绩，克罗地亚人的战斗力更是值得大书特书。

自从30年前南斯拉夫逐步分裂以来，足坛就一直流传着种种猜测：如果其不解体，阵容该有多么强大？然而残酷的事实表明，从二战后的1950年世界杯开始一直到1990年，南斯拉夫队的最好成绩也就是1962年打进过一次4强，与如今的克罗地亚队相比简直是小巫见大巫。

根本原因在于，足球不是肉体叠加的运动，而是灵魂契合的竞技。除去克罗地亚与塞尔维亚两个民族对立之外，像英格兰队与苏格兰队要是合并征战世界杯，效果估计也好不到哪去。英法大战凯恩罚丢点球之后，苏格兰全境那种欢呼雀跃的姿态，就注定了1+1远小于2的结果。

所以当我们审视克罗地亚足球的发展时，一定要将其视为完全独立的个体，没必要与南斯拉夫攀上关系，克罗地亚队现在的成就早已独树一帜了。两代人3次世界杯前4，纵然有运气成分，也是多年修炼的成果。

1998年所谓的黄金一代，算是南斯拉夫解体前最后的遗产，在10余年前其诞生的一批青年才俊，不仅在世青赛上光彩夺目，在1990年世界杯也打出了高光表现。如果不是阿根廷队门神戈耶切亚的超神发挥，这批人可能会改写南斯拉夫足球的历史。

然而命运的车轮无情碾过，后来南斯拉夫爆发了内战，塞尔维亚的斯托伊科维奇、米亚托维奇，黑山的萨维切维奇，马其顿的潘采夫，以及克罗地亚的博克西奇、达沃·苏克、普罗辛内斯基、博班等人，注定无法一同创造辉煌。不过值得庆幸的是，在1998年世界杯上，克罗地亚队依然能组建出一套相当具有竞争力的阵容，事实上其在1996年欧洲杯上就已经闯入淘汰赛，所以两年后更进一步并不是天方夜谭。

但值得注意的是，即便1998年世界杯克罗地亚队收获季军，但这支球队其实没有处在最完美的状态之中。锋线大将博克西奇因伤缺阵，博班始终是带伤作战，普罗辛内斯基也因为自己的飘忽状态，到了淘汰赛只得枯坐板凳席。球队基本是在苏克的引领之下，一路走到了半决赛。

这支球队的成功有着明显的预兆，但不得不说其在运势方面也很不错，特别是8强对阵德国队的比赛被后世解读为老迈"德意志战车"的溃败。实际上这场比赛前半程一直是德国队占据主动，要不是半场之前沃恩斯的意外红牌，克罗地亚队能不能走过这一关都很难说。所以对于这代"格子军团"的评价，获得季军是对其最好的褒奖，但更进一步应该是没机会的。

后面到了莫德里奇这代人，球队其实走了很多弯路，2001年之后教练选得不好，以至于到2016年欧洲杯，其都被视为欧洲伪技术流的代表——看上去兵强马壮，但意志力薄弱，关键场次撑不下来，比如2012年欧洲杯被西班牙队绝杀、2014年世界杯惨败于墨西哥队、2016年欧洲杯加时赛被葡萄牙队击败等。然而随着现任主帅达利奇走马上任，一切开始发生转变。

"格子军团"的改变首先是在气质上，连续多场关键的加时赛，其展现出了不可一世的王者风范，成为不可能被击败的球队，着实令人震撼。两届世界杯一届欧洲杯，六次笑傲加时赛震古烁今，后人想比肩是极其困难的。

从球队的踢法上来说，笔者认为30岁之后的莫德里奇又有了全新的进化，他对于节奏的把控妙到毫巅，无尽体能也成为未解之谜。在他的辐射作用下，其他球员的潜能被激活，加上曼祖基奇、拉基蒂奇、布罗佐维奇、科瓦西奇等人本就是一绀球星，收获世界杯亚军也可以理解。

尽管本届赛事"格子军团"被外界看衰，但莫德里奇率领众人燃烧自我的比赛方式，延续了4年前的神奇。这支球队的成功，可以算是在打通任督二脉之后，用一种几乎极限的方式叩开了完美世界的大门。也许2022年就是这些球员的最后一舞了，我们有幸一同见证，这必将成为看球生涯中的金色记忆。

第20比赛日

147

⚽ **聚焦梅西**

8年前失去的 现在要亲手拿回来

阿根廷队3∶0击败克罗地亚队，时隔8年再次晋级世界杯决赛，梅西也拿到了生涯第二张世界杯决赛门票，他将为阿根廷队追逐队史第三座大力神杯。

世界杯打入11球成为阿根廷队世界杯射手王，单届世界杯打入5球成为阿根廷队第一人，18次以球队队长身份出战世界杯创造历史纪录……"梅球王"每前进一步，就将诸多历史再一次刷新。

8年前的马拉卡纳体育场，阿根廷队在决赛中目送德国队夺冠，凝望着赛场里近在咫尺的大力神杯，梅西留下了那张令人心疼的照片。

如今，35岁的梅西又一次来到了距离梦想一步之遥的地方，这是他补齐职业生涯荣誉簿空白的最后一次机会。

历史的确是玄学：2010年世界杯，西班牙队正是首场比赛失利后闯进决赛收获冠军的……你品，你细品。

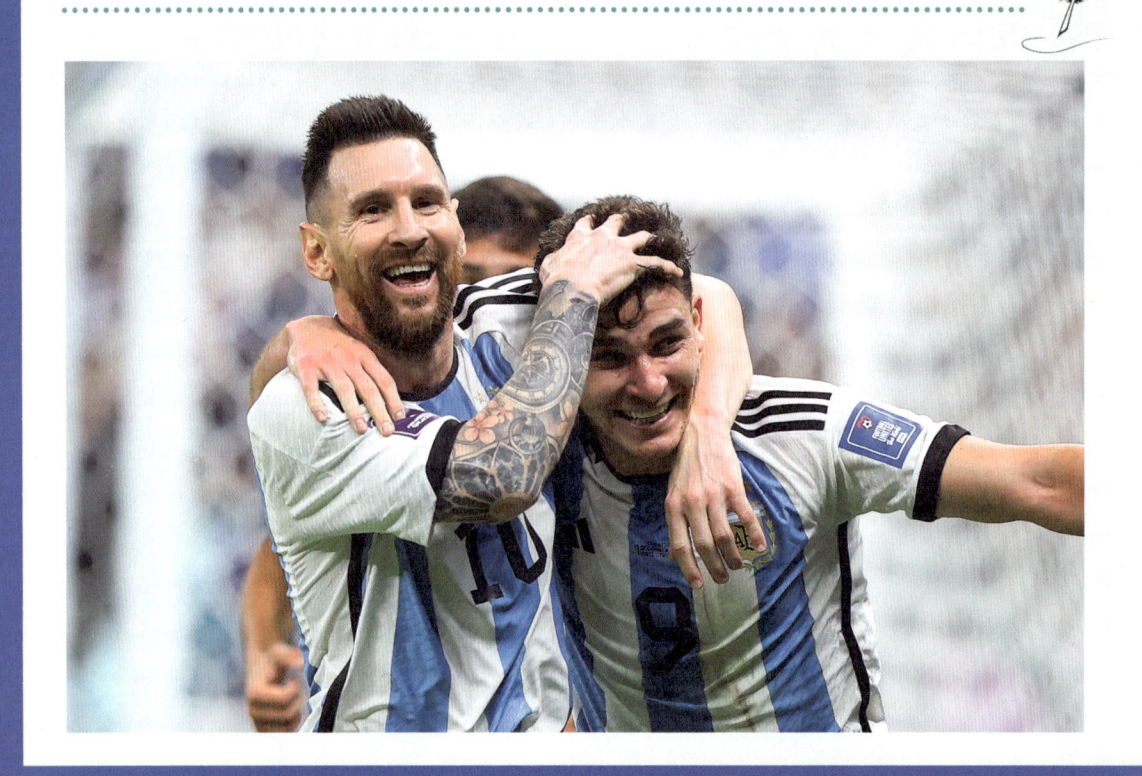

第 20 比赛日

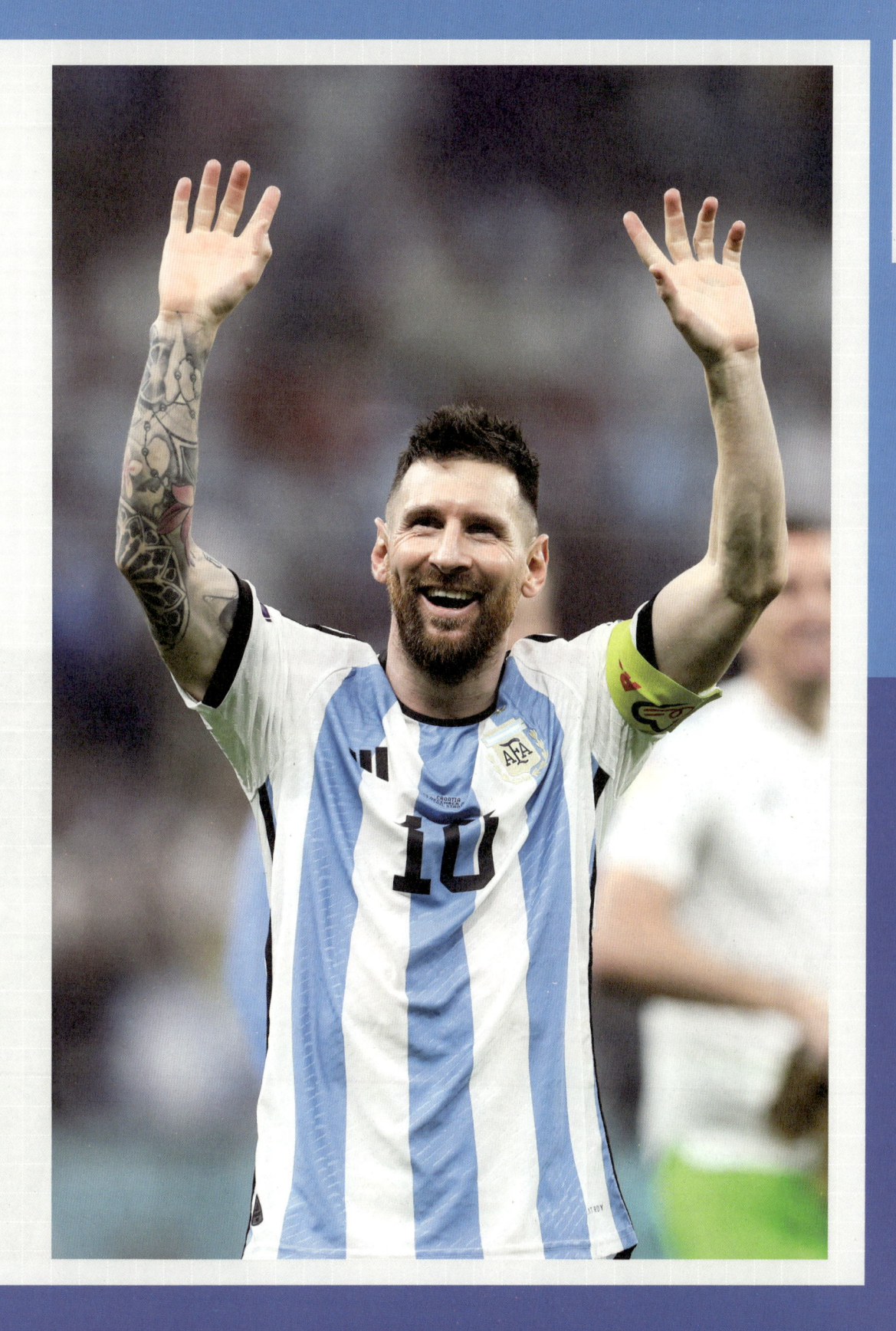

第 21 比赛日　　　新王战旧王

📜 战况信息

半决赛

12月15日03:00　　地点：海湾球场

法国队　2 : 0　摩洛哥队

5' ⚽ 特奥
79' ⚽ 穆阿尼

🏀 数说世界杯

1：摩洛哥队主帅雷格拉吉在上任后至今执教9场比赛，仅输掉1场。

3：摩洛哥队球员恩内斯里全场仅有3次触球，创自1966年有数据统计以来，世界杯比赛出场45分钟以上的球员里最低的触球纪录。

4：法国队历史上第4次打入世界杯决赛。

5：法国队是第5支打入决赛的上届冠军球队。

6：法国队在本届世界杯6场比赛中首次完成零封。

8：法国队门将洛里第8次在世界杯赛场完成零封，位列赛事历史第三。

11：世界杯决赛将迎来第11次欧洲与南美洲球队的对决。

13：姆巴佩是历史上第2位在24岁以前参加13场世界杯比赛的球员，首位是肯佩斯。

14：德尚作为主帅收获第14场世界杯胜利，并列赛事历史第二。

18：格列兹曼连续参加法国队近18场世界杯比赛，创造队史最长纪录。

19：法国队门将洛里第19次世界杯出场，与诺伊尔并列赛事出场次数最多的门将。

21：姆巴佩目前在本届世界杯共完成21次过人，位列所有球员之首。

23：摩洛哥后卫阿什拉夫共计完成23次抢断，位列所有球员之首。

27：法国队在27场比赛半场比分领先的情况下保持不败（26胜1平）。

44：穆阿尼替补登场44秒，首次触球便破门得手。

51：摩洛哥球员阿姆拉巴特本届世界杯至今51次抢回球权，创造自1966年有数据统计以来非洲球员在单届世界杯抢回球权次数纪录。

101：格列兹曼在半决赛完成101次逼抢，创下法国球员在本届世界杯单场比赛纪录。

116：格列兹曼迎来第116次法国队出场，并列队史第5位。

279：特奥开场279秒破门，创下自1958年以来世界杯半决赛最快进球纪录。

鑫淼绿茵场

放弃球权 赢得比赛

2∶0的比分让法国队笑到最后，顺利以上届冠军的身份杀入决赛。反观黑马摩洛哥队只能去和克罗地亚队争夺季军，但是其已经足够出色。整场比赛，法国队给我的感觉就是：用最符合自己风格的方式，去取得胜利。

世界杯比赛是足球潮流战术发展的风向标，其实上一届世界杯法国队拿到冠军就已经体现了这一点。上一届的法国队选择将球权放给对手，当时决赛对阵克罗地亚队，法国队的全场控球率只有34%；半决赛淘汰比利时队的比赛控球率仅有36%；1/8决赛淘汰阿根廷队的比赛控球率也只有40%。由此可以一窥，法国队将更多的精力用于防守反击，但放弃球权不代表放弃比赛的主动权。

到了本届世界杯，法国队延续这一战术风格。其实法国队在本届世界杯的实力称得上强大，其也有足够的理由选择主攻对手，给对手后防线不断施加压力，掌握控球权去慢慢渗透。但是德尚却沿用了2018年的战术风格，这样的战术表面上不讨喜，却是一套最适合目前足坛大赛的赢球方案。

稳固的防守加上中场的全能性，以及前场天赋溢出的进攻组合的配置，这就是法国队赖以生存的根本。这样的一套配置下，虽然丢掉控球率，但是却在自己控球的时间内，时刻都能够给予对手致命一击。击败对手不需要90分钟的比赛，只需要几个犀利的进攻回合，这就是法国队一路杀进决赛的最大法宝。

战胜摩洛哥队，2∶0的比分就已经足够确保法国队晋级，务实而又经济。开场仅仅5分钟便取得进球，这让法国队的战术发挥得更加淋漓尽致。本就实力不占优势的摩洛哥队只能强行进攻，如此一来法国队就会更加轻松地完成防守反击。下半场穆阿尼登场44秒，第一次触球就完成破门，这是法国队犀利反击的经典体现。

当你让一支务实的球队取得领先之时，想要实现逆转就会异常艰难，法国队就是用这样的方式去终结比赛。很多声音批评法国队在拥有无数优秀球员的情况下踢法还这么保守，但实际上法国队的这套胜利方案看似简单，实际上还真的要有足够多的天才球员才能完成。

这样的安排在上届世界杯就有所体现，法国队后防线上使用四中卫组合，中场的坎特、博格巴、马图伊迪兼具组织、防守、奔袭能力，前场的格列兹曼正值巅峰，搭配上姆巴佩的快和吉鲁的高，这样的打法无比适合大赛。本届世界杯法国队虽然遭遇大面积伤病，但是足够多的人才储备，支撑起了法国队继续使用这套战术体系。

作为上届冠军，从小组赛打破魔咒之后，法国队就慢慢展现出自己的绝对实力，也成为继1994年、1998年、2002年连续打进世界杯决赛的巴西队之后，又一支能够连续打进世界杯决赛的球队。深厚且多样化的人才储备和出色的教练员是保障其成功的重要因素。接下来球队要挑战的，是世界杯历史上的又一道难题，仅有1934年、1938年的意大利队和1958年、1962年的巴西队完成的世界杯连冠伟业。

当然这样的挑战能否完成，要看阿根廷队是否答应！

正坤龙门阵

非洲的荣光

法国队 4-2-3-1
- 22 特奥
- 10 姆巴佩
- 24 科纳泰
- 13 尤索夫·弗法纳
- 1 洛里
- 7 格列兹曼
- 9 吉鲁
- 4 瓦拉内
- 8 琼阿梅尼
- 5 孔德
- 11 登贝莱

摩洛哥队 5-4-1
- 7 齐耶赫
- 2 阿什拉夫
- 8 欧纳希
- 20 阿什拉夫·达里
- 19 恩内斯里
- 6 赛斯
- 1 布努
- 4 阿姆拉巴特
- 18 亚米克
- 17 布法尔
- 3 马兹拉维

第 21 比赛日

卡塔尔世界杯第二场半决赛，由强强对话中战胜英格兰队的法国队对阵连续爆冷西葡两大豪门的摩洛哥队，最终法国队以2：0击败摩洛哥队晋级决赛。

这场比赛双方风格鲜明。法国队这边简单明朗，两个进球都是一个套路，在一侧通过传导或个人技术吸引重兵防守，然后干净利落地传给弱侧直接终结。而且法国队兵器库太全面了：如果对方龟缩防守，就有"攻城锤"吉鲁和"百宝箱"格列兹曼这样的破密集防守神器；如果对方给足空间，就让姆巴佩和登贝莱大步流星地蹚球来冲击。摩洛哥队的阵容厚度和体能已经支撑不起面对西班牙队时的铜墙铁壁，只能选择五后卫首发硬守，但由于特奥开场4分钟就进球，所以摩洛哥队不得不扛这样的守阵却攻出来，舍命打出"七伤拳"。虽然拳拳到肉，搅得法国队后防风声鹤唳，但还是可惜未能取得进球。

其实赛前马兹拉维和赛斯都是带伤出战，左侧肋部防守重担要落在左中卫埃尔·亚米克身上。但这本来就是种隐患，亚米克的低级失误也成了法国队的突破口。中后卫上抢的原则是要么将球留下，要么让对方躺下，但亚米克自己滑倒了，还让格列兹曼悠然地拿球进了禁区。即使摩洛哥队后卫补位落位再迅速，但中路已经乱成一锅粥，中路补位后却将右路空了出来。特奥拿球前，离他最近的防守球员居然是后腰阿姆拉巴特，第一个反应过来的摩洛哥队后卫达里直接去堵门，但特奥飞身打了一个守门员腋下的死角，达里到位了但解围不及，

153

摩洛哥队开场落后。

但是当比分落后时，摩洛哥队被迫压出来打，这也就到了法国队最喜欢的阶段——反击。但为什么摩洛哥队的进攻打得风生水起呢？因为其抓住了姆巴佩和特奥两个进攻狂人镇守的左路。只是对攻60分钟后，法国队这边换上的生力军是德甲猛将图拉姆，而摩洛哥队主帅雷格拉吉手里只剩前中超前锋哈默德。图拉姆上场打左边锋，体力满格的他帮助特奥防守的同时加强前场冲击。最终在图拉姆和姆巴佩的一系列配合、单干下，6名防守队员聚在了他们这一侧，而球传到另一侧刚上场的穆阿尼脚下时，他眼前只有诺大个球门和无力回天

的布努。德尚的神换人帮助球队收下了比赛胜利。

可以说摩洛哥队输给了伤病、输给了运气，但从表现上来看球队并没有输。全场控球率六四开，摩洛哥队占先；射门数法国队14∶13，只领先1次；传球数、传球成功数和传球成功率摩洛哥队均比法国队要高。或许这是法国队的战术，但不得不说摩洛哥队也抓住这些机会造成了很大的威胁。原本主力的后防线4人：马兹拉维、阿格尔德、赛斯、阿什拉夫，现在只剩下阿什拉夫一个。"阿特拉斯雄狮"可以自豪地站着退场，毕竟摩洛哥队挺进4强已经是整个非洲和阿拉伯世界的荣光！

黄博士课堂

"高卢雄鸡"的起起伏伏

今天法国队顺利击败摩洛哥队，连续第二届闯进了世界杯决赛，无论最终的结果如何，这都是属于"高卢雄鸡"的时代。在这个香榭丽舍大街欢呼雀跃的日子里，笔者想跟大家聊一聊法国队这10来年的心路历程。

在2006年齐达内退役之后，法国队就陷入了所谓青黄不接的阶段。从根源上来说，当时的"高卢雄鸡"并不缺少人才，像里贝里与本泽马等新人完全可以扛起球队大旗，但是球队始终如同失魂落魄一般，无法拧成一股绳，甚至还在2010年闹出了"流芳百世"的内讧笑话。

到了2012年欧洲杯的时候，这支球队算是彻底沦为"边缘"角色，没有人把其当作争冠热门，甚至讨论度也非常低，基本上扮演了一个陪太子读书的角色。那届比赛法国队在1/4决赛中被巅峰期的西班牙队碾压出局，随后主教练布兰科离任，德尚接过教鞭，开启了这10年的征服之路。

也是从2012年欧洲杯开始，"法国妖人"

一词迅速蹿红，在有色人种的加持下，一众"小妖"如井喷般涌现，一时间令各路球迷感到惊叹。以人才最为充沛的中卫位置为例，在2014年世界杯周期前后，诸如萨科、瓦拉内、祖马、曼加拉、拉波特等人的扎堆，可以称得上法国队幸福的烦恼。

再加上博格巴与格列兹曼等人的崛起，2014年世界杯开始之时，法国队又重新回到了一线劲旅的行列。尽管球队最终被德国队1球击败止步8强，但从根本上来说，人们肉眼可见这是一支不可限量的球队，而彼时的德尚还饱受诟病，外界认为他无法驾驭如此出众的年轻人，但他所做的是引而不发。

一般而言，即便是足球强国，人才的爆发也只是短暂的，但"法国妖人"的势头从2012年开始之后，就没有任何中断的趋势。到了2016年欧洲杯开始阶段，像马夏尔、奥斯曼·登贝莱、金斯利·科曼等人，又进入了考察范围。球队甚至可以在伤了三四名主力中卫之后，依然能够以不错的班底出征。

从此时开始到今年的世界杯，6年时间法国队都是足坛的头号劲旅，每到大赛必是夺冠热门。但球队的征程并非一帆风顺，德尚也经历了很多坎坷，如今这套看似简单的战术，也是在千锤百炼之中修成的正果，算得上无为而治。

2016年欧洲杯期间，球队的战术还是飘忽不定的，在本泽马因为自身问题被开除之后，吉鲁与格列兹曼如何共存的问题就引发了外界讨论。"433"体系不利于发挥格列兹曼的特点，在变阵"4231"之后才激活了他的射手本能，吉鲁的作用也体现得淋漓尽致。

还有一个亟待解决的问题就是博格巴的定位，起初德尚希望他来做组织核心，承上启下完成中场的调度与梳理，但博格巴并不是此道中人。他的特长还是做中场侧翼持球冲击，一旦被解放就将能量无穷，后来德尚慢慢悟出了这层道理，也就有了"不高兴"的爆发。

2018年世界杯算是这代人的集大成之作，虽然球队显得慢热，但在加入了姆巴佩这样的"核武器"之后，到了淘汰赛时对手显然忌惮万分。更何况德尚此时已经彻底羽化登仙，面对任何对手都可以放低姿态，用令人咋舌的低位防守与之周旋，并寻找一击致命的反击机会。就这样法国队笑到了最后，拿下了队史上第二座大力神杯。

巅峰过后的法国队其实没有衰落，球队出现波动的原因是态度问题，上届欧洲杯就非常典型。面对牛皮糖般的瑞士队，"高卢雄鸡"开场就托大，对手点球不进才稳住了局面。结果又在3:1之后精神恍惚，被对手打入绝平球，将比赛拖入了点球大战。法国队的这种出局方式就是典型的王者松懈，只要端正态度还是值得信赖的。

本届世界杯就是法国队调整之后的状态，尽管伤病问题非常严重，但基于可用的人员，德尚还是调教出了一套比较完美的体系。球队依然是遇到谁都可以紧缩阵线，依然是遇到谁都可以闪电般撕裂对手防线，"高卢雄鸡"又一次走到了大力神杯的身边，一切如梦如幻，等待王朝开启。

赛场花絮

最纯粹的黑马

作为本届世界杯的最大黑马，摩洛哥队虽然未能阻挡"高卢雄鸡"的脚步，但球队达到了非洲球队从未到达的高度。纯粹的摩洛哥队书写了新的非洲足球历史，虽然没能笑到最后，但"阿特拉斯雄狮"已经收获满满。

哪支球队的球迷在本届世界杯的表现最疯狂？不是阿根廷队、法国队、巴西队这些传统豪强球迷，而是在本届大赛开始前名不见经传的摩洛哥队球迷。其球迷来到球场不是为了看球的，而是来战斗的。他们中的有些人打扮成雄狮模样，在抬头时就会亮出嘴中锋利的獠牙。在摩洛哥队出战的每场比赛中，在他们出现的每座球场上，疯狂的摩洛哥队球迷震耳欲聋的助威声让球员如同打满了肾上腺素，尖锐刺耳的嘘声也足以让心理不够坚定的对手胆寒。

或许我们中的很多人都没有去过摩洛哥，但这支球队与其球迷让我们都知道：那里的足球确实坚韧且纯粹。

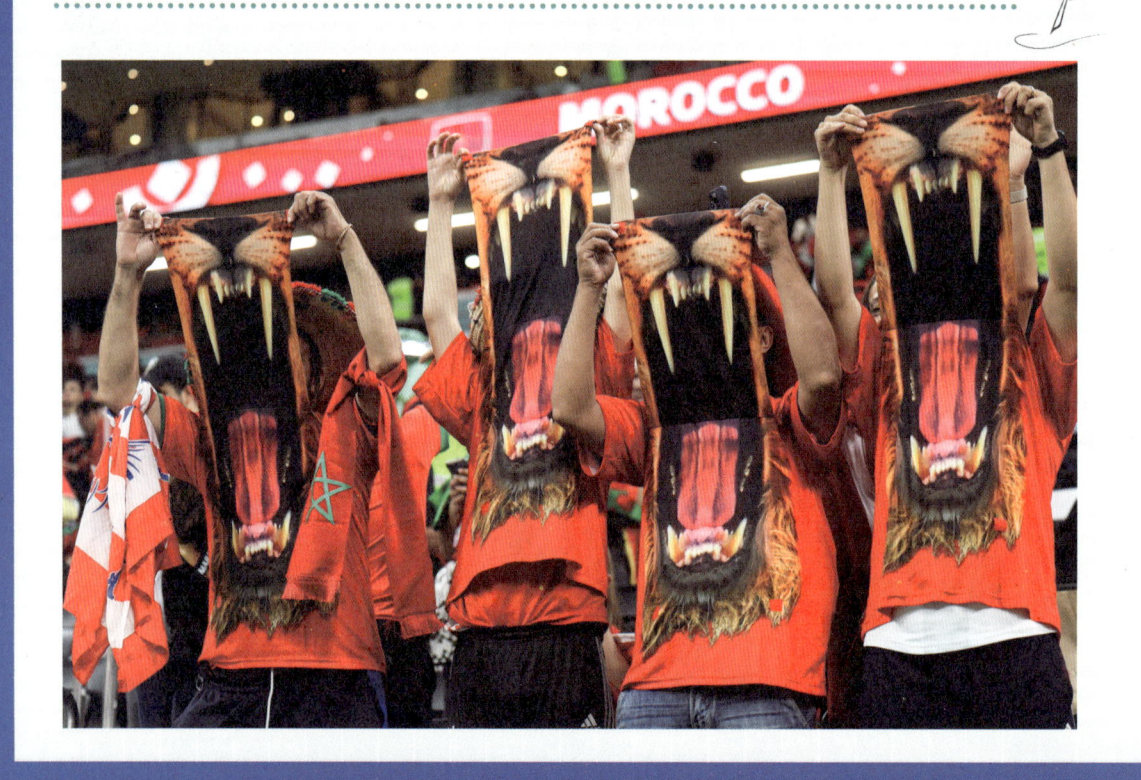

第 21 比赛日

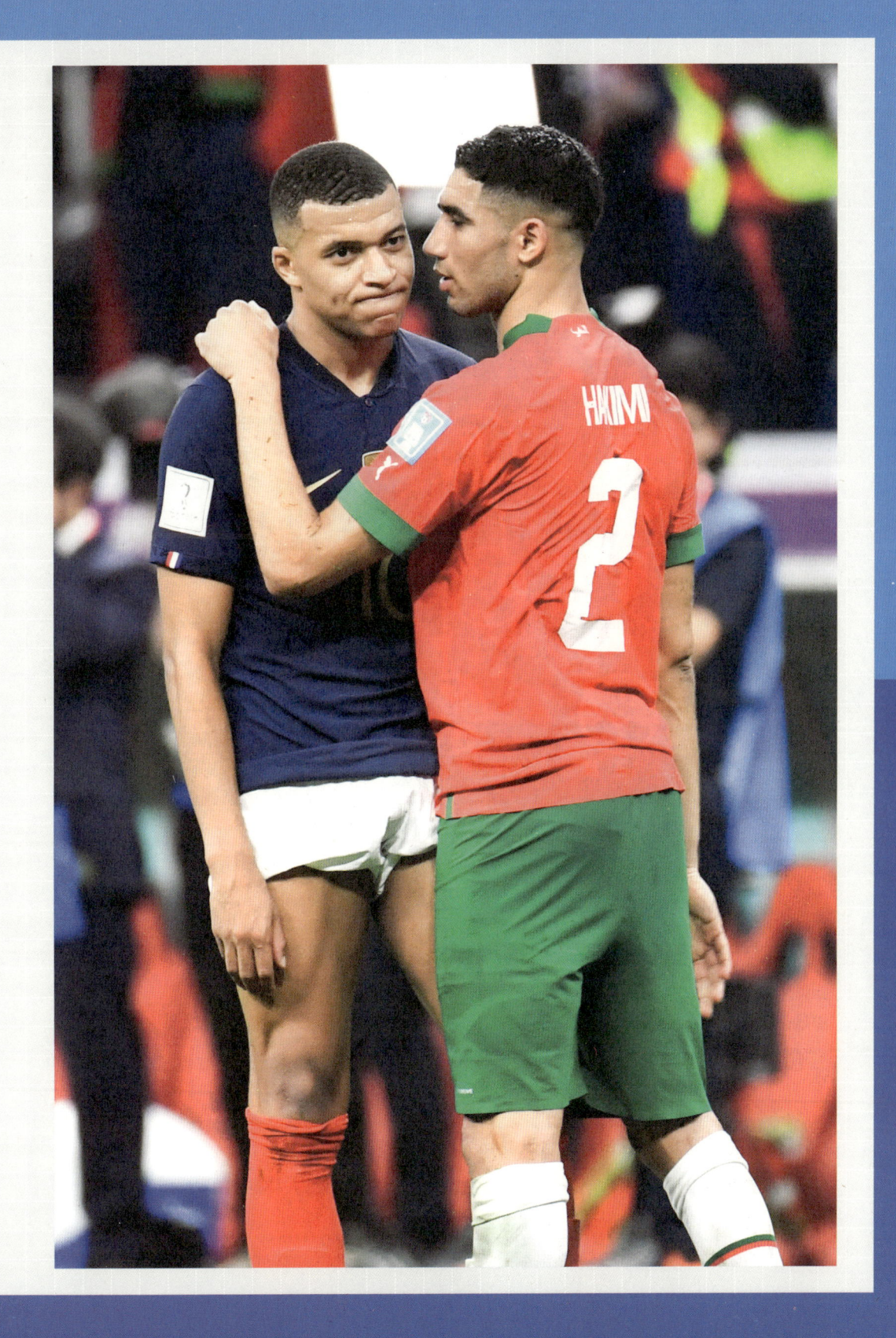

第 5 休息日　　半决赛总结

🏐 半决赛最佳阵容：4-4-2

前锋： 莫利纳 🇦🇷　格列兹曼 🇫🇷

中场： 亚米克 🇲🇦　欧纳希 🇲🇦　梅西 🇦🇷

后卫： 科纳泰 🇫🇷　琼阿梅尼 🇫🇷

门将： 洛里 🇫🇷

其他： 特奥 🇫🇷　恩佐·费尔南德斯 🇦🇷　阿尔瓦雷斯 🇦🇷

⚽ 数说世界杯

5：两场半决赛共计打入5球。

8：梅西在本届世界杯目前共参与8次直接进球（5球3助攻），为所有球员之首。

13：巴黎圣日耳曼队球员目前在本届世界杯共计打入13球，为所有俱乐部之中最多。

20：南美洲球队已经20年无缘世界杯冠军。

370000：国际足联为俱乐部发放补贴，打入决赛球员每人补贴370000美元。

鑫淼绿茵场

"欧亨利式"的足球

当我们以结果去看待已经发生的事实，尤其是在世界杯的赛场上，会发现足球赛场到处都是"欧亨利式"小说的结局——既在意料之外，又在情理之中。

法国队和阿根廷队会师决赛，意外吗？当然意外。合理吗？同样合理。

自从1998年世界杯法国队夺冠之后，除了2002年韩日世界杯的冠军巴西队在下一届世界杯上进入淘汰赛，其他的冠军球队全部在下一届的小组赛出局。因此这一届法国队是带着魔咒出战的，在世界杯前球队就连折坎特、博格巴、恩昆库、本泽马等核心大将。主帅德尚更是带了9名后卫球员，饱受质疑。而现在法国队不仅仅躲过了魔咒，还一路披荆斩棘再次晋级决赛。尤其是在后防线面临大规模伤病的情况下，正是坐拥9后卫的底气让法国队再次取得佳绩。

阿根廷队更是以"奇葩"的方式开启本届世界杯，其在小组赛第一场竟然爆冷输给沙特队，送给后者世界杯历史上最伟大的胜利。这样的一场输球，成为世界杯开赛前几天球迷间聊天的最大笑柄，舆论恨不得在第一场比赛后就给"潘帕斯雄鹰"、给梅西判了"死刑"。正是首战的意外失利导致阿根廷队后面每一战都是生死战，但好在球队众志成城一路杀进了决赛。

其实从世界杯开赛前的夺冠前景来看，这两队都是夺冠大热门球队，晋级最终的决赛并不意外。只是过程给予了球迷和媒体无限遐想的空间。

我们再来看几个有意思的"欧亨利式"足球案例。

小组赛第一轮7：0血洗哥斯达黎加队的西班牙队，让人们恍惚之间看到了2010年世界杯夺得冠军的影子。接下来属于"斗牛士军团"的戏码却是小组赛末战输给日本队，淘汰赛首轮就被摩洛哥队淘汰的"尴尬"剧本。一时之间，无效传控、"睡觉之队"成为笑谈。

巴西队堪称本届世界杯的最大夺冠热门球队，球队的实力几乎是全方位无死角，小组赛进程也顺风顺水。1/4决赛面对实力大大不如自己的克罗地亚队，巴西队没有任何被淘汰的理由。但是其却用最意外的方式终结了自己的世界杯征程——点球大战被淘汰。赛后巴西队不重视对手、场上漫不经心的表现被广泛批评。

葡萄牙队在1/8决赛用6：1将强敌瑞士队斩落马下。此时此刻，几乎所有声音都支持葡萄牙队顺利晋级4强，毕竟血洗瑞士队的表现让这支球队展露出冠军相，同时下一个对手摩洛哥队比较弱小。然而葡萄牙队却意外出局，球队在比赛中几乎犯了和巴西队同样的错误：太轻视对手，进攻混乱不堪。

或许这就是足球比赛的奇妙之处：总不会按照正常的剧本去发展，总给球迷带来不一样的惊喜。正是这些构成了这届"欧亨利式"的世界杯，总有意外发生，但都是一场足球盛宴的组成部分。而这场戏剧的主角是32支球队，以及所有的球员。

正坤龙门阵

神奇的控球率

控球率在足球比赛中是一个很神奇的数据，一支球队在这项数据上占优，意味着其在场上对球有更多的控制权，占据着场面上的优势。但在本届世界杯上，控球率高就会输球已经近乎成为一条定律，在两场半决赛当中，控球率高的一方都成了失利者，而且都没能收获进球。而这两支球队偏偏就是在小组赛碰面时互相都没创造出太多绝佳机会，最后以一场0：0收场的克罗地亚队和摩洛哥队。

对于摩洛哥队来说，其在1/8决赛和1/4决赛都以不到30%的控球率赢得了比赛，不过克罗地亚队的场均控球率要更高一些，但是球队在控球时也很难展现出进攻的效率。"进攻效率"对于主导控球的一方来说其实是最为关键的一个点，为什么西班牙队在近些年迅速陨落，找不回2008年到2012年的王者风范？进攻效率的下滑是最大的因素。

博斯克曾经说过，控球的最大意义其实是对于防守端的贡献，在拥有绝对控球优势的情况下，可以尽可能地去减少对手威胁进攻的次数。因此我们可以回想2018年以来西班牙队的三次大赛出局，无一例外都是跟对手拖满了120分钟，最后倒在点球大战当中。从控球率，以及控球对于防守的贡献上来说，现在的西班牙队完全可以与巅峰时期媲美，但是锋线效率的下滑让其进攻端举步维艰。

虽然恩里克的球队在2020欧洲杯和2022年世界杯上也都曾打出大比分胜利，但是遇到真正防守井井有条的球队，西班牙队缺少锋线杀手的问题就被暴露得极为明显。如果现在西班牙队阵中有类似于2010年世界杯的比利亚这种球员的话，那么恩里克的战术可以说依旧是非常适合的。但现如今受制于球员能力，球队进攻效率无法提升，西班牙队的控球打法也陷入了死胡同。

相比于西班牙队，半决赛中的克罗地亚队和摩洛哥队更像是被迫去采取控球的踢法，因为对于这两支球队来说，开赛前是更希望交出控球权的一方，然后通过低位防守和反击去获取比赛的胜利。但是早早丢球意味着这种思路的破产，而当克罗地亚队和摩洛哥队全军出动时，进攻效率又成为球队前进路上最大的绊脚石，其在半决赛当中都创造出了足够多的射门机会，但却无法转化为扳平比分的进球。

在现代足球世界中，能在控球战术下展现出进攻效率的球队已经越来越少，哪怕是在俱乐部层面都可以说是凤毛麟角。而在人员变动大、磨合周期短的国家队层面，这种效率的展现就显得更为困难，本次世界杯最擅长控球的就是西班牙队和德国队，但这两支球队却早早打道回府。第一场逆转阿根廷队惊艳世人的沙特阿拉伯队，在第二场对阵波兰队的比赛中展现了其在世界杯预选赛当中的恐怖控球优势，但最终却吞下了0：2失利的苦果。

对于大多数的球队来说，高控球率也会伴随着进攻效率的下降，因为要面对的是对方更为紧密的防线和更少的进攻空间，这就必须要求主打控球的球队有更强的提升效率的方式，比如单兵能力突出的强力中锋，德国队用菲尔克鲁格证明了大中锋仍然管用；抑或是更为精细的进攻配合，如同巴西队在面对韩国队时打出的无解进攻配合，但通过这种方式提升进攻效率的难度远高于通过战术素养提升防守的难度。

因此在这样的大背景下，低位防守伺机反击成了众多国家队主帅选择的"捷径"，而本届世界杯摩洛哥队再一次证明了这种捷径的可行性，或许在下一届世界杯上，这种风潮仍然不会消散。

黄博士课堂

VAR与裁判判罚

今天是决赛前的休赛日，借着空闲的机会，来聊聊备受瞩目的裁判问题。本届赛事传统的裁判员没有太多的存在感，倒是VAR（视频助理裁判）出尽了风头。由于引发了很多争议，各界的讨论从未停息，甚至有人觉得这项新技术毁了足球，今天笔者就来聊聊个人的看法。

首先我要表明一个态度，任何新科技介入足球比赛，初衷必然是好的，而且大概率也会收获积极的结果。VAR本身给出的都是客观的事实，至于何时介入以及判罚的基准问题，这都是需要人为界定的，这与过去人工时代会犯的错误一样，都是难以避免的。我们需要正视的就是，VAR时代确实将绝对错误减少了很多。

本届世界杯确实有在点球的判罚上出现了错误，个别越位判罚的衡量在模棱两可之间，但这样的争议指数在世界杯历史上说忽略不计有些夸张，但真的不算什么。

一个根本点在于，VAR的引入基本杜绝了史诗级误判的出现，而这些都曾经影响过世界杯乃至足球历史的进程。例如2010年世界杯的英德大战，如果兰帕德那个球算进，比分回到同一起跑线，后面的情况就不好说了。如果英格兰队真能打破心魔更进一步，球队就不至于背负那么多年的骂名。

另外还有1986年世界杯著名的英阿大战，当时马拉多纳的"上帝之手"路人皆知，事实上老马连过5人的"世纪进球"也有问题。阿根廷队在获得球权之前，曾对英格兰队球员有飞铲动作，但当值主裁判对此无动于衷。尽管那时球员在赛场上的作风比较粗野，规则对明星球员的保护也不够多，但无论如何那个犯规应该被重视，如果有VAR的话应该会及时介入。

另外就是1966年世界杯决赛，联邦德国队在常规时间的绝平球大概率手球在先。即便笔者的影像资料无法100%佐证，但距离真相已经很近了。如果当时有VAR技术，这个进球应该会得到公允的判罚，那么英格兰队有可能在90分钟内就捧起冠军奖杯，也就没有后面所谓的"世纪悬案"。

除了个别影响历史进程的误判，VAR的存在也会让权力寻租的空间大大减小，最典型的就是2002年的韩国队。以韩国队对阵西班牙队的1/4决赛为例，当时的裁判组配合"非常默契"，一旦西班牙队进攻产生威胁，立刻就会被裁判员吹掉。但若在如今这个时代，他们恐怕不敢造次。

毕竟VAR必须介入的几种场景，西班牙队基本都覆盖到了，起码巴拉哈与莫伦特斯的两个进球，基本上不会出现什么问题。本次世界杯日本队在底线的极限救球，毫厘之间都算作有效，当年莫伦特斯的金球绝杀肯定也得作数。毕竟在天网的监视之下，很多小动作就没那么容易实施了。

还有一个必须注意的情况，那就是VAR能杜绝大批量的集中性错误，比如1986年和1990年两届世界杯上关于越位的灾难性误判。笔者仔细观看过这两届杯赛的所有录像，有名有姓的球星遭遇越位误判的次数，保底可以达到两位数。

1990年的问题也不在少数，像英格兰队与意大利队，都遇到了明显的越位误判，即便在普通的转播机位下，误判都是很明显的。如果有了更为直观的检测机位，这种错误肯定是可以杜绝的。

所以当新技术介入足球比赛的时候，我们还是要以宽容的态度去面对，不要因为一时的问题而指指点点，最终耽误了足球这项运动的发展。也许在未来的很长时间里，VAR还是会出现一些人为导致的错误。但当有一天技术真正成熟了，也许人的主观性就会被最大程度地限制，而那就是足球的昌明时代。

第5休息日

第6休息日

⚽ 世界杯决赛历史最佳阵容： 3-4-3

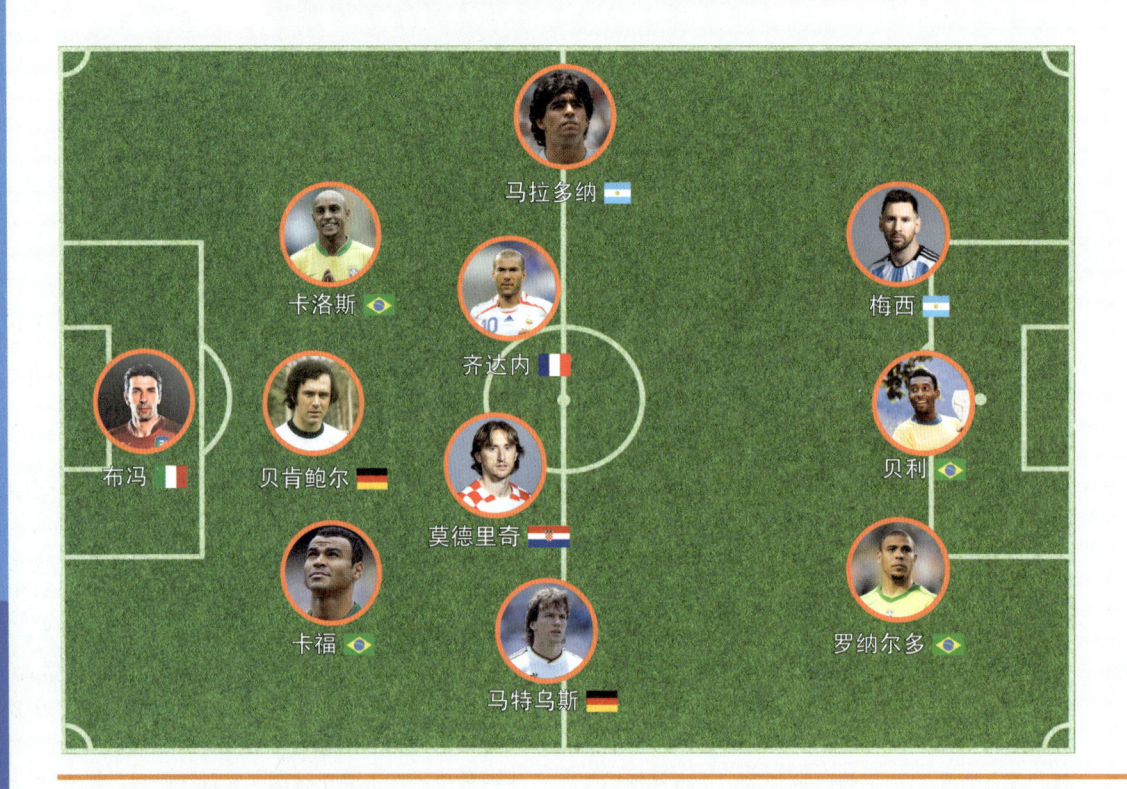

马拉多纳 🇦🇷
卡洛斯 🇧🇷
齐达内 🇫🇷
梅西 🇦🇷
布冯 🇮🇹
贝肯鲍尔 🇩🇪
莫德里奇 🇭🇷
贝利 🇧🇷
卡福 🇧🇷
马特乌斯 🇩🇪
罗纳尔多 🇧🇷

⚽ 数说世界杯

2：路易斯·蒙蒂是唯一代表2个不同国家队参加过世界杯决赛的球员，他曾在1930年、1934年先后代表阿根廷队与意大利队出战决赛。

3：巴西队球员卡福是唯一连续参加过3届世界杯决赛（1994年、1998年、2002年）的球员。

60：1990年世界杯决赛联邦德国队1∶0战胜阿根廷队，成为世界杯60年来首支在决赛中零封对手的球队。

88：荷兰队球员约翰·内斯肯斯在1974年世界杯决赛中仅用时88秒打入世界杯决赛历史上最快进球。

鑫淼绿茵场

最后一战

转瞬即逝，世界杯只剩下最后两战，而那场巅峰对决必然备受瞩目。一天之后的世界杯决赛，拥有着太多特殊的意义。

这将是一场封王之战？

怎样定义梅西？一名伟大传奇的巨星，世界足坛历史上最伟大的球员之一。也有很多声音用球王来形容梅西，但是"球王"这两个字，终究还是充满争议。没有世界杯冠军头衔的球王，看上去是有不少的问题。但是即将到来的巅峰之战，梅西迎来了机会。假如阿根廷队夺冠，梅西无疑是最大的功臣。在那一刻，梅西成为球王将成为不争的事实。

这将是一场卫冕之战？

上一次世界杯赛场上的球队成功卫冕，还要追溯到遥远的1962年的巴西队。此番法国队迎来了机会，如果能够连续两次在世界杯夺得冠军，不仅仅是在自己的球衣上绣上第三颗星星那么简单，这将是球队至高无上的荣耀，也必定会载入世界杯的史册。

这将是一场三星之战？

阿根廷队距离上一次夺得世界杯冠军，已经过去了36年。当时球王马拉多纳几乎用最完美的个人英雄主义率领阿根廷队获得冠军。如今马拉多纳的名字换成了梅西，他是否能致敬马拉多纳呢？在世界杯历史上，巴西队5次夺冠，意大利队和德国队4次夺冠。阿根廷队和法国队谁夺冠，谁就将成为下一支3次夺得世界杯冠军的球队。

这将是一场金靴之战。

上帝安排的这个决赛剧本太巧妙了。在分别经历了6场比赛之后，世界杯射手榜上有两名球员打进5球，这就是阿根廷队的梅西和法国队的姆巴佩。也就是说，谁在决赛中取得进球，谁就有可能将世界杯冠军与金靴奖一同收入囊中。同时由于两人出色的发挥，也都将是本届世界杯金球奖的有力争夺者。

这将是一场告别之战。

再伟大的赛事终究也要迎来告别。卡塔尔世界杯是第一届在北半球冬天举办的世界杯，必定在世界杯历史上留下浓墨重彩的一笔。而在这场决赛之后，世界杯历史将进入一个新的篇章，因为这将是最后一次32支球队参加正赛的世界杯，也是最后一次64场比赛的世界杯。我们终究要开始迎接新的世界杯！

这将是一场狂欢之战。

接近一个月的足球盛宴即将迎来最后的告别。世界杯决赛将会是怎样的万众瞩目呢？我相信，全世界的球迷都在期待着这一刻的到来。有数据机构预测，将会有超过30亿人收看这场决赛。天啊，或许这就是足球的魅力所在吧！让我们尽情期待，这最后狂欢一战的到来吧！

但这也终将是悲情的一战，胜利者的背后是失败者的无奈。胜利者只有一个，失败者就将成为悲情的主角。竞技体育的残酷在这一刻展现得淋漓尽致，让这最后一战，带着那最矛盾的身份，交给最终的22人去演绎。

正坤龙门阵

禁区前屏障

今天是卡塔尔世界杯最后一个休息日，国际足联技术研究组发表了一份关于本届世界杯的防守报告。其中传奇教练温格和德国队传奇球星克林斯曼谈到本届世界杯上的一些显著变化，两人不约而同地聊到了"禁区弧顶位置的防守保护"。

本届世界杯上涉及禁区弧顶位置的防守保护明显增多，该区域已经成为兵家必争之地。正是各队对于这个位置的着重保护让进攻方的得分变得更为困难，尤其是对善于控球的球队来说，这无疑是雪上加霜。

在报告中，两位专家表示本届世界杯中场线附近的中间地带变得更紧凑严密，每支球队在中场区域的防线场均高度（防线前后距离）为37.6米，高于4年前世界杯的35.8米。这意味着进攻一方想进入对方禁区前的中间地带更难了。而且不少球队用类似三角形的站位在禁区前沿地带布防，使进攻一方的层层渗透更难实现。

在这种趋势下，受冲击最大的就是西班牙队，西班牙队踢得最流畅的一场比赛就是面对哥斯达黎加队。因为哥斯达黎加队一开场的"442"阵形在防守端缺乏层次，对于禁区弧顶的保护做得并不好，因此西班牙队可以轻松地从中路和内部形成突破，然后造成威胁进攻。

但是当西班牙队在1/8决赛面对摩洛哥队时，这种套路便完全不奏效了，摩洛哥队用一个个三角形组成的"433"阵形来切割西班牙队的进攻，后腰阿姆拉巴特与两名中卫会形成一个正三角，3名中场球员会形成一个倒三角，靠边路的中场与边后卫和边锋球员又会形成一个防守三角，在这种互相补位的区域防守下，西班牙队的进攻完全被限制住。

而要破解这种防守方式，本次世界杯进入决赛的两支球队给出了两种不同的解决方案。一种是类似于像法国队这种主打防守反击的球队，"高卢雄鸡"一旦获得反击机会，会在前场有很大的空间，利用姆巴佩这种速度型球员的边路一对一能力形成突破制造杀伤，这样的方式就可以绕过对方的防线进入弧顶的位置。因为再保守的球队，也终究会有一些攻出来的时间，而只要抓住一次契机攻破对方的球门，这种战术便会遭遇破产。

而另外一种破局方式就是类似于阿根廷队，有一名能力超强的球星可以在禁区前沿拿球。阿根廷队拥有梅西，而巴西队让内马尔扮演的也是相同的角色，但这种方式就不是所有球队都可以效仿的了，毕竟像梅西、内马尔这样级别的球星少之又少。

这种对于禁区弧顶的封锁也在促使中锋球员的改变。2018年世界杯，如吉鲁、凯恩乃至久巴等中锋都展示出了恐怖的支点作用。但在2022年世界杯上，中锋在进攻三区的接球次数比4年前下降了21%，射门次数减少了10%，这表明中锋在对方禁区前拿球和射门的难度显著增加。

因此像莱万多夫斯基这样的球员，虽然在联赛中如鱼得水，但是在世界杯上却经常隐身。而像胡利安·阿尔瓦雷斯这样的灵动9号球员则显得更为吃香，加强禁区前沿的封锁对他并不产生影响，相比于背身接球，他更擅长的是穿插身后，因此最终在本届世界杯上大放异彩。

综合来说，虽然2022年卡塔尔世界杯是一届进球相当多的世界杯，但防守的改变却是本届世界杯在战术上最值得去借鉴的要点。

黄博士课堂

"足球小国"也有辉煌时刻

季军赛，对于世界杯或者其他大型杯赛来说，这都是娱乐气氛的垫场赛，竞技意味没那么浓厚。但是对于一些非传统足球强国而言，拿到一块世界杯的奖牌也有着很深远的意义。借着这个契机，笔者想来聊聊那些在世界杯上整体发挥出色的"足球小国"。

笔者对于"足球小国"的定义比较直接，拿过世界杯冠军的都算传统劲旅，无冕之王荷兰队底蕴足够深厚另当别论，其他球队都可以列入讨论范围。而其中最值得称赞的要数瑞典队，这可能是一个比较意外的名字。

其实瑞典足球起步较早，在二战前就曾经参加世界杯并且打进了半决赛。不过在1956年之前，其恪守所谓的奥林匹克业余原则：只要你成为职业球员（比如去西欧职业联赛踢球），就不能再代表瑞典国家队出战了。

而在20世纪40年代，瑞典队诞生了以诺达尔、利德霍尔姆、格伦为首的黄金一代。他们在1948年伦敦奥运会上力斩各路好手帮助球队拿下冠军，但随即这批球员多被意甲等联赛挖走，核心球员便无法再代表瑞典队征战世界杯。

所以在1950年世界杯上，瑞典队失去了"三个火枪手"，只能依靠斯科格伦德等新人强行支撑。不过那个时代的瑞典队是真的出色，凭借这样的残阵居然还拿到了季军，成绩仅次于乌拉圭队与巴西队。

在此基础之上，瑞典拿到了1958年世界杯的主办权，并且顺势解除了职业球员禁令。最终利德霍尔姆与格伦回到了球队，仅有诺达尔一名天王缺席。也是在两员老臣，外加哈姆林与斯科格伦德的闪耀之下，球队不可思议地闯入了决赛。而且在与巴西队的终局之战中，球队打得颇具声色，在历届亚军中都算出类拔萃。

至此瑞典队已经收获了世界杯的亚军、季军与殿军，在没有夺冠的球队当中，彼时自然高居榜首。而且值得注意的是，此后几十年瑞典足球并没有完全断档，经常能奉献不俗的表演。

比如1974年，厄德斯特罗姆率领的"低调军团"不仅逼平了当时不可一世的荷兰队，还让联邦德国队踢得极其难受。也就是说当届冠亚军在瑞典队身上都没占到什么便宜。只可惜后世总是在渲染"克鲁伊夫转身"等名场面，忽略了瑞典队的真实水平。

而到了1994年，布洛林与达赫林为首的那支瑞典队更是早期中国球迷的难忘回忆。球队依然以低调的姿态一路前行，即便与巴西队交手也能两次与之周旋。最终这支队又一次拿到了季军，继续给自己的荣誉簿增光添彩。

只可惜到了拉尔森与伊布时代，瑞典队的成绩逐年走低，最后居然连续两届未能打进世界杯决赛圈，着实令人遗憾。不过在伊布淡出瑞典队之后，2018年球队又杀回了世界杯8强。

除了瑞典队之外，另外值得一提的就是克罗地亚队了。其在1998年收获季军，2018年收获亚军，2022年又打进4强（最终收获季军），克罗地亚独立后球队仅仅参加了6次世界杯，居然有一半的成绩位列前三，实在令人咋舌。

除了以上两支球队之外，同样值得一提的就是波兰队与比利时队了。前者在戴纳、拉托与博涅克延续的时代中曾经两次斩获世界杯季军，还拿下一次第5名。后者在1986年和2018年两次打进半决赛，两拨黄金一代也算实至名归。不过考虑到延续性和巅峰水准，两支球队与瑞典队、克罗地亚队相比还有差距。

在未来，希望越来越多的非传统足球国家能够在世界杯上给球迷们制造惊喜。毕竟世界杯的意义就是展现异域的足球魅力，而百花齐放永远是人类共同的追求。

第6休息日

第22比赛日　　"魔笛"谢幕

📜 战况信息

季军赛

12月17日23:00　地点：哈里法国际体育场

克罗地亚队　2 : 1　摩洛哥队

7' ⚽ 格瓦迪奥尔
42' ⚽ 奥尔西奇

9' ⚽ 达里

⚽ 数说世界杯

0：克罗地亚队26人大名单中，有5人0出场。

1：克罗地亚队21世纪第1次在淘汰赛90分钟内取胜。

2：克罗地亚队近两届世界杯14场比赛仅输2场。

3：克罗地亚队6次参加世界杯，3次取得前3名的成绩。

11：佩里西奇近3届世界杯直接制造11球（6球5助攻），同期仅次于梅西的16球。

19：世界杯至今共有20场季军赛，其中19场在常规时间内分出胜负。

19：莫德里奇在世界杯出场数达到19场。

20：20岁328天，格瓦迪奥尔成为克罗地亚队最年轻的世界杯进球者。

37：37岁3个月，莫德里奇成为参加单届世界杯7场比赛年龄最大的非门将球员。

93：莫德里奇全场传球成功率达到93%。

162：莫德里奇在国家队出场数达到162场。

鑫淼绿茵场

都是胜利者

有人说世界杯的季军赛是鸡肋，应该取消。但是在世界杯这样的舞台上，对于很多球队来说，季军也是至高无上的荣耀。当比赛尘埃落定的那一刻，克罗地亚队在激情地庆祝着，第3名的成绩对于"格子军团"来说已经足够出色，因为球队超越了自己。未能继续创造历史的摩洛哥队稍显遗憾，因为其渴望将自己的奇迹再前进一小步。

其实这场比赛没有真正的失败者，摩洛哥队与克罗地亚队都赢了。

如果没有在这一届世界杯的精彩发挥，有谁会了解这支摩洛哥队？有谁会去探讨摩洛哥足球呢？这对于摩洛哥队来说，是一个让世界认识自己的机会。我相信，在本届世界杯结束之后，世界足坛不会再忽视这股来自北非的足球力量。

在小组赛中能够将强大的"欧洲红魔"比利时队斩落马下，淘汰赛又先后将伊比利亚双雄西班牙队和葡萄牙队淘汰，摩洛哥队在这届世界杯上的表现堪称神话级。这就是世界杯赛场上当之无愧的黑马球队，而世界杯4强的成绩已经足够让这支球队载入史册。在若干年后回首世界杯经典之时，摩洛哥队的征程总会有一席之地。

开篇就说过，在4年一届的世界杯赛场上，胜者只有一个。但是所有的参赛球队都有着不同的追逐目标。而对于摩洛哥队来说，球队显然完成了目标，且是出色地完成。

对于克罗地亚队来说，这是一届非比寻常的世界杯。这样的剧本我们似曾相识，却有着不一样的味道。

是的，在2018年俄罗斯世界杯上，克罗地亚队就曾经带给世界惊喜。但是那时候的克罗地亚队正意气风发，莫德里奇、曼祖基奇等球员领衔的黄金一代处在当打之年，具有超强的战斗力。即便最终晋级决赛被认为是冷门，但细想之下也算合理，球队阵容和球星成色都可以。

但是到了2022年，克罗地亚队却早已经今非昔比，青黄不接已经是克罗地亚队不争的事实。本届世界杯开赛之前，除了本国球迷，几乎没有人能够看好克罗地亚队取得佳绩。全世界似乎都在随时准备着和莫德里奇说再见，"大师最后一舞"仿佛是内定的剧本。

然而莫德里奇这一次率领着"格子军团"又让世界足坛为之震惊。37岁的"魔笛"，他的最后一舞几乎跳到了最后一幕，优美而又充满激情。青黄不接的克罗地亚队也几乎笑到了最后，球员不再年轻，但是任何人都不能低估一颗继续前进的心。

克罗地亚的确是一片诞生足球天才的土地，但不是每个天才都能成为莫德里奇。球队可以一路杀进4强，可以淘汰最大的夺冠热门巴西队，这靠的不是天才，而靠的是脚踏实地，靠的是不惜力的跑动，靠的是不要命的拼抢。两届成绩斐然的世界杯，淘汰赛几乎场场进入加时，克罗地亚队靠着意志力将硬骨头一口口啃下。这就是实用主义的胜利，也是新时代克罗地亚足球再次腾飞的原因。

第22比赛日

正坤龙门阵

狭路再相逢

克罗地亚队 4-2-3-1

- 4 佩里西奇
- 18 奥尔西奇
- 20 格瓦迪奥尔
- 8 科瓦西奇
- 1 利瓦科维奇
- 9 克拉马里奇
- 14 利瓦亚
- 24 舒塔洛
- 10 莫德里奇
- 2 斯塔尼希奇
- 7 马耶尔

摩洛哥队 4-3-3

- 7 齐耶赫
- 23 比拉尔·汉努斯
- 2 阿什拉夫
- 18 亚米克
- 19 恩内斯里
- 4 阿姆拉巴特
- 1 布努
- 20 阿什拉夫·达里
- 17 布法尔
- 11 萨比里
- 25 阿提亚特·阿拉尔

　　克罗地亚队与本届的大黑马摩洛哥队之间的较量，是两队在本届世界杯的第二次交锋，同第一战的保守相比，此战堪称大开大合。两支球队延续了以往世界杯季军战的风格，踢出了一场相当开放的比赛，最终"格子军团"笑到了最后。

　　双方在首发方面都做出了一定轮换，克罗地亚队让佩里西奇撤回来打左后卫，他的身前再派上奥尔西奇，这样的做法看得出主帅达利奇的进攻意图。而摩洛哥队则变化更大，中卫直接全部使用了替补球员，亚米克搭档达里，而在右中场的位置更是派上了摩洛哥队本届世界杯阵容中最年轻的球员汉努斯，这也是18岁的汉努斯在本届世界杯的第一次登场。

　　双方在本场比赛当中整体的战术思路都是比较积极的，虽然说能赢下比赛拿到第三名肯定会是更好的结果，但是对于双方的主教练来讲，这场比赛没有再保守的必要。因此两队把更多的精力都投入到进攻当中，小组赛那场0:0的比赛画面注定不会再出现。

　　尤其是摩洛哥队这一边，在小组赛对阵克罗地亚队的比赛中，哪怕组织反击，前场的兵力也不会多于4名球员，所以才会经常出现阿布德带球陷入重围一条路走到黑的反击方式。但本场比赛摩洛哥队在进攻端非常愿意投入兵力，所以整体阵形也可以称之为"4141"，萨比里和汉努斯两名擅长进攻的中场，位置明显比阿姆拉巴特靠前，进攻时会形成一个倒三角，在克罗地亚队的禁区弧顶形成人数优势。

　　但本场比赛两支球队也暴露了此前提到

过的问题，那就是在进攻端的效率低下。两支并不擅长进攻的球队，虽然本场比赛在更放松的心态下打得更加开放，但想通过运动战攻破对方的防守都不如容易，因此在比赛的前10分钟，定位球成为比赛的焦点。

克罗地亚队率先利用定位球机会取得进球，本届杯赛发挥非常突出的中卫格瓦迪奥尔破门得分。但很快摩洛哥队就扳平了比分，同样是利用定位球的机会，同样是身披20号的中后卫进球，达里的头球让双方很快就回到了同一起跑线。而这次定位球防守也暴露出了克罗地亚队门将利瓦科维奇的一些问题，虽然他在两次点球大战都立下了汗马功劳，成为本届世界杯发挥最为出色的门将之一，但通过这次防守的细节就可以看出，利瓦科维奇或许依旧不是最顶尖的门将。

在战成1:1之后，双方互有攻守。克罗地亚队的战术安排非常有针对性，左路使用佩里西奇加上奥尔西奇的组合，同时整体进攻往左侧倾斜，哪怕是官方阵形中打在右路的马耶尔也会经常出现在左侧，去威胁阿什拉夫、汉努斯和齐耶赫组成的防区。因为相对来说，这也会是摩洛哥队进攻的主要方向，双方围绕这一条边路展开了极为激烈的拼抢争夺。

最终奥尔西奇用一脚技惊四座的兜射帮助克罗地亚队再度取得领先，虽然阿什拉夫和齐耶赫在这一路也经常能够制造威胁，但摩洛哥队始终没能扳平比分。到了下半场，双方主帅心照不宣地开始调兵遣将，给之前没有登场的球员上场的机会。克罗地亚队的亚基奇，摩洛哥队的谢尔和扎鲁里，这些第一次参加世界杯的球员也都在这个舞台上留下了自己的出场记录。

对于三、四名决赛来说，这或许才是它存在的最大意义，克罗地亚队是最终的胜利者，但对于摩洛哥队来说，其也绝非失败者。摩洛哥队能在本届世界杯上创造属于非洲足球的历史，这一代的摩洛哥队球员会被永远写进世界杯的历史中。

第22比赛日

黄博士课堂

我的世界杯岁月

世界杯决赛日即将到来，此时此刻其实并没有太多想和球迷朋友分享的，在这种4年一度的日子里，足球承载更多的是生命年轮的属性。笔者即将迎来自己观看的第6次世界杯决赛，也希望通过这个栏目，跟各位聊一聊过往决赛日我的心境。

2002年世界杯是我接触足球比赛的开端，当时我虽然只是一名二年级的小学生，但由于比赛在韩日举办，黄金时段的大部分比赛都看了。尽管年少无知，但也有自己的一方天地，我喜欢上了初出茅庐的克洛泽，同时也惊叹于罗纳尔多的表现。那时我对于天赋与努力并无概念，对于伤病等问题也没有什么理解，但当决赛到来的时候，一切都显得没那么重要了。

我依稀记得那场比赛是在北京时间晚上7点钟开踢的，赛前我静静地躺在床上，由于那年期末考试结果不错，一时间也算惬意。彼时我没有支持的球队和清晰的胜负欲，也不知道这场比赛对于双方球员意味着什么。最终，罗纳尔多的梅开二度让我领略了足球的魅力，但那个夜晚就这么淡然地过去了，我的内心并无什么波澜，与足球的缘分却因此种下，20年后想起不禁令人怅然。

2006年世界杯的时候，我已经有了几年五大联赛的积累，但那段时间沉迷于网络游戏，加上小升初的压力不小，反而没有太多时间关注世界杯。由于比赛在德国举办，前期我能看的也就是个别早场比赛，印象中梅西打入个人世界杯的处子球就发生在这期间，这也算是难得的经历。

我记得决赛日是那年7月10日凌晨，当时一切考试和毕业的事务都结束了，但我对足球的热情好像没提起来，一直睡得浑浑噩噩，直到比赛开始家里人把我叫醒，却也没看出个所以然。就记得开场亨利头部受伤，齐达内进了个高级点球。后来我就一直处在半睡眠状态，甚至都记不清齐达内头顶马特拉齐的时候我在不在看，只想起格罗索绝命一击我肯定是看到了，但好像也没有特别的印象。对于沉迷网络游戏的夏天来说，足球也许就是无关轻重的。

2010年世界杯的时候我刚上高中，当时对足球处于近乎狂热的状态，每天都会踢球，五大联赛每一轮也都会密切关注。当南非世界杯到来的时候，尽管还有上课与晚自习的纷扰，但也尽可能挤出时间看比赛，这算是学生时代难得的回忆了。

那届比赛直播我大概看了30来场，放暑假后更是一场不落，决赛我记得是在7月中旬的凌晨进行的。那时我对瓜迪奥拉与西班牙队的认识还比较模糊，并没有意识到其如何引领了时代，所以决赛日的时候倒也没有产生特殊的情愫。

这一年的决赛我是和我爸一起看的，当时整个人很亢奋，总感觉见证了历史，但对比赛本身似乎没什么特别的感觉。本身这就是一场乏味的比赛，双方身体接触很多，精彩的场面却很少。我激动的是因为意识到自己参与了岁月的进程，未来去回忆这一天定会热血澎湃。但实际上12年之后再回看，也就是很普通的感觉，只能说年少的孩子真的会把一些事看得很重。

2014年我上大二，算是对足球最狂热的时候，整届世界杯的比赛几乎全看了，而且整个人的状态非常饱满，但决赛日反而比较平静。当时已经放暑假了，我在校内接了一些活动任务，所以留在寝室一个人看比赛。那场比赛也是波澜不惊，虽然外界对梅西的遭遇多有遗憾，但我个人却以更高的姿态见证了历史，对此感到很满足。特别是在半决赛克洛泽打破罗纳尔多的进球纪录之后，我觉得夺冠这些事情就随他去吧。

2018年的世界杯，我当时在一个节目组工作，决赛是大家一起看的，虽然人多也很热闹，但似乎缺少了过去两届的激情。其实在这个时候我已经没有年轻时候的冲动了，毕竟经过一些事情之后，人会变得多虑而丧失原始的悸动。好在这些年一直也没有离开足球，在不断的耕耘中收获了或大或小的成果，也算是我和足球绵延至今的缘分。

2022年世界杯，我依然会像20年前那样，平静地迎接决赛，与大家一起见证新王的诞生，并在这个过程中感受岁月的脚步。

赛场花絮

莫德里奇的最后一舞

"站在此刻向过去挥手，蔚蓝天空下那阵悠扬的笛声是他传奇之路的自白。莫德里奇，不舍，所以不愿说再见。"这是FIFA官方为莫德里奇送上的告别词。季军战成为"魔笛"在世界杯的最后一舞。

因为遇到了足球，莫德里奇走向人生的正确方向。克罗地亚队6次参加世界杯，"魔笛"在其中的4届留下了足迹，更是获得1次亚军与1次季军。谁也不会想到，当年的放羊娃可以成为世界足坛历史上最伟大的10号球员之一，在世界杯这个顶级舞台上游刃有余地吹出"笛声"，他是球场上的莫扎特，更是克罗地亚队最好的代言人。

"当阳光亲吻他的沃土，当狂风吹刮他的橡树，当上帝召走他的所爱，他的心依然为克罗地亚打着节拍。"这正是莫德里奇最好的写照。

第22比赛日

第 23 比赛日　　　　　　　　　　球王梅西

📜 战况信息

决赛

12月18日23:00　地点：卢塞尔球场

阿根廷队	3 : 3	法国队
	点球4：2	

23' 梅西　　　　⚽ 梅西　　　　　　80' 姆巴佩　　⚽ 姆巴佩
36' 迪马利亚　　⚽ 迪巴拉　　　　　81' 姆巴佩　　⚽ 穆阿尼
108' 梅西　　　　⚽ 帕雷德斯　　　　118' 姆巴佩
　　　　　　　　⚽ 蒙铁尔

⚽ 数说世界杯

1：梅西捧起个人首座大力神杯。

2：梅西第2次荣获世界杯金球奖，成为历史首位。

4：姆巴佩在世界杯决赛进球数达到4球，成为世界杯决赛历史射手王。

5：梅西在单届世界杯5个赛段（小组赛、1/8决赛、1/4决赛、半决赛、决赛）均有进球，成为历史首位。

6：梅西在世界杯6次主罚点球，是历史上主罚点球次数最多的球员（不含点球大战）。

11：梅西在11场世界杯比赛中取得进球，与克洛泽和罗纳尔多并列第1。

12：姆巴佩在世界杯共计打进12球，与贝利并列历史第六。

13：梅西在世界杯共计打进13球，与方丹并列历史第四。

14：姆巴佩世界杯出场14次，成为世界杯出场最多的24岁以下球员。

17：梅西的世界杯胜场数达到17场，与克洛泽并列历史第1。

22：阿根廷队各项赛事（世界杯、美洲杯、联合会杯、欧美杯、泛美足球锦标赛）已夺22冠，总数列世界第一。

26：梅西第26次世界杯出场，独居历史出场数榜首。

35：姆巴佩为法国队打入35球，排名法国队历史射手榜第6位。

36：阿根廷队时隔36年第3次问鼎世界杯。

42：梅西生涯冠军数达到42冠，距离榜首的阿尔维斯仅差1冠。

97：姆巴佩仅用97秒完成梅开二度。

98：梅西个人国家队生涯进球数达到98球。

100：梅西打入生涯右脚进球第100球。

172：本届世界杯共计打入172球，刷新赛事纪录。

2314：梅西在世界杯出场总时长达到2314分钟，超越马尔蒂尼，位列世界杯出场时间榜榜首。

88966：决赛现场观众人数为88966人。

鑫淼绿茵场

紫禁之巅的收获

该怎样去形容这场紫禁之巅的决赛呢？我似乎找不到最合适的词，因为它的精彩无法描述，这是我所经历的最精彩的世界杯决赛之一。该怎样去总结这场世界杯决赛呢？我想答案是"收获"。

这是关于至高荣誉的收获，这个收获属于梅西。

"三十功名尘与土，八千里路云和月"。经历万般磨难与失败征程之后，梅西这一次和他率领的阿根廷队笑到了最后。

当比赛终场哨响的那一刻，梅西笑了，梅西哭了，梅西释然了。

笑的是，他终于收获了这世界足坛的最高荣誉，他终于将自己的名字镌刻在了世界杯的英雄谱上，他已成为王者，全世界的媒体和球迷都会称呼他为一代球王。

哭的是，他苦苦追逐16年的世界杯冠军梦，终于在这一刻梦想成真。征程路上的种种酸楚有谁能懂？只有他自己的泪，除了激动之外还有五味杂陈。

释然了，因为全世界的镁光灯这一刻都聚焦在他身上，不同于以往，这一刻他完全是在享受。从此卸下了肩膀上那千斤重担，因为足球天下已经都归他所有。

这是关于尊重的收获，这个收获属于姆巴佩。

2018年，他是震惊世界的意气风发少年郎，那一刻，世界杯冠军已经是他的囊中之物；2022年，他还是叱咤风云的天之骄子，本可以继续一鸣冲天，却奈何在一旁见证新王的登基。

当比赛哨响的那一刻，姆巴佩站在球场，落寞、无助，他多想再次征战杀敌。

在这样一个夜晚，他不该被定义为一位失败者，而是应该被称作一位逆天改命者。常规比赛时间内，是他用94秒两球的神之表现力挽狂澜，让法国队起死回生。

加时赛又是他用进球再次将法国队从悬崖边拉回来，以一己之力向命运宣战。缔造了世界杯决赛历史上的又一次帽子戏法，这样的孤胆英雄怎能不让世界震惊？

点球大战中，是他顶着万千压力第一个将点球稳稳罚进。试问若是后面的神奇属于法国队的门将，人们又会给予姆巴佩怎样的赞歌？然而，他终究成了胜利者的陪衬。

这是关于享受的收获，这个收获属于球迷。

毫不夸张地说，这是我经历过的最精彩的一场世界杯决赛。在《世界杯风云》一书中，我也用文字回眸过历届世界杯决赛，甚至我可以说，这是世界杯历史上最伟大的决赛。

这一战是属于球迷的，他们享受了比赛，享受了足球。

这样的决赛，作为球迷何其有幸，可以见证神仙打架，可以见证比赛的一波三折。

这样的决赛，作为球迷怎能不呐喊，一个个进球让人窒息，一次次场上形势的改变让人甚至不敢直视比赛的过程。

这样的决赛，注定将载入史册，成为球迷心中永恒的经典。

我在想，世界杯是足球比赛中最伟大的赛事。而这样伟大的赛事，就需要这样一场荡气回肠的决赛去画上句号。同时这又是一个新的开始，这样的足球比赛我们怎能不爱？从今天起，我们期待的是4年后那依然无尽的精彩。

正坤龙门阵

巅峰博弈

第23比赛日

阿根廷队 4-3-3：
- 3 塔利亚菲科
- 20 麦卡利斯特
- 11 迪马利亚
- 19 奥塔门迪
- 23 马丁内斯
- 24 恩佐·费尔南德斯
- 9 阿尔瓦雷斯
- 13 罗梅罗
- 26 莫利纳
- 7 德保罗
- 10 梅西

法国队 4-3-3：
- 11 登贝莱
- 8 琼阿梅尼
- 5 孔德
- 4 瓦拉内
- 9 吉鲁
- 7 格列兹曼
- 1 洛里
- 18 于帕梅卡诺
- 10 姆巴佩
- 14 拉比奥特
- 22 特奥

　　阿根廷队通过点球大战赢得了本届世界杯冠军，这场决赛可以称得上是世界杯历史上最为精彩的决赛之一。剧情跌宕起伏，双方主帅斗智斗勇，通过换人和战术调整多次影响并最终改变了战局，两大球星梅西和姆巴佩也都贡献了最高水平的表演。

　　双方的首发就已经体现出一些变化，法国队的拉比奥特和于帕梅卡诺两名绝对主力回归，但阵形仍然是德尚本次世界杯主打的"433"。阿根廷队则做了一些改变，并且因为这样的改变先发制人。

　　迪马利亚重新进入首发，形成一个介于"433"和"442"之间的阵形，而且是让迪马利亚出现在了此前并不常见的左路。进攻时梅西会更多拉到右侧，形成"433"的站位，而在防守时梅西居中和阿尔瓦雷斯形成双前锋，德保罗、恩佐·费尔南德斯和麦卡利斯特依次向右平移，迪马利亚也会在左路回收得比较深，这样就形成了和半决赛一样的"442"防守体系。

　　事实证明阿根廷队的变化收到了极好的成效，其通过极为积极的拼抢让法国队很难获得组织进攻的机会，姆巴佩和登贝莱在两个边路面对阿根廷队的两道防线，想舒服地拿球都很困难，就更别提形成有威胁的进攻了。虽然法国队在本届世界杯也遇到过类似的情况，但不同于以往球队的防守端可以顶得住，本场比赛上半场法国队的防守漏洞百出。迪马利亚出现在左路的变化收到了成效，正是他在这一侧的突破为阿根廷队赢得了点球，此后又是利用一

175

次快速反击，迪马利亚自己收获进球，阿根廷队2：0领先。

面对这种局面，德尚令旗一挥选择大举反击。在知道法国队中场很难占到便宜的情况下，德尚在第40分钟就对锋线做出调整，用奔跑更为积极的图拉姆和穆阿尼换下了吉鲁和登贝莱。下半场法国队继续增强运动能力，科曼和卡马文加披挂上阵，法国队在全方位地增强逼抢力度和冲击力，虽然依然很难控制住场面，但是积极的拼抢也在不断消耗着阿根廷队球员的体能。在这样的决赛大场面下，斯卡洛尼选择了保守的策略，换掉迪马利亚之后一直按兵不动，直到比赛在第80分钟风云突变。

穆阿尼积极的跑动达到了德尚最想要的效果，他的勤勉制造了奥塔门迪的犯规，姆巴佩点球命中，而仅仅一分多钟之后，姆巴佩就用劲射破门完成梅开二度，让憧憬夺冠的阿根廷队瞬间回到现实。第二个进球的发起正是来自替补登场的科曼的抢断，体能的优势是法国队扳平比分的最关键因素，穆阿尼、图拉姆和科曼，论能力他们不一定有首发队员出色，但是他们通过充沛的体能改变了战局。

到了加时赛，阿根廷队同样打出了后手，替补登场的劳塔罗·马丁内斯多次跑出了绝佳机会，这再一次体现了跑动的重要性，梅西的补射破门其实也是劳塔罗先跑出机会完成的射门。如果不是劳塔罗本次世界杯状态欠佳、门前感觉不好，阿根廷队可能在加时赛早早地终结比赛。但法国队其实也遭遇了同样的问题，穆阿尼在加时赛最后本有机会完成绝杀，但他的打门被埃米利亚诺·马丁内斯拒绝。劳塔罗和穆阿尼，这样的球员替补登场确实用体能和跑动改变了战局，但他们的能力局限导致他们并不是最终的英雄。

命运的指针最后还是指向了12码点，本届世界杯已经赢过一场点球大战的阿根廷队明显更擅长这种轮盘赌的方式。"潘帕斯雄鹰"捧得了最终的金杯，而这样一场无与伦比的决赛，也会永远在世界杯的历史中被世人铭记。

黄博士课堂

最伟大的决赛

一场伟大的决赛、一位传世的球王、一个略显落寞的背影，共同构成了这场卢塞尔决战的核心要素。在经历了一届略显平淡的决赛之后，深受"决赛无名局"的影响，大众对于终局之战的期待值并不高，但现实几乎超出了所有人的预期。比赛的进程与感想，笔者不想在此赘述，围绕结果我倒是有些想聊的话题，在这里最后一次跟大家分享。

首先自然是上帝眷顾的梅西，大约在10年之前，他距离贝利、马拉多纳之后的第三代球王只差一座大力神杯。8年前的遗憾历历在目，如今终于得偿所愿，从此三人终于可以共享荣耀殿堂，而我们这一代球迷，有幸见证了一切。从此之后，"梅球王"可以真正享受足球的快乐，15年来他背负了太多的期望，走过如此漫长的荆棘之路，如今终于成为万神殿中的一员。

其次当然要聊聊姆巴佩，他扮演了世界杯决赛历史上难得的孤胆英雄，两届4球成为决赛射手王，单场帽子戏法成为56年来的第一人。如果说上届决赛的顺风局还只是推着天才少年前进，如今在"尸体堆"中蹒跚前行，他化身成未来的战神将球队从绝境中拉出。世界杯的绝命场合能有如此发挥，现时的他不用谈论未来，便早已成为这项竞技中的永恒传奇。

第三点也是着重的篇幅，我想来聊聊这

场决赛的意义，在笔者看来，这是世界杯历史上最伟大的决赛，而且没有之一。放眼整个世界杯的历史，这场球赛应该仅次于1970年世界杯半决赛意大利队对阵联邦德国队的"世纪之战"。或者说，那场比赛是属于20世纪的回忆，如果从21世纪选一场"世纪之战"，卢塞尔球场的这个夜晚当之无愧。

过往世界杯上的顶级名局，一般都有加时赛作为支撑，90分钟内固然有1954年"伯尔尼奇迹"那般的剧情，但如果镶嵌了加时赛的跌宕起伏，过程就会显得更加饱满。而且世界杯上被奉为圭臬的传世比赛，一般都是在加时赛中将剧情拉满，几十年后还在被人传颂。

1970年那场德意之战，常规时间90分钟结束前施内林格的绝平球固然值得称道，但加时赛中的剧情才奠定了这场比赛的地位。你很难想象20来分钟的时间内，这两支球队居然连续打进5球，而且还是你方2：1、我方3：2直到最终4：3逆袭的跌宕剧情。传奇射手盖德·穆勒将他的嗅觉发挥到了极致，意大利队队史射手王里瓦也拿出了"蓝衣生涯"的最佳表现。

最重要的是，里维拉不再是意大利队常年冷落的金童，而是从板凳席上站起来成为打入绝杀球的超级英雄。这场荡气回肠的比赛对于今天的球迷来说也许比较陌生，但如果你有幸经历那个时代，定会感叹："这该死的足球，为何如此美妙！"

1982年世界杯的德法大战过程有些不同，但神奇的剧情依旧扣人心弦。90分钟内双方同样打成1：1，但联邦德国队门将舒马赫的恶意犯规遭到了千夫所指，加上小组赛的默契球丑闻，球迷们都希望普拉蒂尼率领法国队晋级，不要让德国队的伎俩得逞。

加时赛的进程看上去顺遂人愿，法国队利用对手中路的空当没多久就连下两城，看上去晋级在望了。然而顽强的德国队立刻予以回应，带伤替补出场的鲁梅尼格扳回一球，赫鲁贝施与菲舍尔绝妙配合，用一粒经典倒钩抹平了差距。世界杯历史上第一次出现双方要通过点球大战决定胜负。

最终浪漫的法国队成了历史的失败注脚，坚挺的"德意志战车"笑到了最后。这也是20世纪最后一场绝伦的世界杯决赛，球迷们直到举世无双的1998年，也没再欣赏到如此跌宕起伏的剧情。到了新世纪，除了2006年重现的德意刺刀之战，再也没有出现势均力敌的传世名局。

所以卢塞尔球场的这个夜晚令人格外难忘，新老两代绝世高手的直接碰面，眼见优势一方即将终结比赛，却被突然觉醒的新王接近反杀。随后便是刺刀见红的你来我往，足球比赛的精髓在最后的50分钟体现得淋漓尽致，我们期待的一切要素，在这个夜晚都有所体现。一同见证了这场比赛的球迷，在若干年后的某天，定会感谢生命中的这一刻。

第 23 比赛日

⚽ 聚焦梅西

这一刻他等了8年

这一次，命运没有再和梅西开玩笑。

世界杯决赛落幕，这是最精彩的决赛，也是最完美的结局。

梅西如愿举起大力神杯，弥补了2014年与大力神杯擦肩而过的遗憾。他也凭借问鼎世界杯完成了从小的梦想，拼上了通往球王之路的最后一块拼图。

这是阿根廷队队史第三座金杯，也是让梅西正式加冕球王的一座神杯。它光芒万丈，照亮了来时的路。颁奖仪式上，梅西缓缓走到大力神杯面前，停住脚步，右手抚摸金杯，低头亲吻。

曾经，梅西甚至不惜用自己所有的荣誉来换取一座大力神杯，这一切，终于在今夜得偿所愿。

19岁的梅西以1传1射开启了他的世界杯之旅，35岁的梅西以球王的身份，不留遗憾地告别世界杯舞台。但梅西与阿根廷队的故事，仍将继续……

记录 2022

FIFA WORLD CUP QATAR 2022

完整排名：

冠军：阿根廷队 亚军：法国队 季军：克罗地亚队 殿军：摩洛哥队

5—8名：荷兰队、英格兰队、巴西队、葡萄牙队

9—16名：日本队、塞内加尔队、澳大利亚队、瑞士队、西班牙队、美国队、波兰队、韩国队

17—32名：德国队、厄瓜多尔队、喀麦隆队、乌拉圭队、突尼斯队、墨西哥队、比利时队、加纳队、沙特阿拉伯队、伊朗队、哥斯达黎加队、丹麦队、塞尔维亚队、威尔士队、加拿大队、卡塔尔队

进球数据：

☆共117名球员打进172球，总进球数位列历史第一。

☆共诞生2粒乌龙球、2粒任意球直接破门、4粒进球在加时赛打进。

☆共判罚23粒点球，17粒点球形成得分，6粒罚丢。

☆进球最多的球队：法国队16球

比赛数据：

☆15场比赛产生平局，5场比赛产生加时赛。

☆5场比赛产生点球大战（历史第一）：共计41次主罚点球，其中15次罚丢。

☆裁判对球员共判罚227张黄牌、4张红牌。

☆单场射门最多球队：法国队VS澳大利亚队，法国队射门23次。

☆红黄牌最多的比赛：荷兰队VS阿根廷队，全场比赛裁判出示16张黄牌、1张红牌。

☆分差最大的比赛：西班牙队7:0哥斯达黎加队。

奖项获得：

☆公平竞赛奖：英格兰队（5场比赛仅获得1张黄牌）。

☆金球奖：利昂内尔·梅西（阿根廷）；银球奖：基利安·姆巴佩（法国）；铜球奖：卢卡·莫德里奇（克罗地亚）。

☆金靴奖：基利安·姆巴佩（法国）；银靴奖：利昂内尔·梅西（阿根廷）；铜靴奖：奥利维耶·吉鲁（法国）。

☆金手套奖：埃米利亚诺·马丁内斯（阿根廷）。

☆最佳年轻球员奖：恩佐·费尔南德斯（阿根廷）。

☆助攻王：利昂内尔·梅西、布鲁诺·费尔南德斯、哈里·凯恩、伊万·佩里西奇、安托万·格列兹曼，均助攻3次并列第一。

☆最佳进球：里沙利松侧钩进球。（小组赛首轮巴西队2∶0战胜塞尔维亚队，比赛第73分钟里沙利松禁区内凌空侧钩破门，将场上比分改写为2∶0。）

☆最佳阵容（由本书作者评出）：4-3-3

门将：马丁内斯（阿根廷）

后卫：阿什拉夫（摩洛哥）、格瓦迪奥尔（克罗地亚）、瓦拉内（法国）、特奥（法国）

中场：莫德里奇（克罗地亚）、格列兹曼（法国）、阿姆拉巴特（摩洛哥）

前锋：姆巴佩（法国）、阿尔瓦雷斯（阿根廷）、梅西（阿根廷）

五大联赛数据：

☆英超球员打入38球，获得15次单场比赛的最佳球员。

☆法甲球员打入27球，获得11次单场比赛的最佳球员。

☆西甲球员打入18球，获得10次单场比赛的最佳球员。

☆德甲球员打入15球，获得3次单场比赛的最佳球员。

☆意甲球员打入14球，获得3次单场比赛的最佳球员。

球员数据：

☆过人次数最多：姆巴佩25次。

☆射门次数最多：梅西32次。

☆射正次数最多：梅西18次。

☆抢断次数最多：阿什拉夫26次。

☆拦截次数最多：琼阿梅尼14次。

☆解围次数最多：格瓦迪奥尔37次。

☆传球次数最多：罗德里684次。

☆进攻三区传球最多：梅西150次。

☆关键传球次数最多：格列兹曼22次。

☆成功传中次数最多：格列兹曼18次。

☆非门将球员成功长传次数最多：马奎尔33次。

☆扑救次数最多：利瓦科维奇25次。

☆地面对抗成功次数最多：科瓦西奇46次。

☆空中对抗次数最多：恩内斯里22次。

☆制造犯规次数最多：梅西22次。

☆越位次数最多：C罗7次。

☆对方进去触球数次数最多：姆巴佩69次。

完整赛果：

赛程	场次	比赛时间	比赛结果	最佳球员
小组赛第1轮	1	11月21日00:00	卡塔尔队0：2厄瓜多尔队	瓦伦西亚（厄瓜多尔）
	2	11月21日21:00	英格兰队6：2伊朗队	萨卡（英格兰）
	3	11月22日00:00	塞内加尔队0：2荷兰队	加克波（荷兰）
	4	11月22日03:00	美国队1：1威尔士队	贝尔（英国）
	5	11月22日18:00	阿根廷队1：2沙特阿拉伯队	阿洛瓦伊斯（沙特阿拉伯）
	6	11月22日21:00	丹麦队0：0突尼斯队	莱杜尼（突尼斯）
	7	11月23日00:00	墨西哥队0：0波兰队	奥乔亚（墨西哥）
	8	11月23日03:00	法国队4：1澳大利亚队	姆巴佩（法国）
	9	11月23日18:00	摩洛哥队0：0克罗地亚队	莫德里奇（克罗地亚）
	10	11月23日21:00	德国队1：2日本队	权田修一（日本）
	11	11月24日00:00	西班牙队7：0哥斯达黎加队	加维（西班牙）
	12	11月24日03:00	比利时队1：0加拿大队	德布劳内（比利时）
	13	11月24日18:00	瑞士队1：0喀麦隆队	索默（瑞士）
	14	11月24日21:00	乌拉圭队0：0韩国队	巴尔韦德（乌拉圭）
	15	11月25日00:00	葡萄牙队3：2加纳队	C罗（葡萄牙）
	16	11月25日03:00	巴西队2：0塞尔维亚队	里沙利松（巴西）
小组赛第2轮	17	11月25日18:00	威尔士队0：2伊朗队	切什米（伊朗）
	18	11月25日21:00	卡塔尔队1：3塞内加尔队	迪亚（塞内加尔）
	19	11月26日00:00	荷兰队1：1厄瓜多尔队	弗伦基·德容（荷兰）
	20	11月26日03:00	英格兰队0：0美国队	普利希奇（美国）

21	11月26日18:00	澳大利亚队1∶0突尼斯队	杜克（澳大利亚）
22	11月26日21:00	波兰队2∶0沙特阿拉伯队	莱万多夫斯基（波兰）
23	11月27日00:00	法国队2∶1丹麦队	姆巴佩（法国）
24	11月27日03:00	阿根廷队2∶0墨西哥队	梅西（阿根廷）
25	11月27日18:00	日本队0∶1哥斯达黎加队	富勒（哥斯达黎加）
26	11月27日21:00	比利时队0∶2摩洛哥队	齐耶赫（摩洛哥）
27	11月28日00:00	克罗地亚队4∶1加拿大队	克拉马里奇（克罗地亚）
28	11月28日03:00	西班牙队1∶1德国队	莫拉塔（西班牙）
29	11月28日18:00	喀麦隆队3∶3塞尔维亚队	阿布巴卡尔（喀麦隆）
30	11月28日21:00	韩国队2∶3加纳队	库杜斯（加纳）
31	11月29日00:00	巴西队1∶0瑞士队	卡塞米罗（巴西）
32	11月29日03:00	葡萄牙队2∶0乌拉圭队	布鲁诺·费尔南德斯（葡萄牙）

小组赛第3轮

33	11月29日23:00	荷兰队2∶0卡塔尔队	克拉森（荷兰）
34	11月29日23:00	厄瓜多尔队1∶2塞内加尔队	库利巴利（塞内加尔）
35	11月30日03:00	威尔士队0∶3英格兰队	拉什福德（英国）
36	11月30日03:00	伊朗队0∶1美国队	普利希奇（美国）
37	11月30日23:00	突尼斯队1∶0法国队	哈兹里（突尼斯）
38	11月30日23:00	澳大利亚队1∶0丹麦队	马修·莱基（澳大利亚）
39	12月1日03:00	波兰队0∶2阿根廷队	麦卡利斯特（阿根廷）
40	12月1日03:00	沙特阿拉伯队1∶2墨西哥队	查韦斯（墨西哥）
41	12月1日23:00	克罗地亚队0∶0比利时队	莫德里奇（克罗地亚）
42	12月1日23:00	加拿大队1∶2摩洛哥队	阿什拉夫（摩洛哥）

	43	12月2日03:00	日本队2：1西班牙队	田中碧（日本）
	44	12月2日03:00	哥斯达黎加队2：4德国队	哈弗茨（德国）
	45	12月2日23:00	韩国队2：1葡萄牙队	黄喜灿（韩国）
	46	12月2日23:00	加纳队0：2乌拉圭队	阿拉斯凯塔（乌拉圭）
	47	12月3日03:00	喀麦隆队1：0巴西队	埃帕西（喀麦隆）
	48	12月3日03:00	塞尔维亚队2：3瑞士队	扎卡（瑞士）
1/8决赛	49	12月3日23:00	荷兰队3：1美国队	邓弗里斯（荷兰）
	50	12月4日03:00	阿根廷队2：1澳大利亚队	梅西（阿根廷）
	51	12月4日23:00	法国队3：1波兰队	姆巴佩（法国）
	52	12月5日03:00	英格兰队3：0塞内加尔队	凯恩（英国）
	53	12月5日23:00	日本队1：1克罗地亚队（点球1：3）	利瓦科维奇（克罗地亚）
	54	12月6日03:00	巴西队4：1韩国队	内马尔（巴西）
	55	12月6日23:00	摩洛哥队0：0西班牙队（点球3：0）	布努（摩洛哥）
	56	12月7日03:00	葡萄牙队6：1瑞士队	贡萨洛·拉莫斯（葡萄牙）
1/4决赛	57	12月9日23:00	克罗地亚队1：1巴西队（点球4：2）	利瓦科维奇（克罗地亚）
	58	12月10日03:00	荷兰队2：2阿根廷队（点球3：4）	梅西（阿根廷）
	59	12月10日23:00	摩洛哥队1：0葡萄牙队	布努（摩洛哥）
	60	12月11日03:00	英格兰队1：2法国队	吉鲁（法国）
半决赛	61	12月14日03:00	阿根廷队3：0克罗地亚队	梅西（阿根廷）
	62	12月15日03:00	法国队2：0摩洛哥队	格列兹曼（法国）
季军赛	63	12月17日23:00	克罗地亚队2：1摩洛哥队	格瓦迪奥尔（克罗地亚）
决赛	64	12月18日23:00	阿根廷队3：3法国队（点球4：2）	梅西（阿根廷）

瞬间永恒

图1：开幕式表演中，演员摩根·弗里曼与"半身小伙"加尼姆·阿尔·穆夫塔对话。

图2：揭幕战厄瓜多尔队2∶0战胜卡塔尔队，恩纳·瓦伦西亚点射打入本届世界杯首球。

图3：A组首轮，荷兰队2∶0战胜塞内加尔队，科迪·加克波滑跪庆祝进球。

4	5
6	

图4：A组第2轮，卡塔尔队1∶3不敌塞内加尔队后小组出局，创下东道主球队最差战绩。

图5：B组首轮，英格兰队6∶2战胜伊朗队，祖德·贝林厄姆成为首位在世界杯进球的00后球员。

图6：B组首轮，威尔士队1∶1战平美国队，加雷斯·贝尔帮助威尔士队时隔23533天再次在世界杯取得进球。

187

图7：B组第2轮，威尔士队0∶2伊朗队，威尔士队门将韦恩·亨尼西踢倒对手，领到本届世界杯首张红牌。

图8：B组第3轮，伊朗队0∶1美国队，无缘小组出线，赛后美国队球员安慰伊朗队球员。

图9：C组首轮，阿根廷队1∶2遭沙特阿拉伯队逆转，沙特队球员疯狂庆祝。

7	8
9	

188

图10：C组第2轮，阿根廷队2：0战胜墨西哥队，进球后利昂内尔·梅西在迭戈·马拉多纳的"注视"下庆祝。

图11：C组第2轮，波兰队2：0战胜沙特阿拉伯队，罗伯特·莱万多夫斯基打入个人世界杯首球。

图12：D组第2轮，法国队2：1战胜丹麦队，基利安·姆巴佩本场比赛梅开二度。

189

图13：E组首轮，日本队2：1逆转战胜德国队，赛后日本队球员庆祝这场伟大的胜利。

图14：E组第3轮，日本队2：1逆转西班牙队，以小组头名晋级，三笘薰争议救球，助攻队友打入逆转进球。

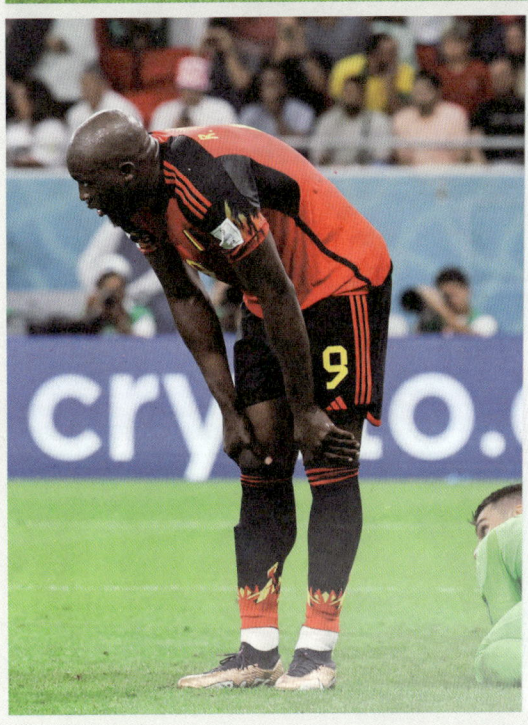

图15：E组第3轮，德国队4∶2战胜哥斯达黎加队，但是仍然连续两届世界杯小组赛出局。

图16：F组第3轮，比利时队0∶0战平克罗地亚队，无缘小组赛出线，罗梅卢·卢卡库上演"三过球门而不入"。

图17：G组首轮，巴西队2∶0战胜塞尔维亚队，里沙利松上演侧钩破门。

图18：H组首轮，葡萄牙队3∶2战胜加纳队，C罗点射破门，成为历史上首位在5届世界杯取得进球的球员。

19
20

图19：H组第3轮，韩国队2：1逆转战胜葡萄牙队，以小组第二出线，孙兴慜喜极而泣。

图20：H组第3轮，乌拉圭队2：0战胜加纳队，但因进球数劣势无缘淘汰赛，坐在替补席的路易斯·苏亚雷斯情绪崩溃伤心大哭。

图21：1/8决赛，荷兰队3：1淘汰美国队，登泽尔·邓弗里斯1射2传，独造3球。

图22：1/8决赛，阿根廷队2：1淘汰澳大利亚队，利昂内尔·梅西迎来个人生涯第1000场比赛，并斩获个人世界杯淘汰赛首球。

图23：1/8决赛，法国队3：1淘汰波兰队，奥利维耶·吉鲁打入个人在国家队第52球，超越蒂埃里·亨利，加冕法国队历史射手王。

图24：1/8决赛，巴西队4：1战胜韩国队，巴西队球员跳舞庆祝进球。

图25：1/8决赛，西班牙队被摩洛哥队淘汰，因为落寞的西班牙队球员。

图26：1/8决赛，葡萄牙队6∶1大胜瑞士队，贡萨洛·拉莫斯上演帽子戏法。

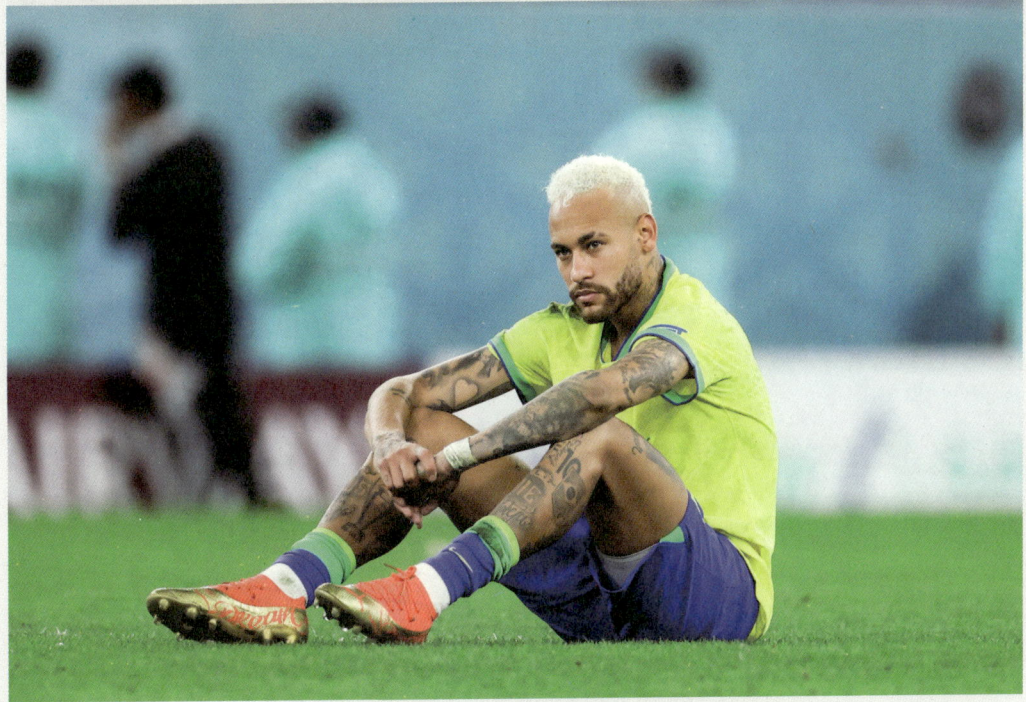

图27：1/4决赛，克罗地亚队总分5：3战胜巴西队（点球4：2），内马尔打入国家队第77球，追平贝利，成为巴西队射手王。

图28：1/4决赛，克罗地亚队总分5：3战胜巴西队（点球4：2），被淘汰出局的内马尔落寞地坐在赛场中央。

图29：1/4决赛，阿根廷队总分6：5战胜荷兰队（点球4：3），利昂内尔·梅西进球后做出庆祝动作。

图30：1/4决赛，阿根廷队总分6：5战胜荷兰队（点球4：3），荷兰队主帅路易斯·范加尔安慰球员。

图31：1/4决赛，英格兰队1∶2不敌法国队，哈里·凯恩射失绝平点球。

图32：1/4决赛，摩洛哥队1∶0战胜葡萄牙队，摩洛哥球员赛后疯狂庆祝，其成为首支打入世界杯4强的非洲球队。

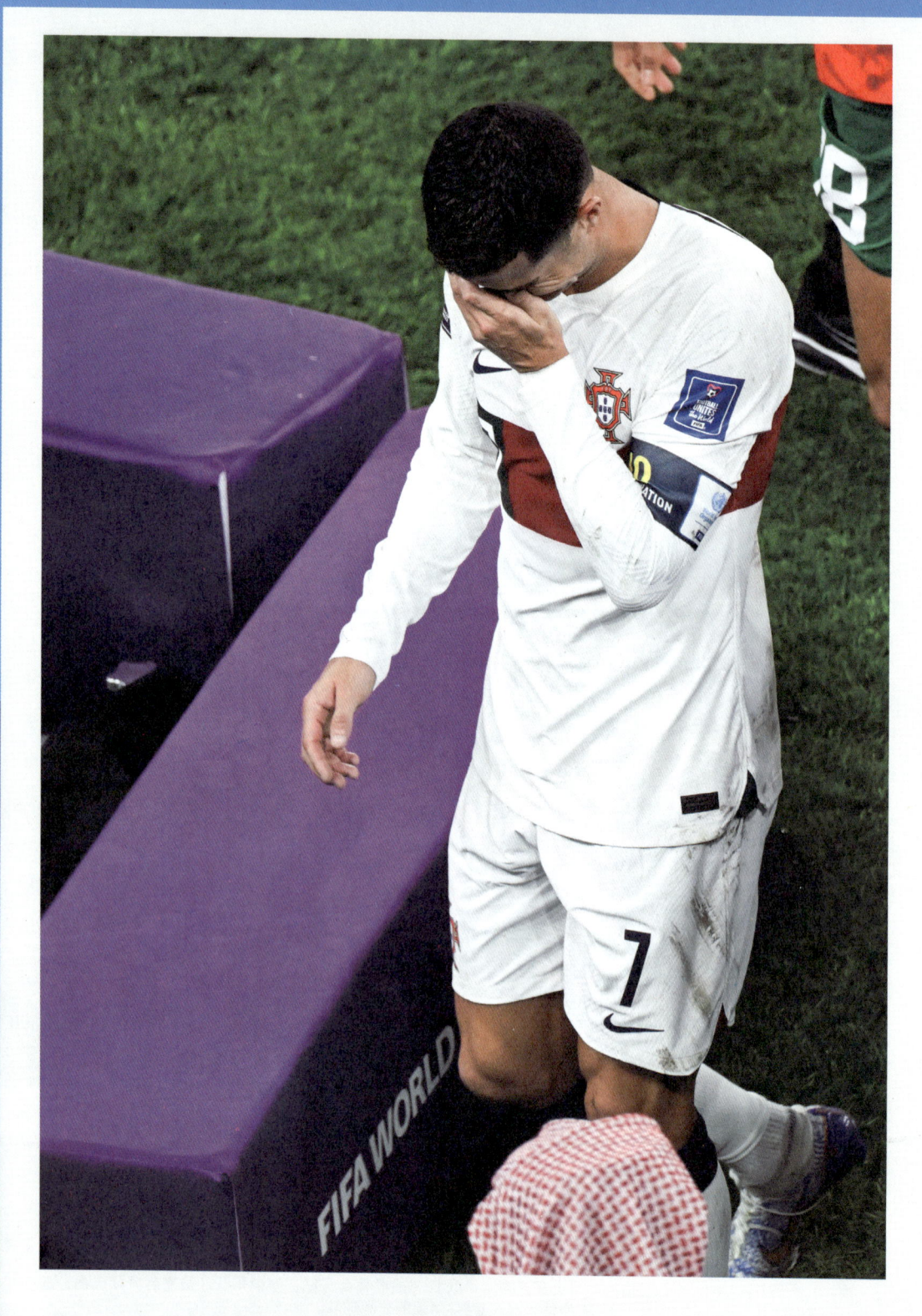

图33：1/4决赛，摩洛哥队1∶0战胜葡萄牙队，C罗落寞离场。

图34：半决赛，阿根廷队3：0战胜克罗地亚队，利昂内尔·梅西庆祝进球。本场比赛梅西取得进球后，超越托马斯·穆勒成为现役世界杯射手王，同时超越加夫列尔·巴蒂斯图塔成为阿根廷队世界杯射手王。

图35：半决赛，法国队2：0战胜摩洛哥队，基利安·姆巴佩赛后与俱乐部队友阿什拉夫·哈基米拥抱致意。

图36：季军赛，克罗地亚队2：1战胜摩洛哥队，摩洛哥队的阿什拉夫·达里庆祝进球。

图37：季军赛，克罗地亚队2：1战胜摩洛哥队，克罗地亚队球员卢卡·莫德里奇展示季军奖牌。

图38：季军赛，克罗地亚队2：1战胜摩洛哥队，摩洛哥队获得本届世界杯第4名，创造非洲球队在世界杯历史最好成绩。

图39：季军赛，克罗地亚队2：1战胜摩洛哥队，克罗地亚队获得卡塔尔世界杯季军。

图40：决赛，阿根廷队总分7∶5战胜法国队（点球4∶2），安赫尔·迪马利亚破门扩大比分。

图41：决赛，阿根廷队总分7∶5战胜法国队（点球4∶2），利昂内尔·梅西补射破门梅开二度。

图42：决赛，阿根廷队总分7∶5战胜法国队（点球4∶2），基利安·姆巴佩上演帽子戏法，成为世界杯历史上第二位在决赛戴帽的球员。

204

图43：决赛，阿根廷队总分7∶5战胜法国队（点球4∶2），基利安·姆巴佩落寞地走过大力神杯。

图44：决赛，阿根廷队总分7∶5战胜法国队（点球4∶2），卡塔尔埃米尔（卡塔尔国家元首和武装部队最高司令）塔米姆·本·哈马德·阿勒萨尼为利昂内尔·梅西披上象征王者的金边黑袍"比什特"。

图45：利昂内尔·梅西与家人团聚庆祝阿根廷队夺得冠军。

图46：塞尔希奥·阿圭罗扛起好友利昂内尔·梅西，环绕赛场庆祝阿根廷队夺得冠军。

图47：阿根廷队球员恩佐·费尔南德斯当选本届世界杯最佳新秀。

图48：阿根廷队门将埃米利亚诺·马丁内斯荣获本届世界杯金手套奖。

图49：法国队球员基利安·姆巴佩打进8球，荣获本届世界杯金靴奖。

图50：阿根廷队冠军合影。
图51：两代球王穿越时空的对视。

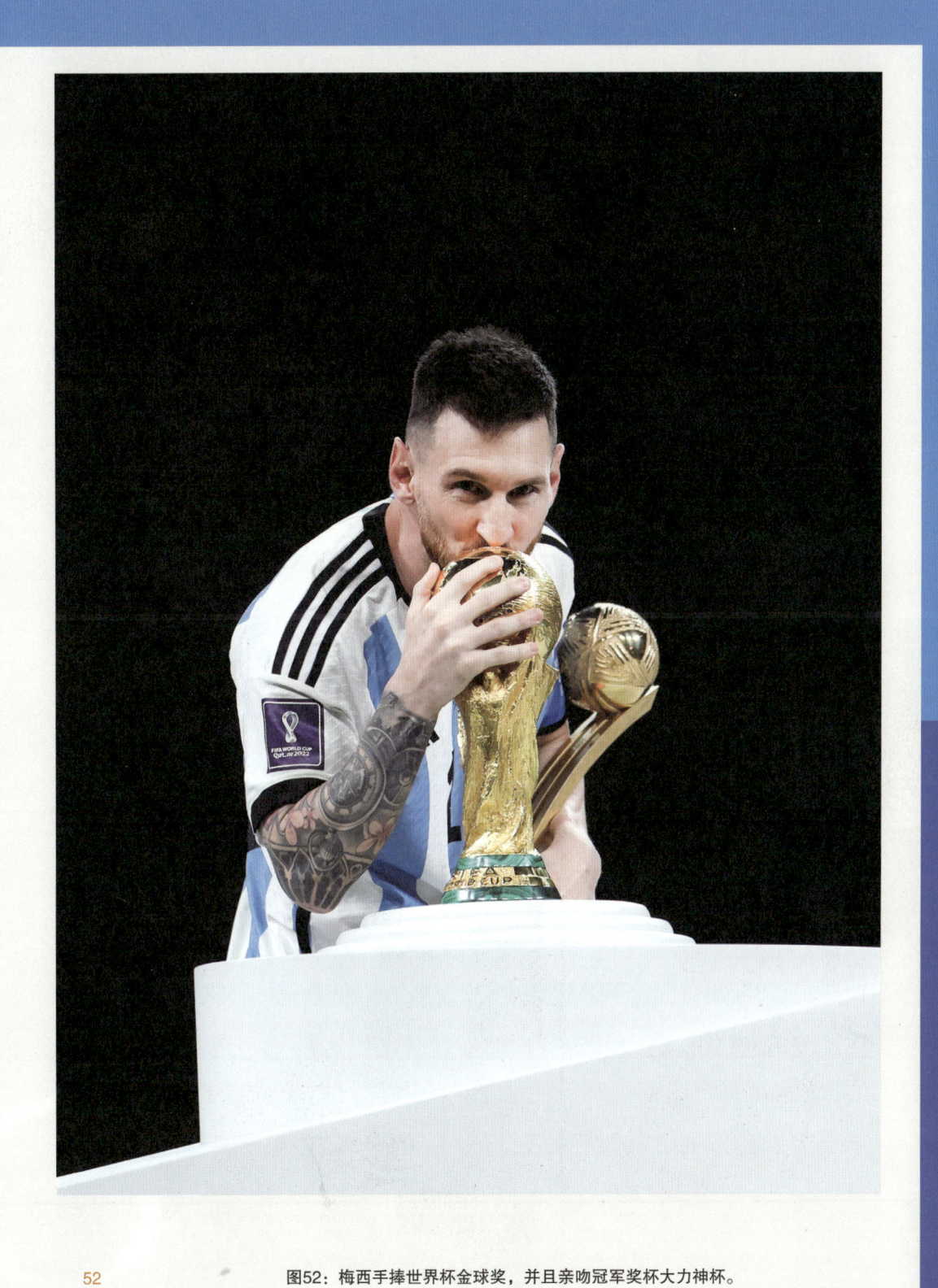

图52：梅西手捧世界杯金球奖，并且亲吻冠军奖杯大力神杯。